Gaudí

Todas las obras

Texto
Joan Bassegoda i Nonell
(Reial Càtedra Gaudí)

Fotografías
Pere Vivas | Ricard Pla

Triangle·Books

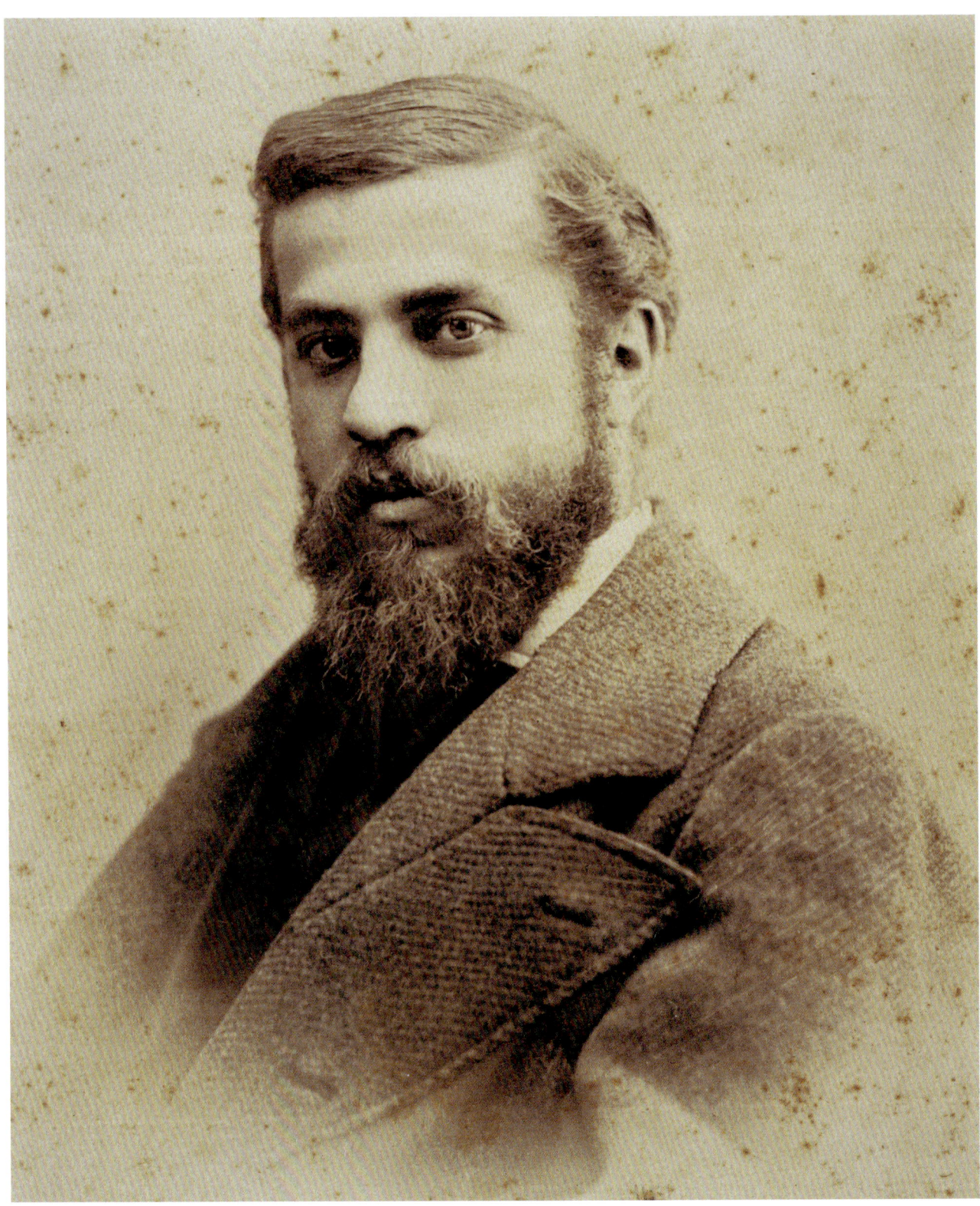

Gaudí

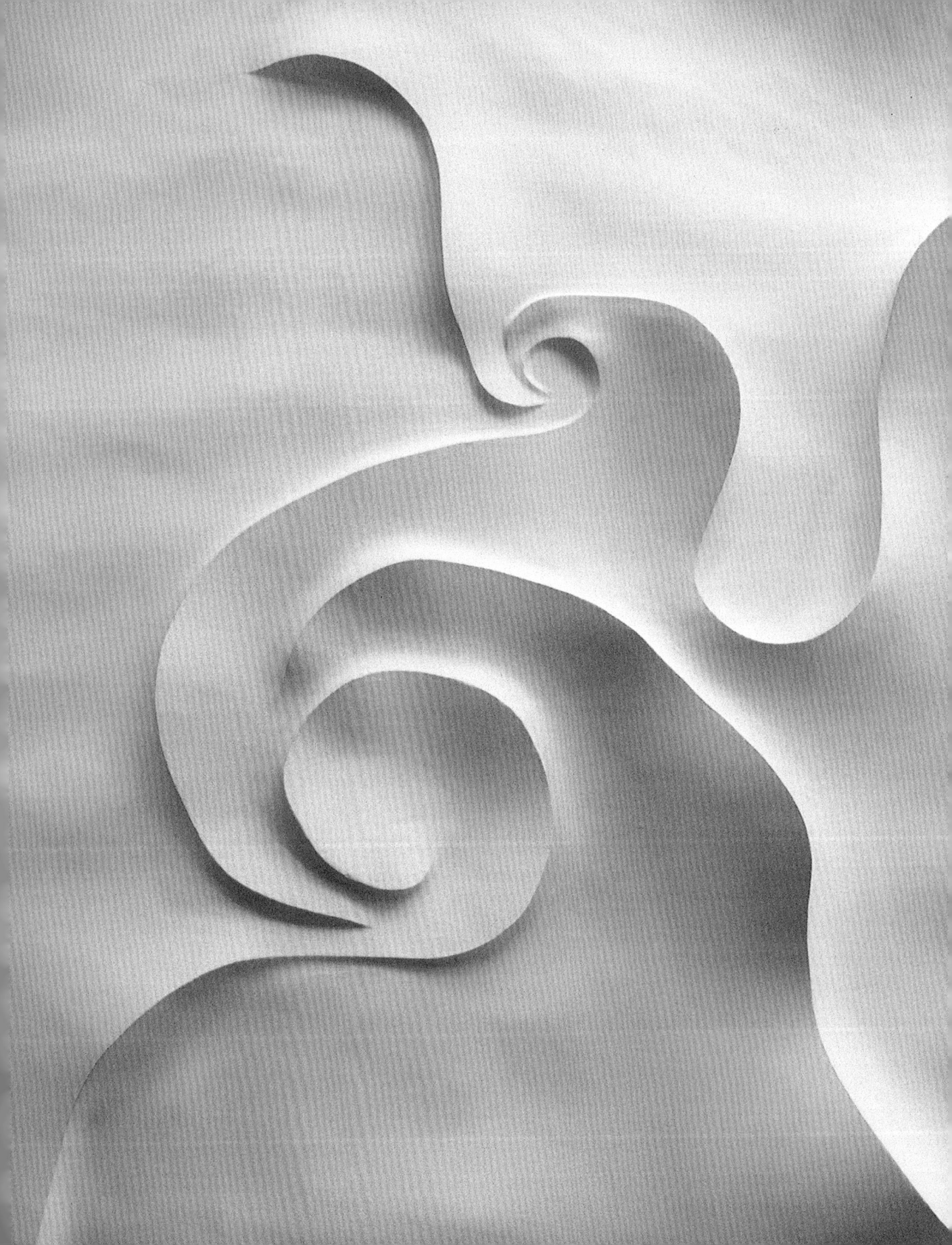

5

El secreto de Gaudí

Joan Bassegoda i Nonell

Mucho se ha escrito sobre la singular arquitectura de Gaudí desde los puntos de vista histórico, crítico o técnico-constructivo. También se ha intentado escribir la biografía, a pesar de los pocos datos ciertos que sobre la vida de Gaudí se tienen. Incluso, en aras de la mitomanía, se han publicado interpretaciones esotéricas, misteriosas o fabulosas acerca de los supuestos símbolos contenidos en las obras del maestro.

Gaudí es el arquitecto de la sencillez, es el autor de obras que se rigen por un continuado y lógico sentido de la racionalidad y el funcionalismo. Lo malo es que por lo general, en términos arquitectónicos, se entiende por sencillo aquello que se ha dibujado con el compás y la escuadra en base a una elemental geometría euclidiana. Esta geometría rige desde siglos las formas arquitectónicas componiendo poliedros regulares, esferas o elipsoides que son de sencillo dibujo pero que no tienen que ser ni racionales, ni funcionales.

La geometría de los arquitectos, desde las pirámides faraónicas hasta la de cristal en el patio del Louvre, ha sido siempre la misma. Geometría abstracta, es decir, que utiliza formas que raramente se dan en la Naturaleza, pero que son fáciles de dibujar con el compás y la escuadra.

Esta geometría es consecuencia de un proceso mental de simplificación, pensando en la facilidad de trazado y no en el objetivo final de la arquitectura, que es la comodidad de quienes la utilizan.

Se cuenta que el padre Enric d'Ossó, hoy San Enrique de Ossó, le pidió a Gaudí en 1888 que le explicara cómo sería el edificio del Colegio Teresiano, que entonces se estaba edificando. Gaudí contestó con una frase verdaderamente lapidaria: «En esta casa se estará bien». Expresión que encierra el saber más profundo de la arquitectura. Las casas se construyen para sentirse bien en ellas, no para que al arquitecto le otorguen premios internacionales o para que el edificio sea catalogado como monumental o histórico artístico. Tales aditamentos son también posibles en un edificio donde se está bien, pero no son ni necesarios, ni suficientes.

Gaudí, hijo del luminoso Camp de Tarragona, dotado de un excepcional espíritu de observación y de una ingenuidad casi infantil, supo darse cuenta de que la Naturaleza es capaz de crear formas de gran belleza y utilidad, formas que perduran, se repiten y complacen a las gentes generación tras generación.

Formas y estructuras totalmente lógicas, que son las únicas posibles, adaptadas a cada caso y a cada circunstancia y siempre agradables y atractivas para los seres vivos de la tierra, sean humanos o animales.

Con todo, estas estructuras naturales casi nunca se forman con la geometría abstracta de los arquitectos, sino con otra, la llamada geometría reglada de superficies alabeadas formadas por líneas rectas. Muchas de las estructuras naturales se componen de fibras, la madera es fibrosa, los huesos y los músculos también lo son, fibras no sobre un plano, sino en el espacio disponiéndose en las cuatro formas posibles de la geometría reglada.

Gaudí, atento observador, se apercibió de ello y toda su arquitectura se basó en la idea de traspasar la geometría reglada a la construcción arquitectónica. Fue el primero en construir bóvedas de paraboloide hiperbólico, una de las superficies regladas, en el pórtico de la cripta de la cripta de la Colonia Güell en Santa Coloma de Cervelló. Fue el primero entre los arquitectos, pues la Naturaleza venía disponiéndolos desde los tiempos más remotos en las hojas de los árboles, en los tendones entre los dedos de la mano o en los puertos entre dos montañas.

El concepto de la racionalidad en la arquitectura de Gaudí puede parecer un contrasentido a la vista de sus edificios, que más parecen barrocos que otra cosa, pero esta aparente contradicción proviene de suponer que la racionalidad se centra solo en el uso de la geometría simple, mientras que lo irracional quedaría para las formas barrocas, presuntamente caprichosas.

En el siglo XVIII el franciscano Carlo Lodoli atacó las recargadas fachadas del barroco y mantuvo que el exterior del edificio tiene que corresponder a

Adorno del techo de La Pedrera

su distribución interior, propuso que los muebles se adaptaran a las formas del cuerpo humano y alabó la solución de las góndolas venecianas, donde cada pieza se hace para cumplir su misión específica.

La moderna crítica ha visto en el pensamiento de Lodoli el principio del racionalismo, del llamado funcionalismo, del movimiento moderno, en suma.

Sin embargo, aquí se produce un grave error. Gaudí diseñó edificios donde la fachada es solo la traducción externa de la disposición interior, tal es el caso de La Pedrera, donde desde los distintos pisos se tiene la sensación de estar fuera de la casa, proyectó los muebles de las casas Calvet, Batlló y Milà de formas totalmente anatómicas, adaptadas perfectamente al cuerpo humano y manifestó que, de no haber sido arquitecto, le hubiera gustado ser constructor de barcos, que se componen de formas adaptadas perfectamente al medio acuático en que han de moverse.

Compartió, sin conocerla, la opinión de Vincenzo Danti que en 1567 afirmó que la flor más bella es la que cumple mejor los objetivos que le señaló la Naturaleza. Gaudí mantenía que las flores tienen vivos colores y agradables perfumes, no para inspirar a los poetas o a los pintores, sino para atraer los insectos y facilitar la reproducción de las especies.

La funcionalidad no consiste en utilizar formas sencillas trazables con la escuadra y el compás, el compás está en los ojos, decía Miguel Ángel, sino en tomar las que la sabia Naturaleza ofrece con generosidad, aunque con otro tipo de geometría.

Un caso manifiesto es la utilización constante por Gaudí del arco catenárico, o sea, el que tiene la forma de una cadena suspendida por sus extremos. Este arco es el de mejor condición mecánica, el que trabaja mejor, pero no ha sido de uso frecuente entre los arquitectos porque es difícil trazarlo con el compás. Para Gaudí si era el más mecánico, debía ser el más hermoso.

Pensaba Gaudí que buscando la funcionalidad se llega a la belleza, mientras que al buscar la belleza directamente se topa con la estética, la teoría del arte y otros conceptos abstractos y filosóficos que molestaban a su mentalidad sencilla.

Una de sus más significativas frases recogida por sus estudiosos es que la creación continúa por mediación de los hombres, puesto que el hombre no crea, pero con la investigación descubre las leyes de la Naturaleza, entonces parte de estos descubrimientos y así continúa la obra del Creador. No se trata de inventar nada nuevo, basta con estudiar lo existente y tratar de mejorarlo.

Gaudí aplicó claramente esta teoría en su forma de interpretar el estilo gótico. El francés Jacques François Blondel en 1771 dijo que la bóveda gótica se identifica con el origen del arte natural, al ser una imitación del árbol con su tronco como columna y las ramas extendidas como nervios de la bóveda. Gaudí consideró al gótico el más estructural de los estilos históricos. Para él los arquitectos del Renacimiento eran simples decoradores, pero las soluciones góticas con arcos apuntados y arbotantes, eran imperfectas. Propuso y realizó el perfeccionamiento del gótico con los arcos catenáricos y las columnas inclinadas.

El caso más espectacular de racionalidad estructural lo expresó Gaudí con la famosa maqueta para el cálculo de la estructura de la cripta de la Colonia Güell. Mediante una serie de cordeles o bramantes suspendidos del techo de una pequeña habitación junto a la obra, consiguió, al colgar de los bramantes pequeños sacos de lona conteniendo perdigones con un peso proporcional a las cargas que deberían insistir sobre la estructura, una forma que, fotografiada e invirtiendo la imagen, daba la exacta disposición de pilares, arcos y bóvedas, sin posibilidad de error, ya que la determinación de las formas obedecía solamente a la ley de la gravedad. Puede decirse que Isaac Newton, descubridor de la ley de la gravedad, fue el colaborador de Gaudí en este proyecto.

Admirable resulta formular un cálculo rigurosamente exacto sin una sola operación matemática. Así lo reconoció en 1910 el profesor, arquitecto e ingeniero Fèlix Cardellach que llegó a decir de Gaudí que tenía tal caudal de ideas constructivas en la mente, que las leyes de la Naturaleza, en lugar de entorpecer su marcha, son para él instrumento y juguete de progreso. La libertad sensata con que se mueve dentro de sus obras podría definirse como la emancipación de todas las doctrinas, con el prevalecimiento de la razón.

La arquitectura de Gaudí es viva y palpitante. Decía J. F. Ràfols, primer biógrafo de Gaudí, que a los griegos la vida de la arquitectura asomaba, sin querer, a flor de fachada, mientras que Gaudí trabajó en su busca como si hundiera las manos y los puños en el corazón mismo del alma de la estática para exprimirle las entrañas, extrayendo el jugo de la vida. Refiriéndose a la Casa Milà, añade el autor citado, que no se encontraría en el mundo ninguna obra semejante, tal que hunde la concepción artística en el mar de la vida y le confiere aquel pálpito que turba el cerebro y enciende la emoción estética en el corazón.

Gaudí contó con la suerte de conocer y tratar a don Eusebi Güell, su auténtico amigo y mecenas, para quien a lo largo de 40 años, de 1878 a 1918, realizó las más importantes obras, aparte de la Sagrada Familia.

Pudo el arquitecto desarrollar libremente su personalidad constructiva, aunque las ideas fundamentales fueran del propio Güell, o de sus colaboradores como Verdaguer o Picó i Campamar. Hombre de *La Renaixença*, Güell fue un amante de la mitología griega que quiso revivir el jardín de las Hespérides en la Finca Güell de Les Corts de Sarrià, en el palacio de la calle Nou de la Rambla, en las bodegas de Garraf o en el Park Güell convertido en la nueva ciudad de Delfos. Gaudí se sometió a los conceptos y símbolos queridos por su cliente, pero hizo su propio arte y el resultado es realmente espectacular.

Por otra parte el concepto franciscano de amor a la Naturaleza lo convirtió en un ser profundamente religioso. Fue educado en el seno de una familia menestral cristiana, habiendo estudiado en los Escolapios. Después de conocer las emociones revolucionarias de 1868 en Reus, de su conocimiento y abandono casi inmediato de las ideas anarquistas o socialistas, en cierto modo presentes en la cooperativa Obrera Mataronense para la que trabajó en sus años mozos, llevó una vida muy distinta de los arquitectos famosos de su tiempo. Vivió en el casco antiguo y en el Eixample

de Barcelona. Desde 1906 habitó la casa de muestra del Park Güell, desde donde visitaba diariamente la Sagrada Familia y las otras obras en curso. A partir de 1911 se dedicó únicamente al templo, donde residió el último año de su vida.

Frecuentó la Catedral y Sant Felip Neri, donde tuvo su director espiritual, fue socio del Cercle Artístic de Sant Lluc, lugar de reunión de los artistas católicos y mantuvo continuada amistad con religiosos de la talla de los obispos Torras i Bages de Vic, Campins de Mallorca y Grau de Astorga, además de sacerdotes como Verdaguer, Casanovas o Collell.

Dedicó su tiempo a la tarea arquitectónica y nunca se ocupó en escribir, viajar, dar conferencias o tener vida social. Nunca se casó y sus amigos fueron especialmente sus colaboradores en las obras, Llorenç Matamala, Josep y Lluís Badia, Francesc Berenguer, Joan Rubió, Josep Maria Jujol o Domènec Sugrañes.

Su sentido de la lógica le hizo concebir métodos para el oficio de la construcción, de tal forma que muchos albañiles ajenos a la Sagrada Familia acudían a la obra para observar el trabajo de sus colegas.

Bajo un aspecto un tanto adusto, pero ciertamente bondadoso, escondía una sensibilidad extrema y en varias ocasiones sufrió momentos depresivos, que combatió con descansos en Vic en 1910 y en Puigcerdà en 1911.

Su biblioteca era sumamente reducida y dijo que el mejor libro de arquitectura era el árbol que veía a través de la ventana de su estudio.

Se consideraba un hijo del Mediterráneo, donde el arte es posible y halla su plenitud; consideraba a su comarca natal, el Camp de Tarragona, como un lugar característico de la cuenca del Mare Nostrum y a Barcelona, la ciudad donde vivió durante 57 años, el solar de la mayor parte de su obra y especialmente del templo de la Sagrada Familia, donde volcó todo su poder creativo con la demostración de la existencia real de una arquitectura naturalista basada en la geometría reglada y en el espíritu de la religión católica, que ahondó profundamente en su alma de creyente.

La presencia de símbolos cristianos en todos sus edificios, incluyendo lo que no eran de carácter religioso, bien lo manifiesta. Se disgustó muchísimo cuando se le impidió coronar La Pedrera con la imagen de bronce dorado de 4,50 metros que debía representar a la Virgen con San Gabriel y San Miguel.

Según frase del arquitecto chino Hou Teh-Chien, Gaudí es un filósofo que expresa sus ideas a través de sus edificios. La arquitectura de Gaudí es una metáfora de la Naturaleza, una versión constructiva plenamente racional de las estructuras y las formas de los tres reinos, vegetal, mineral y animal, que componen el mundo.

La arquitectura de Gaudí es intemporal, ya que no depende de los estilos o las modas y sigue gustando más de tres cuartos de siglo después de su muerte, al igual que siguen gustando las flores o las montañas.

Comprenden y sienten mejor su arquitectura los niños o los profanos que los propios arquitectos, ya que penetra directamente en el alma de las personas y no precisa de explicaciones de críticos o historiadores.

Fue contemporáneo de movimientos artísticos como el eclecticismo, el *modernisme*, el *noucentisme* o el racionalismo, pero es imposible clasificarlo como representante de ninguno de ellos.

Dejó la puerta abierta a una manera de construir más próxima a la Naturaleza, más equilibrada y ecológica. Su mensaje a las generaciones que lo han sucedido no consiste en pedir que se imiten sus formas, sino en que se estudien las de la Naturaleza, de la que se pueden obtener soluciones múltiples, diversas y útiles.

Pero el camino seguido por Gaudí fue, como él mismo decía, sacrificado y, a veces, doloroso puesto que para alcanzar buenos resultados hay que trabajar mucho y equivocarse muchas veces.

La inspiración consiste en hacer cosas aparentemente fáciles que en realidad suponen esfuerzos continuados.

El secreto de Gaudí hay que buscarlo en su manera de ser sencilla y sacrificada a la vez. Tuvo la suerte de carecer de antepasados arquitectos y así no sufrió la deformación profesional o enviciamiento de los que nacen con la formación de la antigua ciencia artística de la arquitectura.

Admiró profundamente la arquitectura popular, la que se hace sin arquitectos, sin proyectos ni cálculos, pero con empleo de los materiales del lugar y con intención simplemente utilitaria.

La suya es la arquitectura de la realidad natural que se presenta como si fuera fruto de la ilusión. Semeja la creación de un cuento de hadas y en cambio se ajusta a la verdad más permanente basada en las leyes inmutables del mundo.

Cubierta de la Casa Batlló

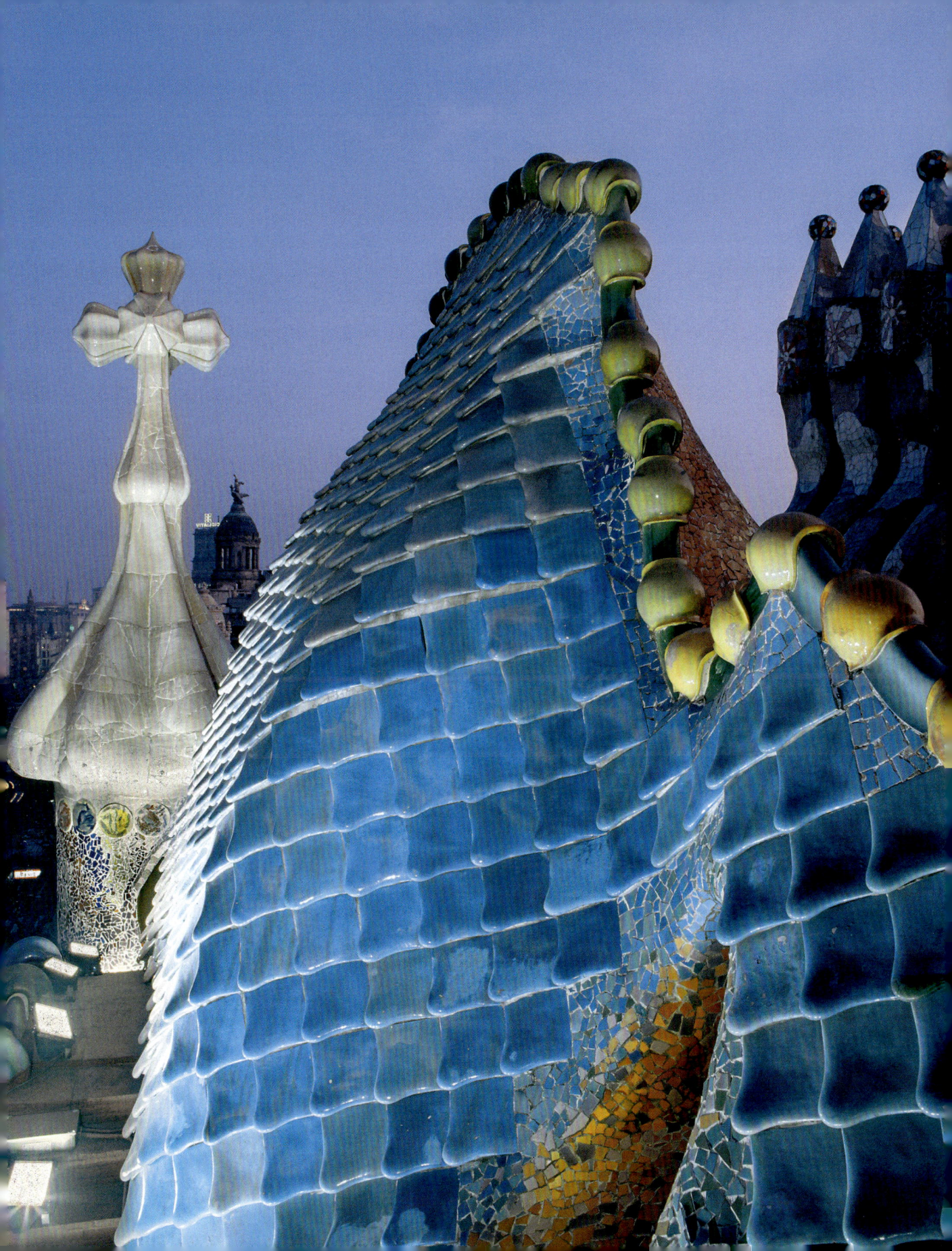

Otros lugares

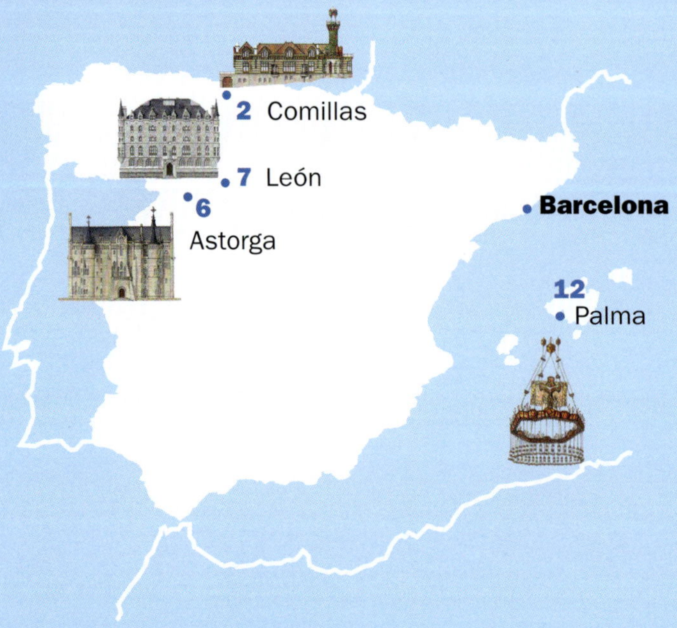

2 Comillas
7 León
6
Astorga
Barcelona
12
Palma

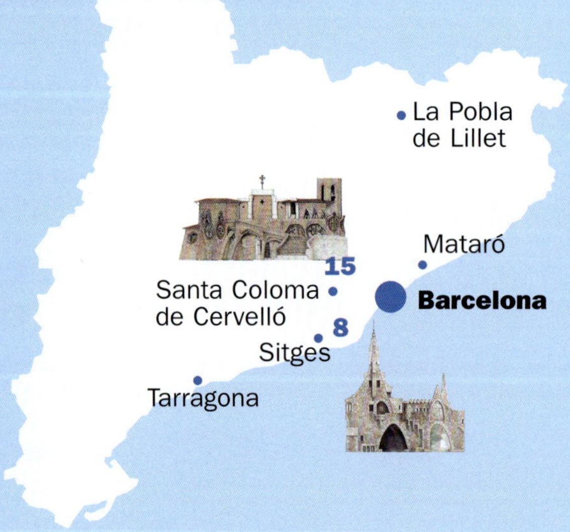

La Pobla
de Lillet

Mataró
15
Santa Coloma
de Cervelló
Sitges **8** **Barcelona**
Tarragona

Barcelona

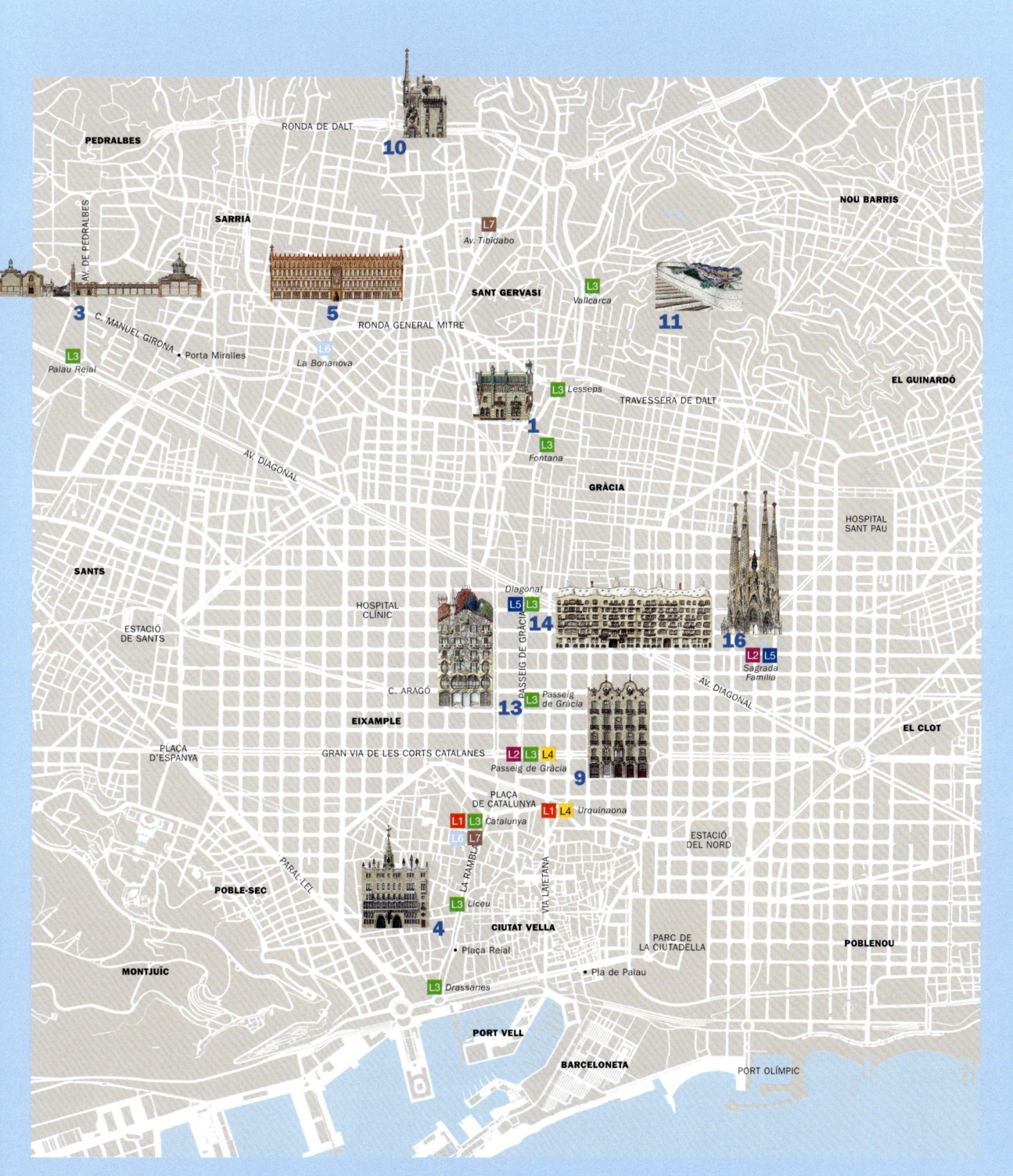

PEDRALBES

RONDA DE DALT

10

SARRIÀ

NOU BARRIS

L7
Av. Tibidabo

SANT GERVASI

L3
Vallcarca

11

EL GUINARDÓ

3 C. MANUEL GIRONA

RONDA GENERAL MITRE

5

• Porta Miralles

L6
La Bonanova

L3
Palau Reial

AV. DIAGONAL

L3 Lesseps

TRAVESSERA DE DALT

1

L3
Fontana

GRÀCIA

HOSPITAL
SANT PAU

SANTS

ESTACIÓ
DE SANTS

HOSPITAL
CLÍNIC

Diagonal
L5 L3

14

16

L2 L5
Sagrada
Familia

C. ARAGÓ

PASSEIG DE GRÀCIA

13 L3 Passeig
de Gràcia

EIXAMPLE

AV. DIAGONAL

EL CLOT

GRAN VIA DE LES CORTS CATALANES

L2 L3 L4
Passeig de Gràcia

9

PLAÇA
D'ESPANYA

PLAÇA
DE CATALUNYA

L1 L4 Urquinaona

ESTACIÓ
DEL NORD

L1 L3 Catalunya
L6 L7

PARAL·LEL

POBLE-SEC

LA RAMBLA

VIA LAIETANA

POBLENOU

L3 Liceu

4

CIUTAT VELLA

PARC DE
LA CIUTADELLA

• Plaça Reial

MONTJUÏC

L3 Drassanes

• Pla de Palau

PORT VELL

BARCELONETA

PORT OLÍMPIC

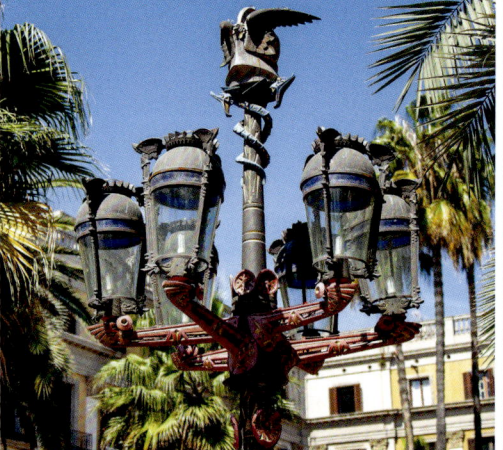

1

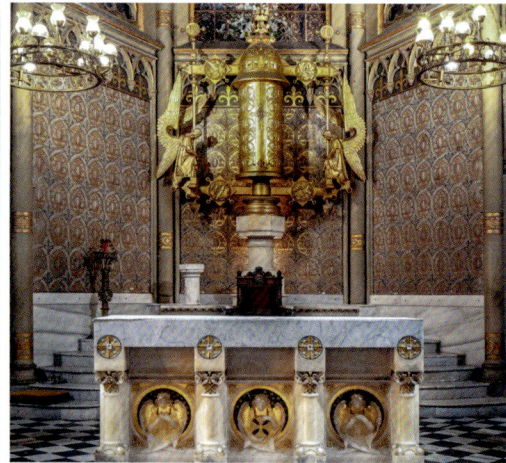

2

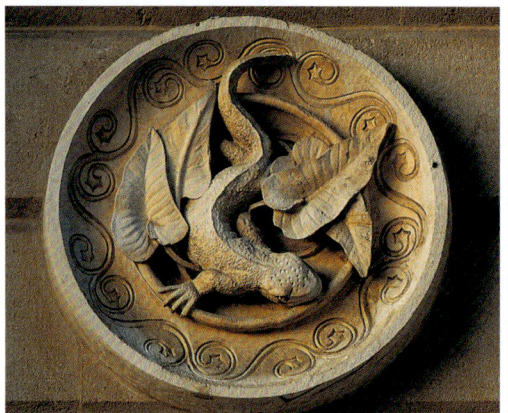

3

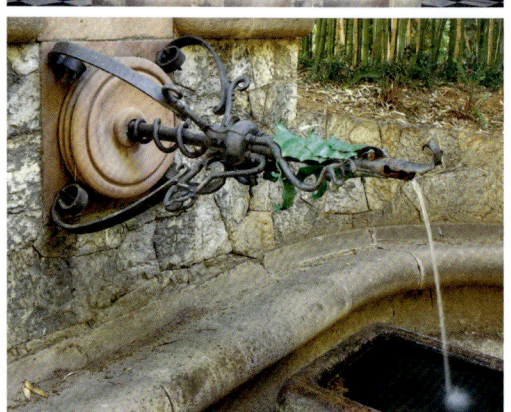

4

5

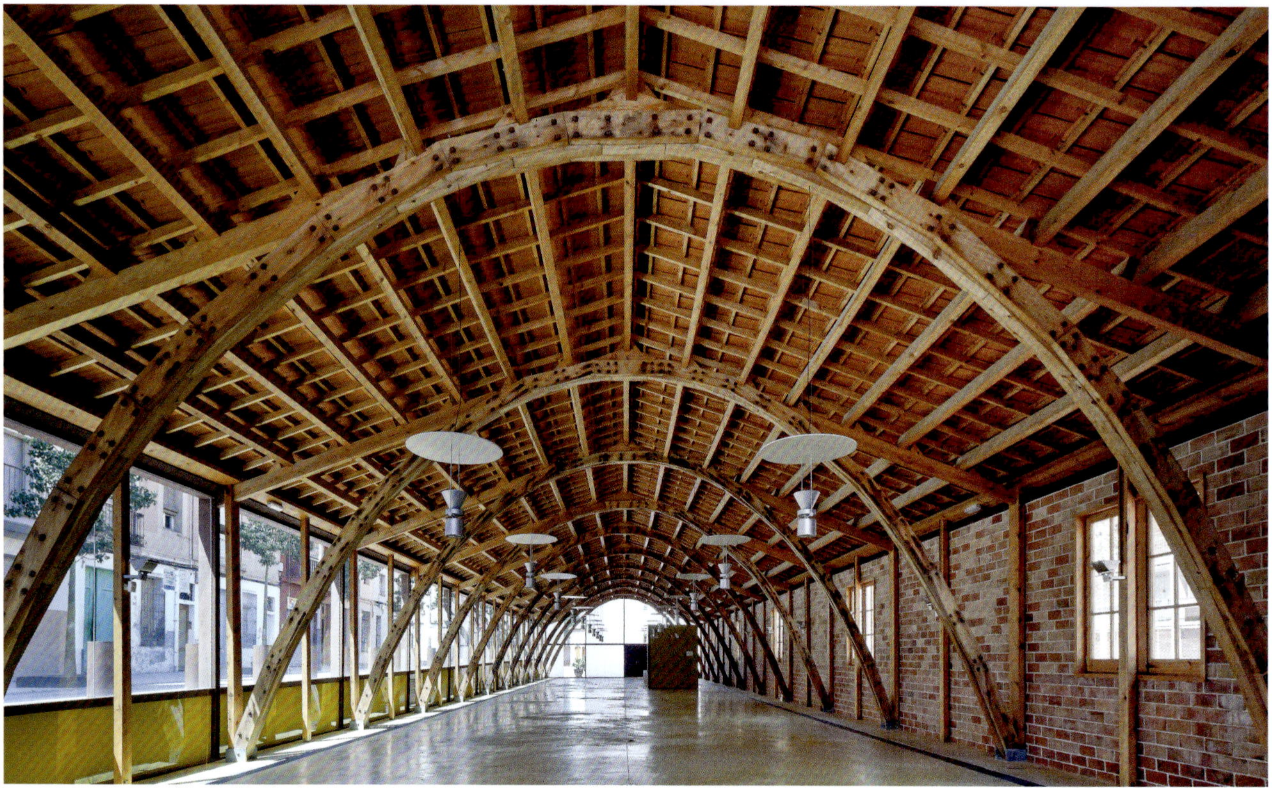

Primeras obras Barcelona

En los muros del acuario situado a espaldas de la Cascada del parque de la Ciudadella, obra de Josep Fontserè Mestres en 1875, según afirma Josep F. Ràfols Fontanals en biografía de Gaudí de 1929, los relieves circulares representando un lagarto entre hojas de plantas acuáticas, serían obra del joven Gaudí, aún estudiante, a las órdenes del director de las obras del parque.

En 1883 mosén Jacint Verdaguer pidió a su amigo el canónigo de Vic Jaume Collell i Bancells, un texto latino para situar en una fuente que Gaudí había proyectado en los jardines de la Casa Güell, actual Palacio Real de Pedralbes. Gaudí había dedicado la fuente a Hércules, que aparecía en lo alto de un pedestal, luciendo el casco del león de Nemea. El único caño de la fuente tiene forma de dragón, que bien podría ser

Ladón el protector del jardín de las Hespérides al que diera muerte Hércules en singular combate.

Entre 1878 i 1883 realizó la nave de blanqueo de algodón de la cooperativa La Obrera Mataronense, considerada el punto de partida del proceso creativo del arquitecto. Destaca por la importancia de la experimentación con los arcos parabólicos, utilizados por primera vez como elementos estructurales.

Gaudí, según un encargo por parte del Ayuntamiento de Barcelona, presentó, en junio de 1878, el proyecto de unas farolas. Gaudí diseñó dos modelos, uno de tres brazos y otro de seis, que finalmente se colocaron en el Pla de Palau y en la plaza Reial, respectivamente.

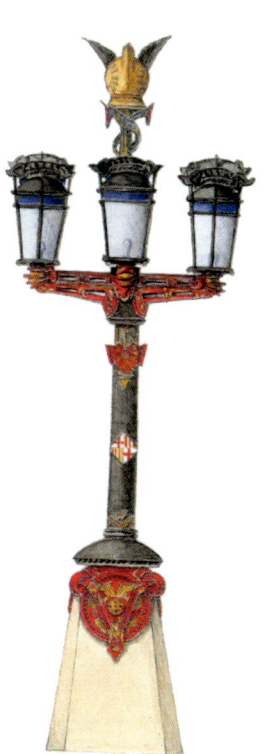

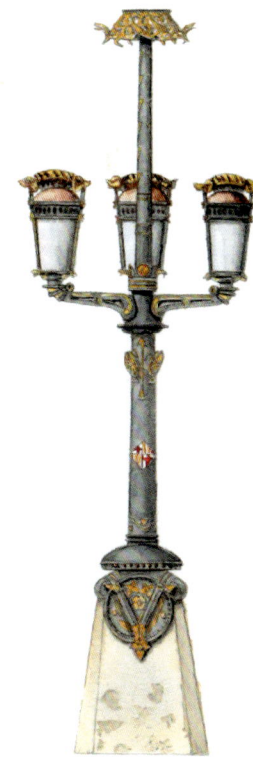

Plaça Reial   Pla de Palau

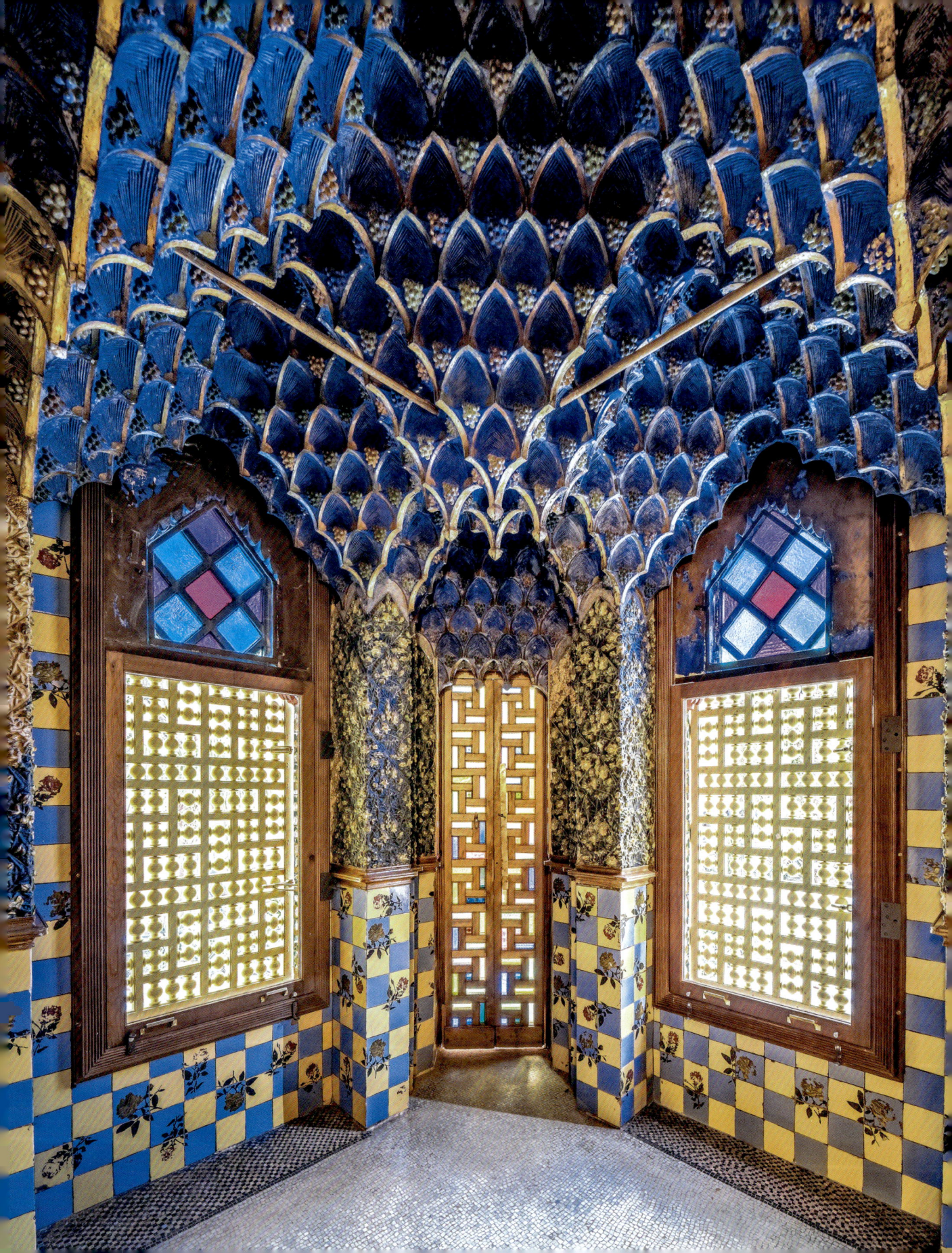

Casa Vicens Barcelona

La Casa Vicens se halla en la calle Carolinas. En la fachada principal había una tribuna (ahora modificada) que se cerraba con unos grandes paneles basculantes de celosía de madera, y en el centro colocó una antigua pileta renacentista con una especie de tela de araña metálica, sobre la que saltaba el agua y, con el sol, se descomponía en los colores del arco iris. Frente a esta fachada construyó la cascada demolida en 1946.

El interior de la casa es como de un cuento de hadas, los techos son de viguetas de madera policromada y adornada con temas florales también policromos de «papier maché». Hay un fumador con un cielo raso de mucarnas árabes que conduce la imaginación al Generalife granadino.

Es ingeniosísimo el juego de puertas de dos hojas que se abren simultáneamente y son notables las chimeneas y los pormenores de suelos y paredes. En el primer piso están los muros esgrafiados reproduciendo cañas, rosales y otras plantas que se podían encontrar en la vecina riera de Cassoles o riera d'En Malla.

En los ángulos colocó unas tribunas voladas que no convencieron al maestro albañil, que se quedó varias horas después de terminado el trabajo esperando que se cayeran.

La Casa Vicens cuenta también con otros detalles decorativos que demuestran la sensibilidad de Gaudí que, por ejemplo, mandó colocar un pájaro de cerámica suspendido de un invisible hilo frente al hogar del comedor y que, con el aire caliente, se balancea como si volara en aquel irreal ambiente de ramos de cerezas en el techo y hiedras trepadoras sobre fondo dorado en los muros.

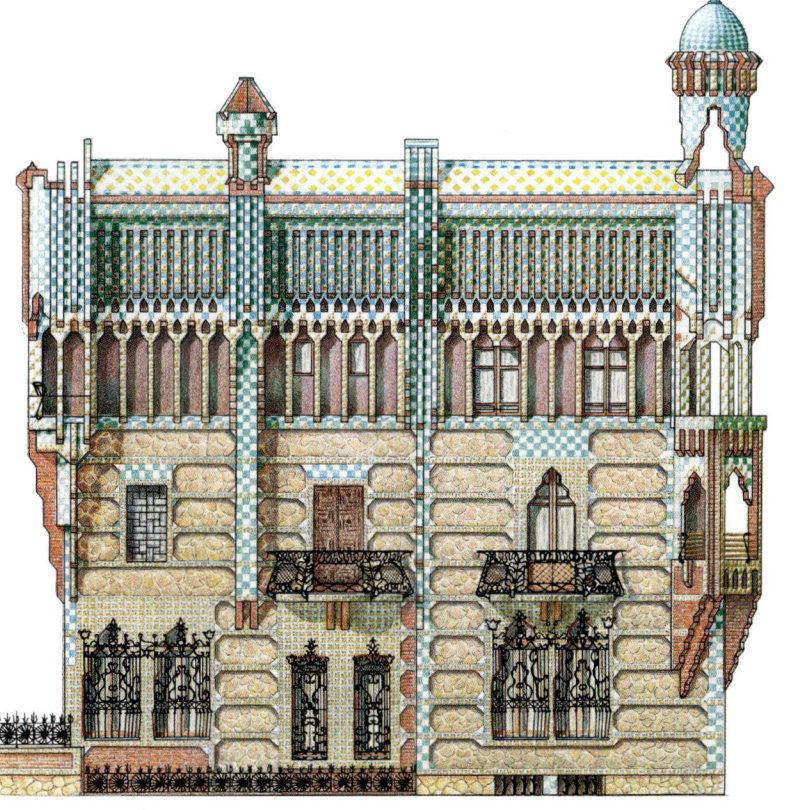

1 *Fumoir* de inspiración árabe

Carrer de les Carolines, 18

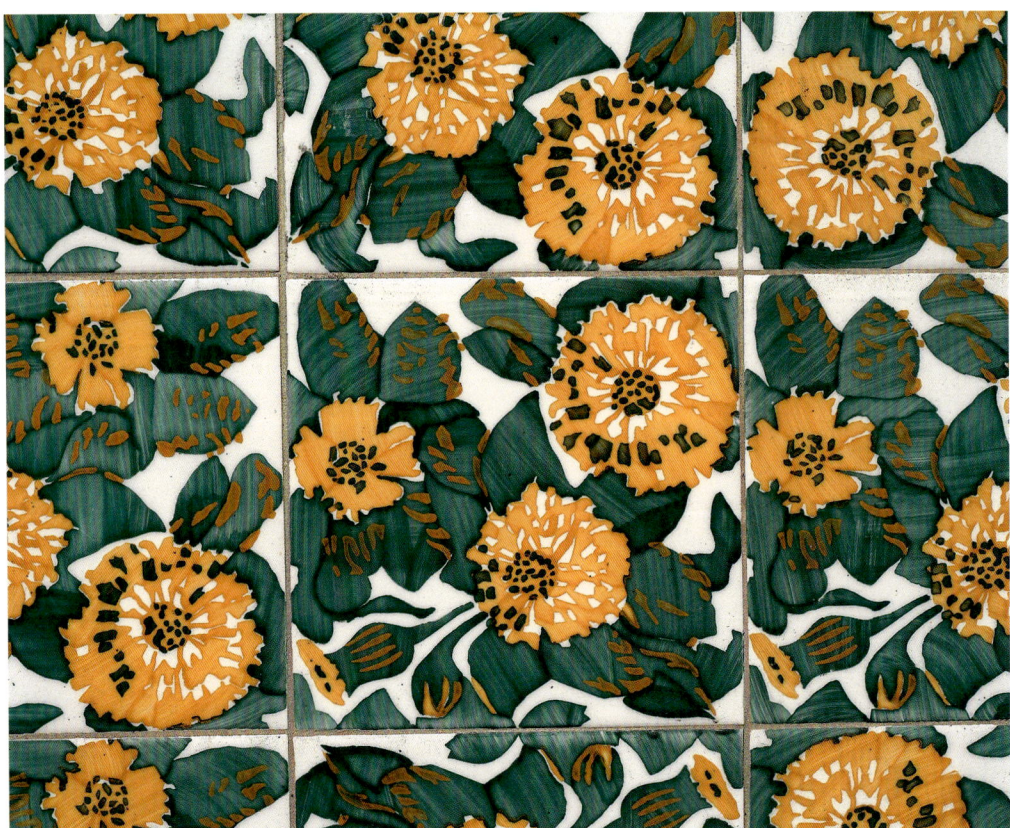

2 **Azulejos
de la fachada
con motivos florales**

3 **Reja de hierro
inspirada en los
palmitos del jardín**

4 **Vista general**

2

3   4 →

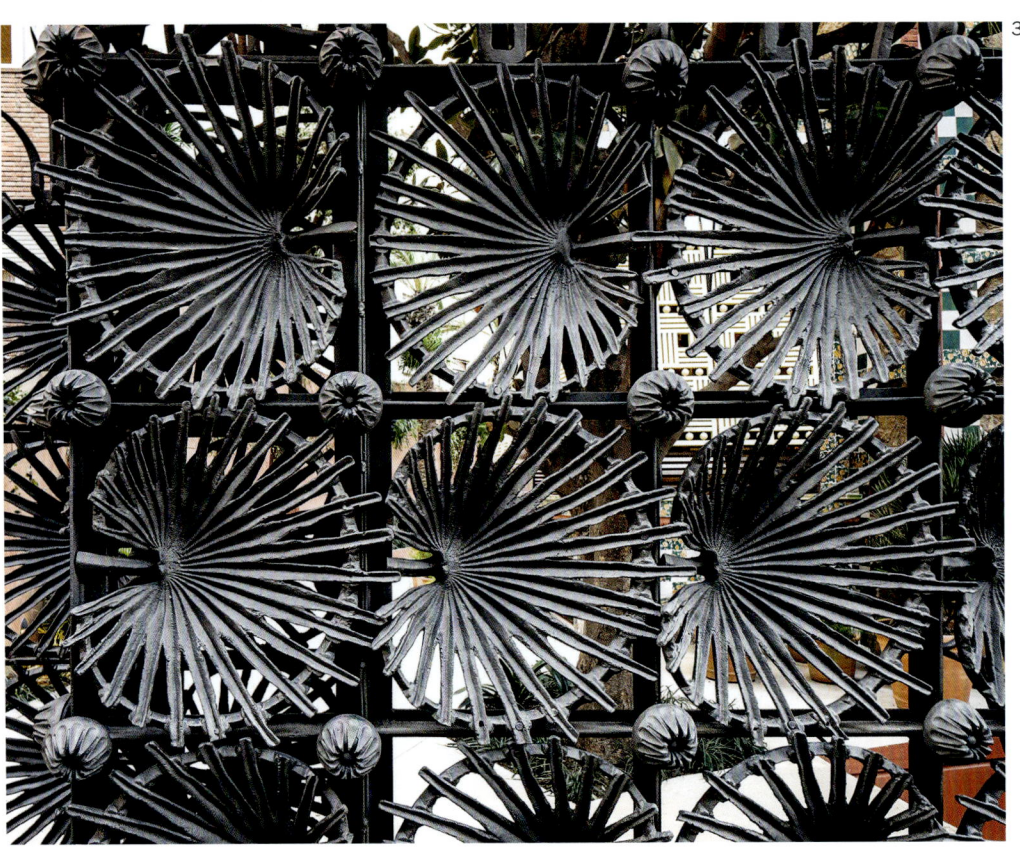

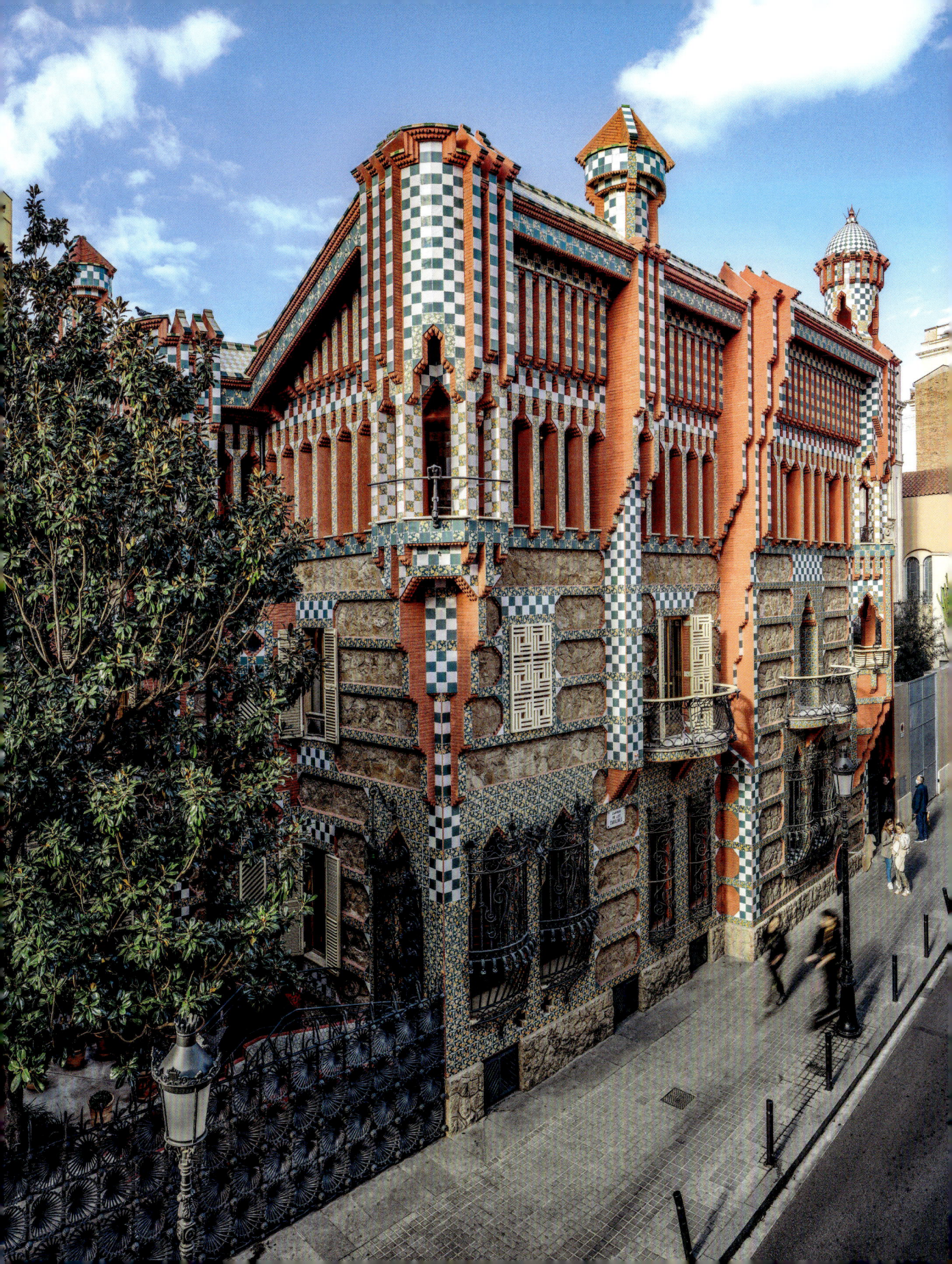

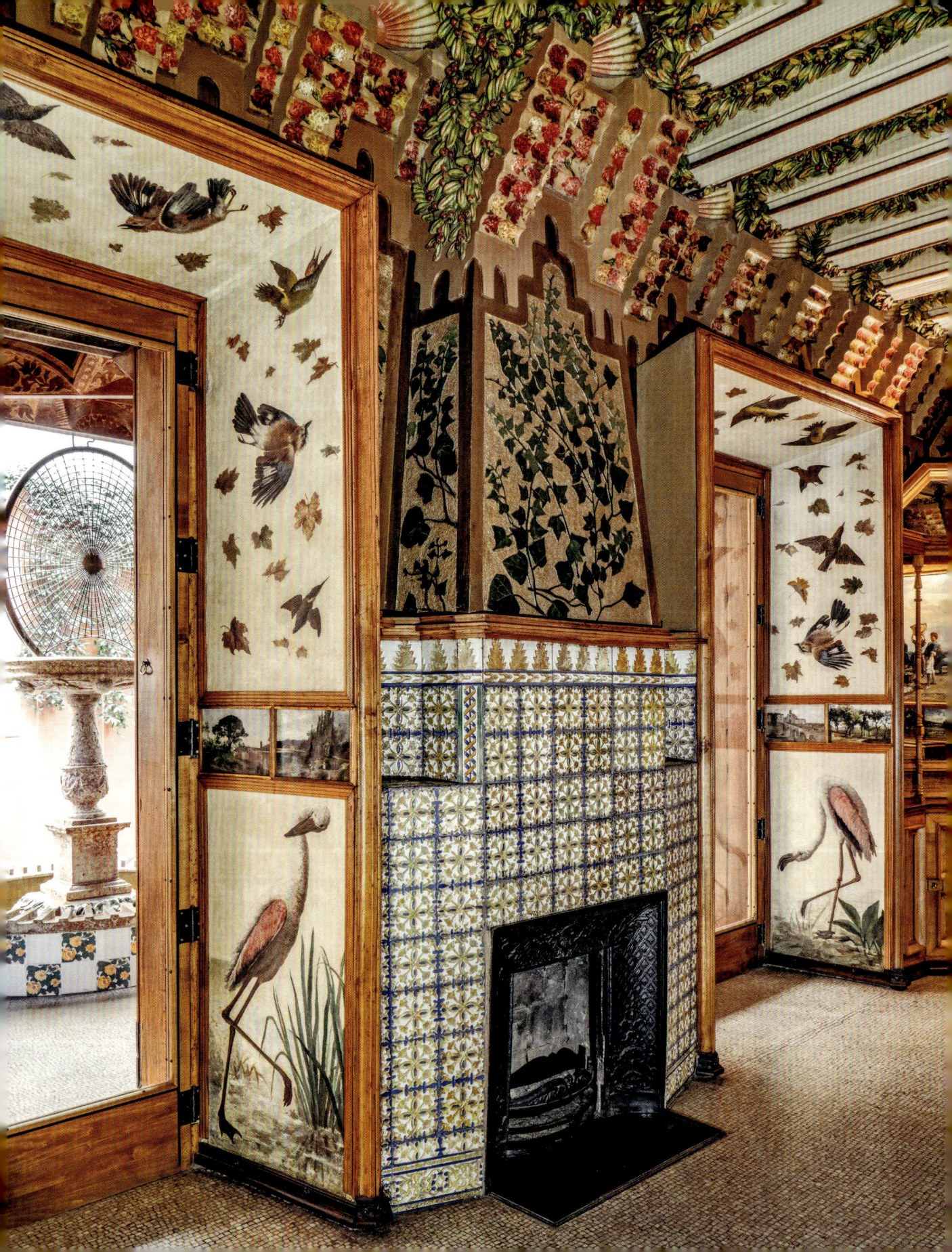

5 **Comedor**

6 ***Trompe l'oeil* en el primer piso**

← 5

6

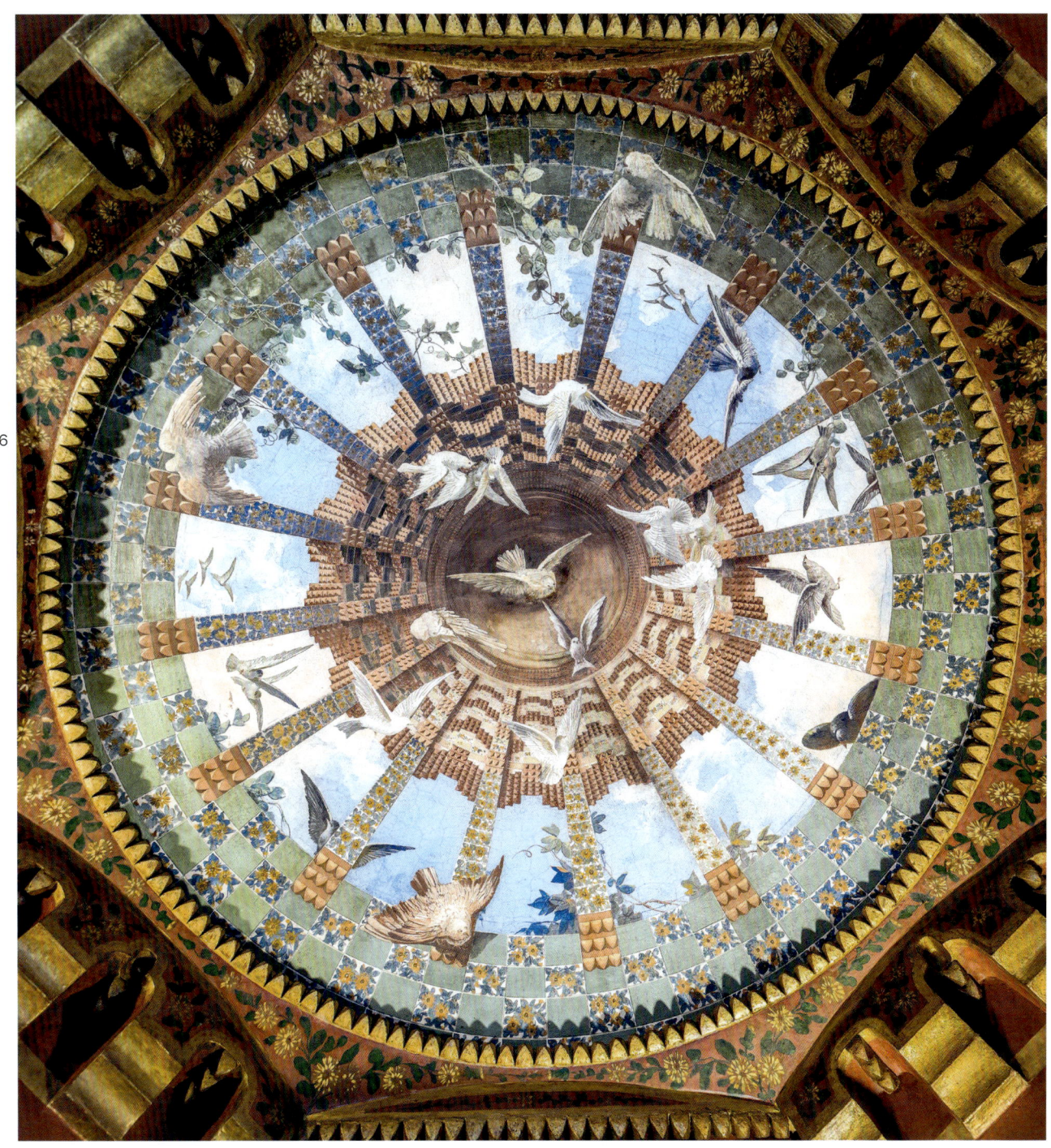

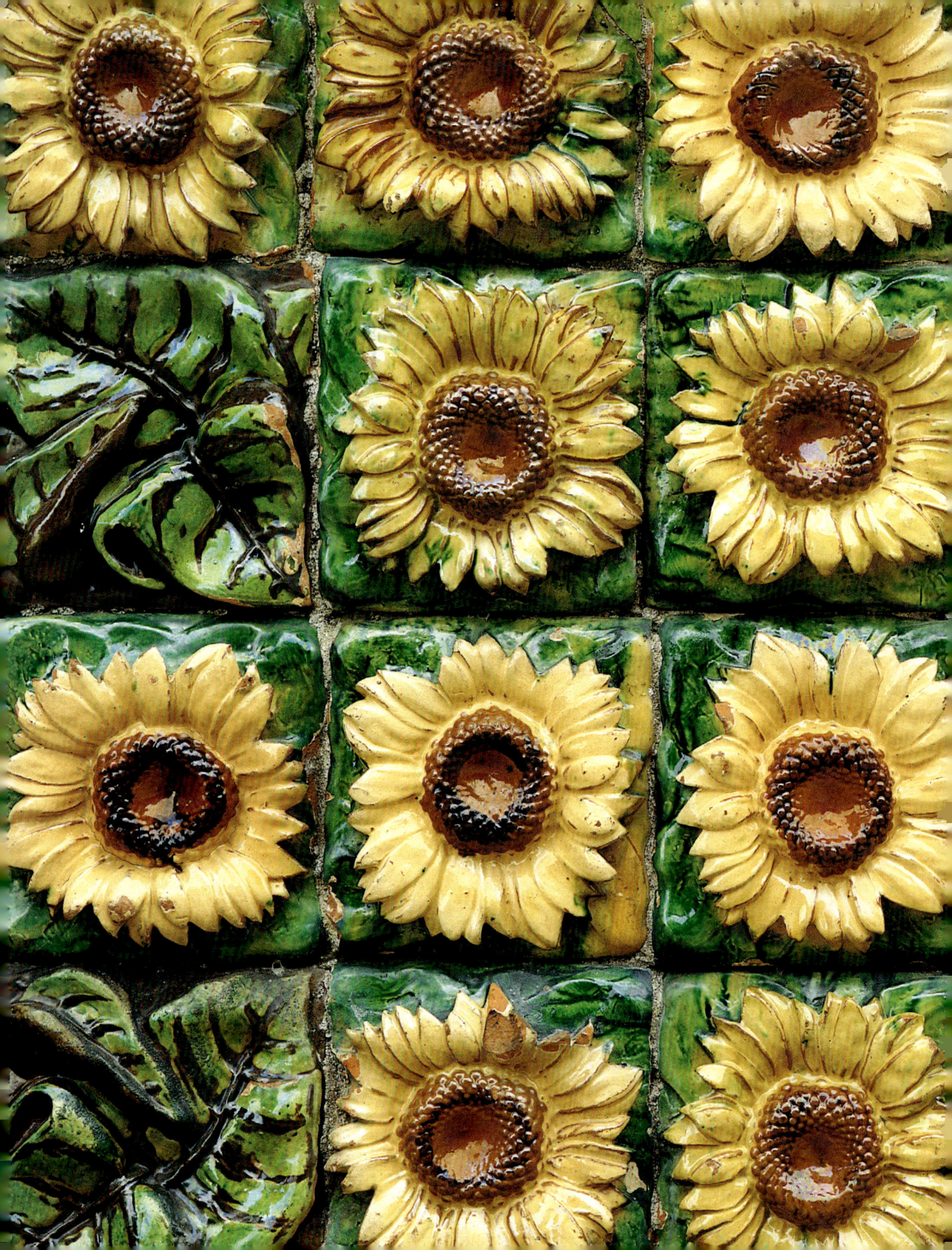

El Capricho Comillas

En 1883, Gaudí fue encargado por don Máximo Díaz de Quijano para la ejecución de un proyecto de hotelito junto al palacio de Sobrellano del marqués de Comillas, en aquella localidad cántabra. El edificio del Capricho, rigurosamente contemporáneo de la Casa Vicens, es una muestra más de la plenitud de esta tendencia oriental en la que Gaudí halló tan pródigas soluciones.

El Capricho es un edificio de semisótano, planta y desván. La planta es alargada y dispone de un acceso lateral con juego de cuatro columnas que sostienen la torre, que recuerda un alminar persa. En el remate de la torre, toda ella revestida de la misma cerámica que usó en la terraza de la Casa Vicens, hay un delicioso templete sostenido por cuatro columnas de fundición y una graciosa barandilla. El parecido existe también en los capiteles de las columnas del acceso, que son repetición del palmito de la reja de la casa barcelonesa, sobre la que se posan varios pájaros. El gran salón comedor toma toda la altura del edificio y tiene un amplio ventanal con ventanas de guillotina, que en los contrapesos tienen unas campanas tubulares, cada una con un tono distinto, que suenan agradablemente al cerrar y abrir dichas ventanas.

La casa fue ampliada más tarde con un cuerpo posterior que la desfiguraba y sus tejas árabes fueron sustituidas por placas de fibrocemento, pero conserva aún la visión de conjunto dentro del parque, todo él de un verde intenso. Están muy bien logrados los balcones angulares, a cuyas barandillas se da forma de banco, por lo que pueden las personas sentarse en ellas de cara al edificio y de espaldas al camino.

Es fama que Gaudí nunca estuvo en Comillas, aunque esto se hace difícil de creer viendo la minuciosidad del detalle y la perfección de los acabados. En todo caso, la construcción fue dirigida a pie de obra por Cristobal Cascante, ayudante de Gaudí.

Las chimeneas que rematan las cubiertas del Capricho son también sumamente personales y señalan este camino inédito que Gaudí cultivó a lo largo de toda su obra, pensando que no son solamente conductos de humos, sino también elementos decorativos de gran interés.

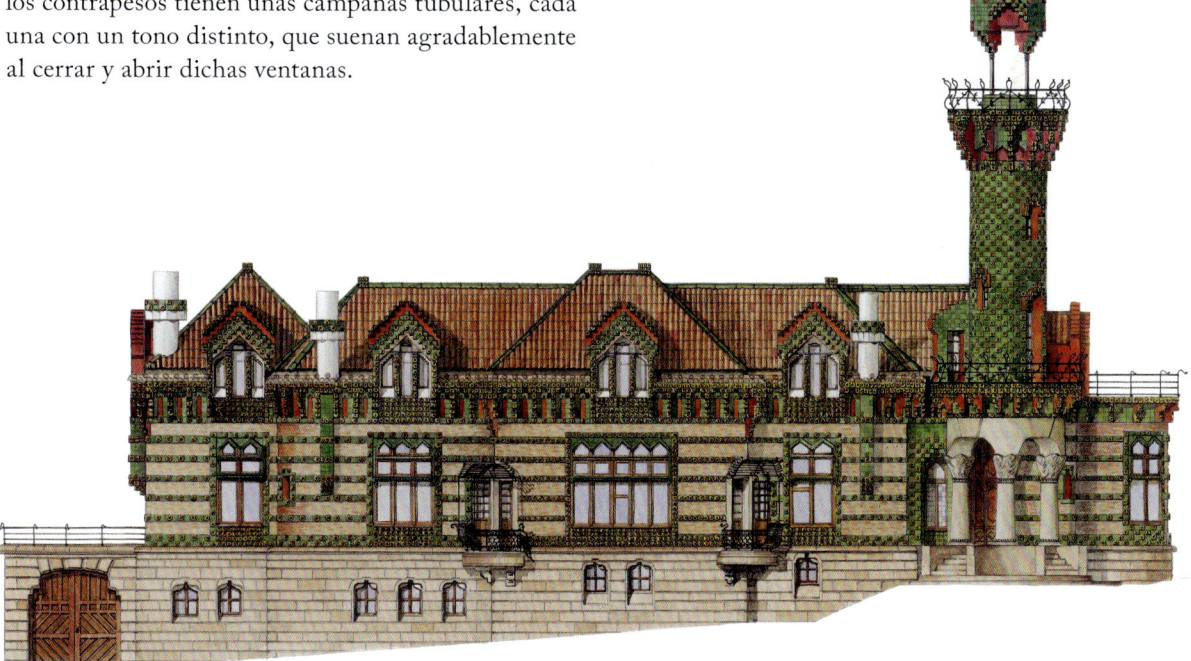

1 Revestimiento cerámico de girasoles

Terrenos del Palacio de Sobrellano, Comillas. Cantabria

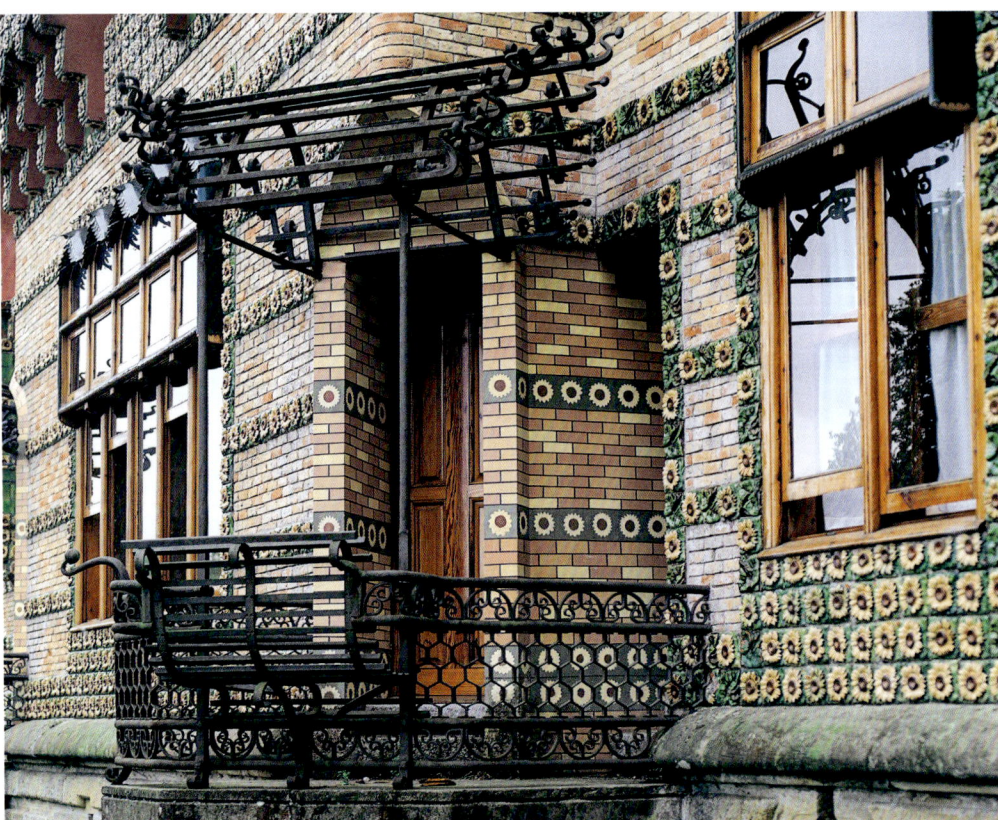

2 **Balcón-banco**

3 **Porche de entrada**

4 **Vista general**

2

3

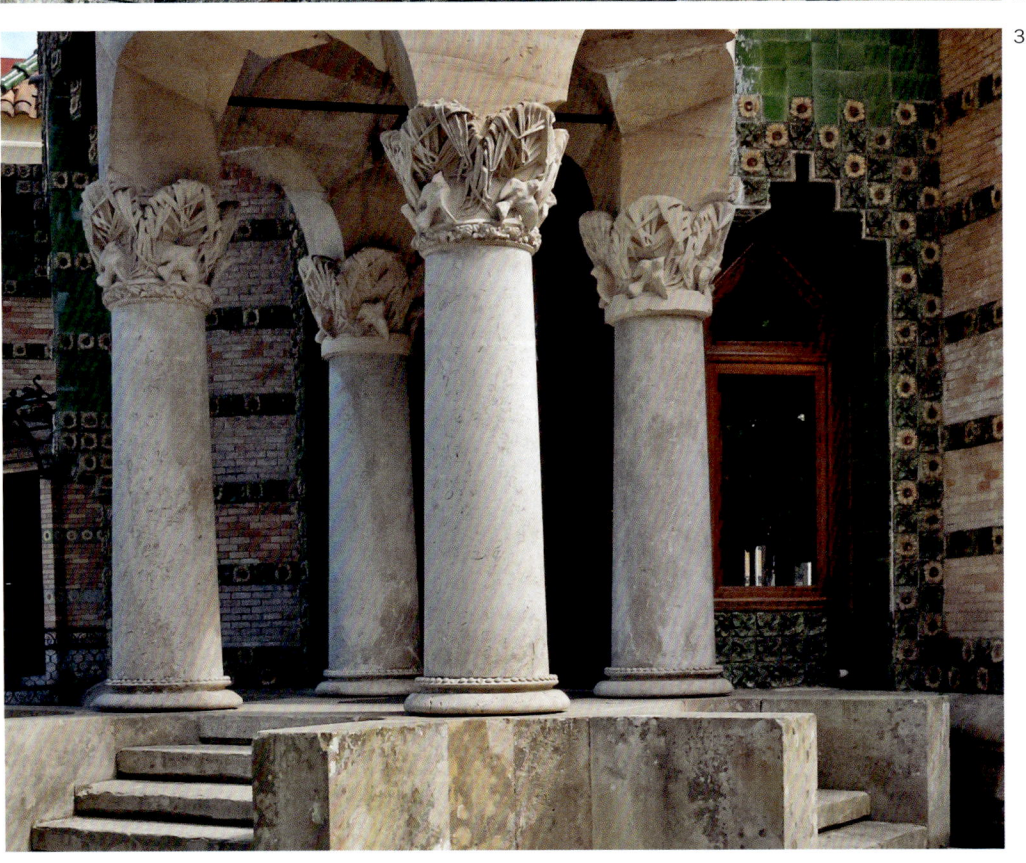

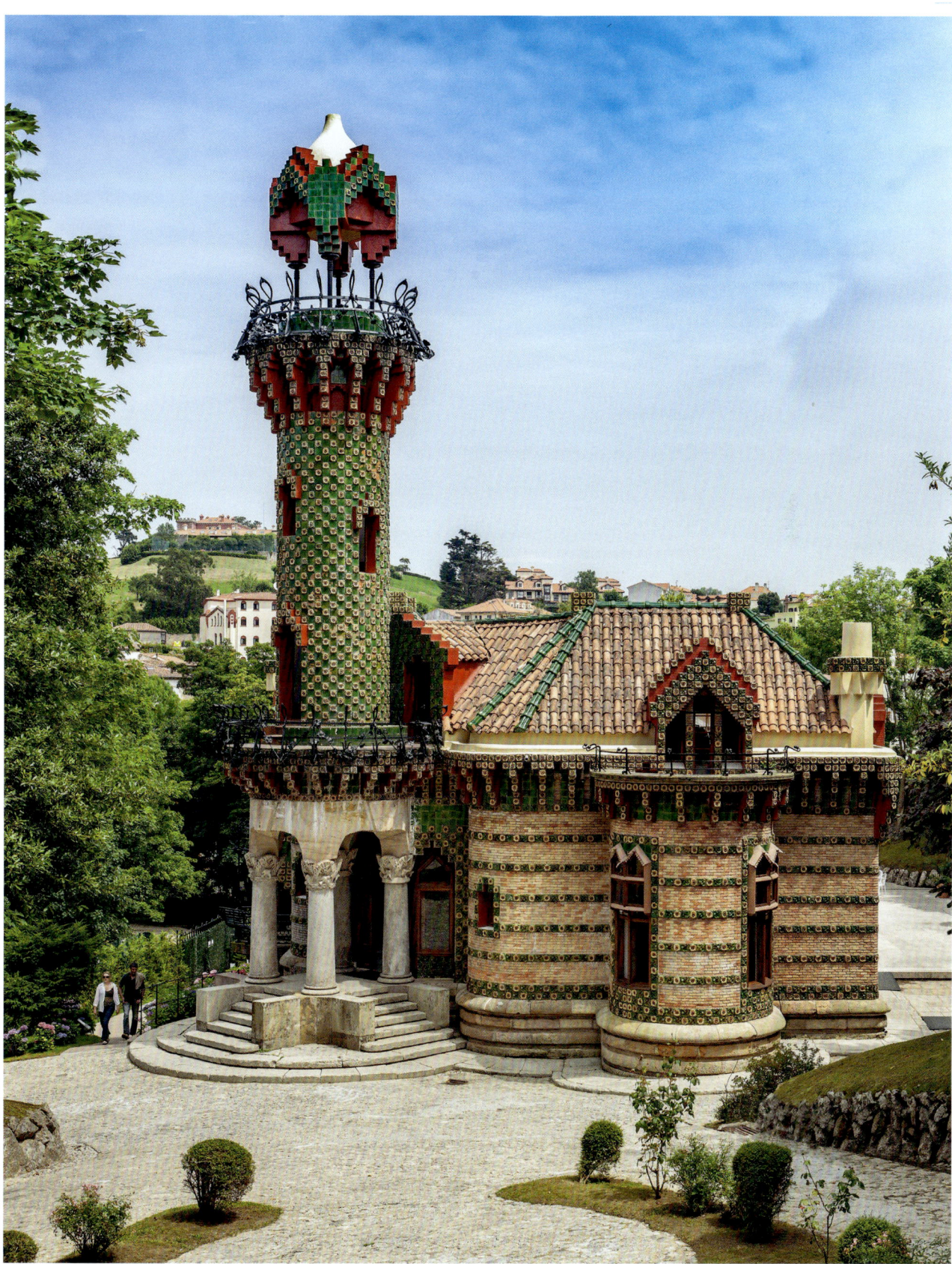

4

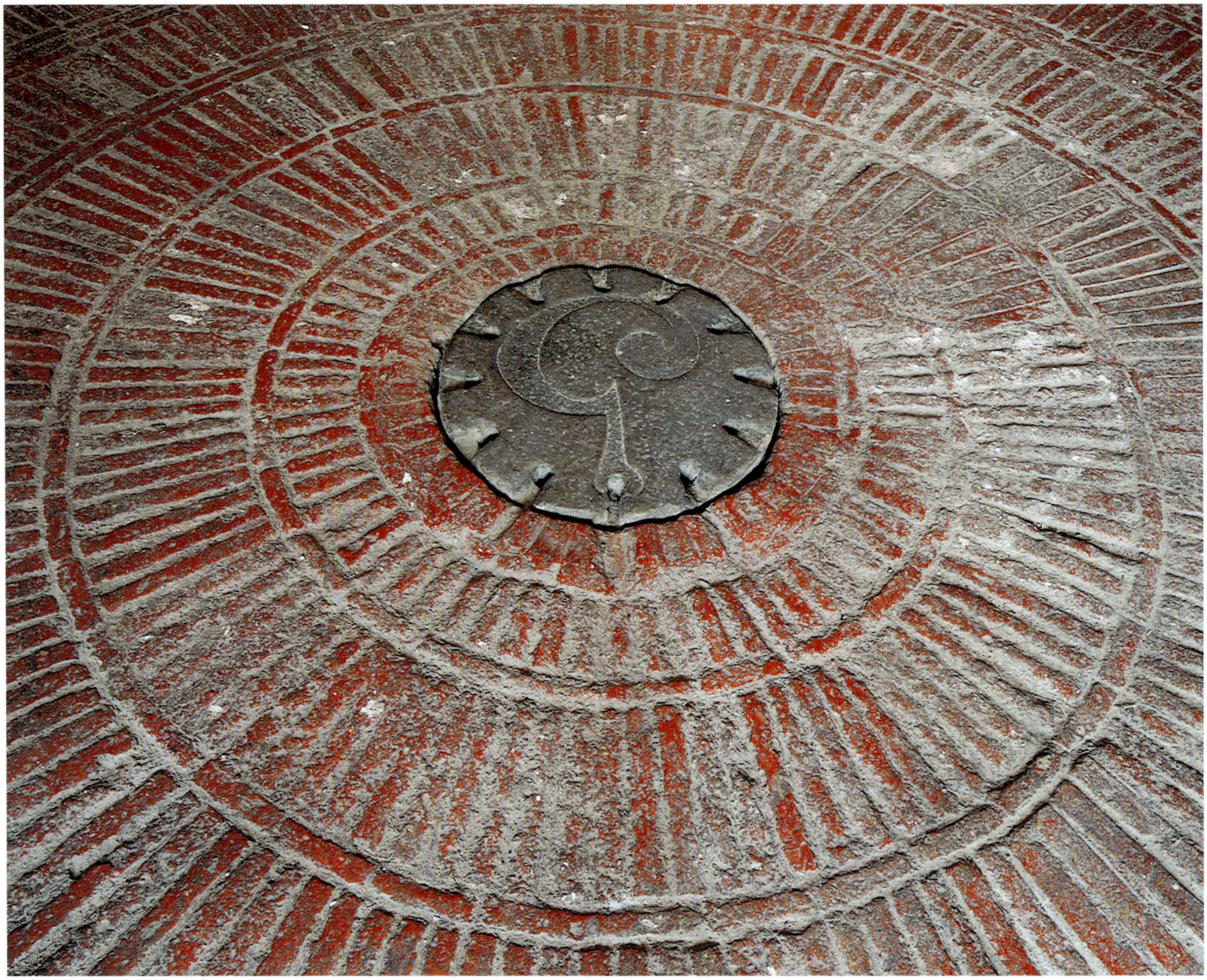

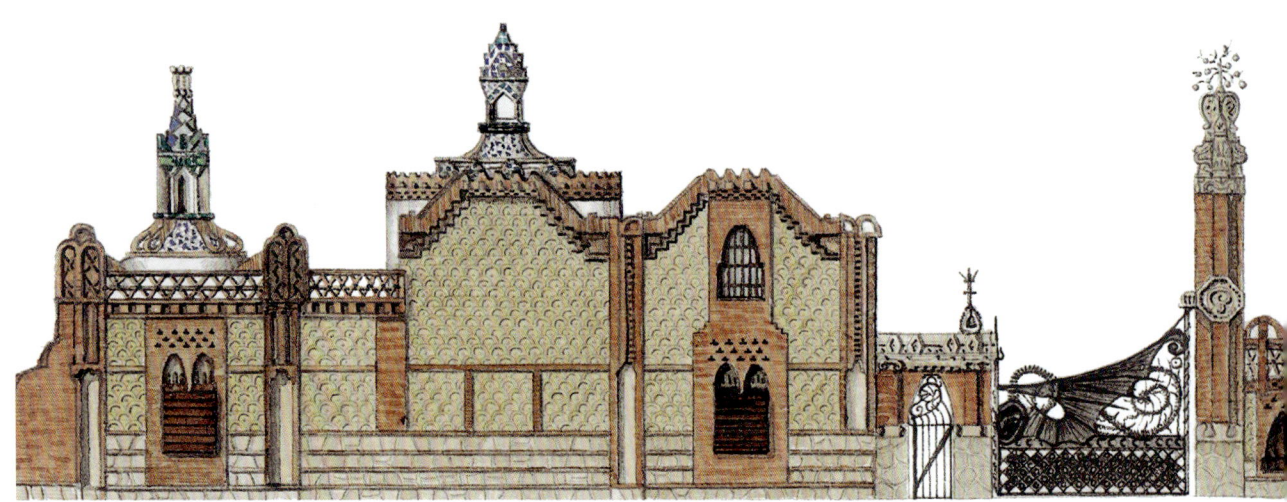

1 **Anagrama de Güell
en el suelo de las caballerizas**

Avenida de Pedralbes, 7

Pabellones de la Finca Güell Barcelona

Don Eusebi Güell, hacia 1884, encargó a Gaudí unas obras en la finca de Les Corts de Sarrià, que reformara la casa allí existente y le construyera el muro de cerca y los pabellones de portería. En esta tarea Gaudí volcó lo mejor de su época orientalista.

Gaudí rodeó toda la finca de un muro de mampostería, en el que practicó varias puertas. La puerta principal se cerraba con una reja que se estaba construyendo en 1885 en el taller Vallet y Piqué. Representa un amenazador dragón encadenado, de gran tamaño, con ojos de cristal. A ambos lados de la puerta situó la caballeriza, el picadero y la vivienda del portero. La primera se cubre con bóvedas tabicadas de perfil catenárico, que apoyan sobre arcos también catenáricos. Esta forma, que había empleado en Mataró y en la Casa Vicens, encontró en la Finca Güell su mejor expresión. El picadero se cubre con una cúpula de perfil aproximadamente hiperboloidal, en cuya parte superior hay un airoso templete. La vivienda del portero se cubre también con tres cúpulas rematadas por unos ventiladores en forma de chimeneas recubiertas de fragmentos cerámicos.

Los dos pabellones de entrada, recayentes a la avenida de Pedralbes, fueron restaurados entre 1967 y 1977 para sede de la Real Cátedra Gaudí. La restauración ha devuelto al edificio todo el frescor e intención de la época primeriza de Gaudí, que si bien presenta marcado acento oriental en el tratamiento del ladrillo y estuco de los exteriores, interiormente es un prodigio de modernísimas formas lanzadas al aire con infinito sentido de la elegancia.

En la Finca Güell pasó largas temporadas el suegro de Güell, don Antonio López, marqués de Comillas (1817-1883), protector del poeta mosén Jacint Verdaguer que le dedicó su poema «L'Atlàntida». En este poema épico se relata el undécimo trabajo a que Euristeo, rey de Micenas, sometió a Hércules, obligándole a robar las naranjas del jardín de las Hespérides, vigilado por un feroz dragón de nombre Ladón y tres doncellas, las Hespérides. Cuando en 1883 falleció el marqués de Comillas, Güell dispuso, contando con la poesía de Verdaguer y el arte de Gaudí, rendirle un homenaje muy especial convirtiendo el entorno de la Finca Güell en un nuevo jardín de las Hespérides. Para ello puso a la entrada la reja de hierro del dragón encadenado fija a un pilar, en cuya cima hay un naranjo hecho de antimonio. En el jardín se plantaron olmos, chopos y sauces, correspondientes a los árboles en que fueron convertidas las Hespérides por su descuido en la guardia de las naranjas. Así el homenaje al marqués de Comillas adquirió aspectos a la vez poéticos y mitológicos.

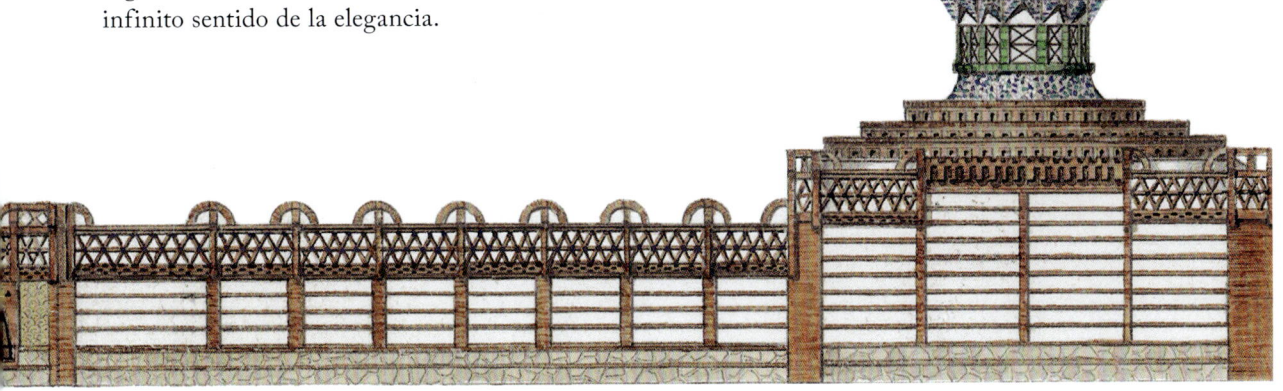

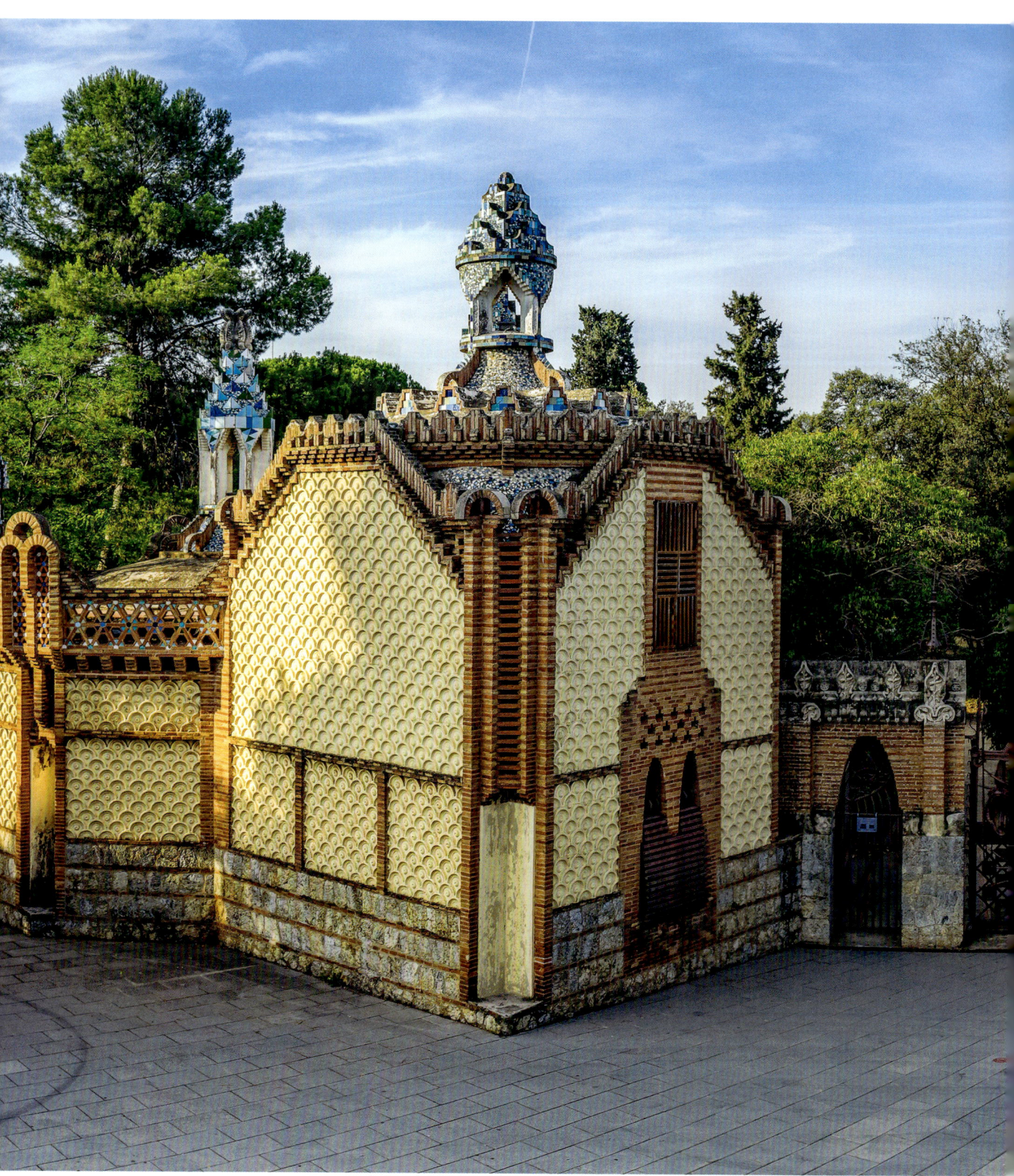

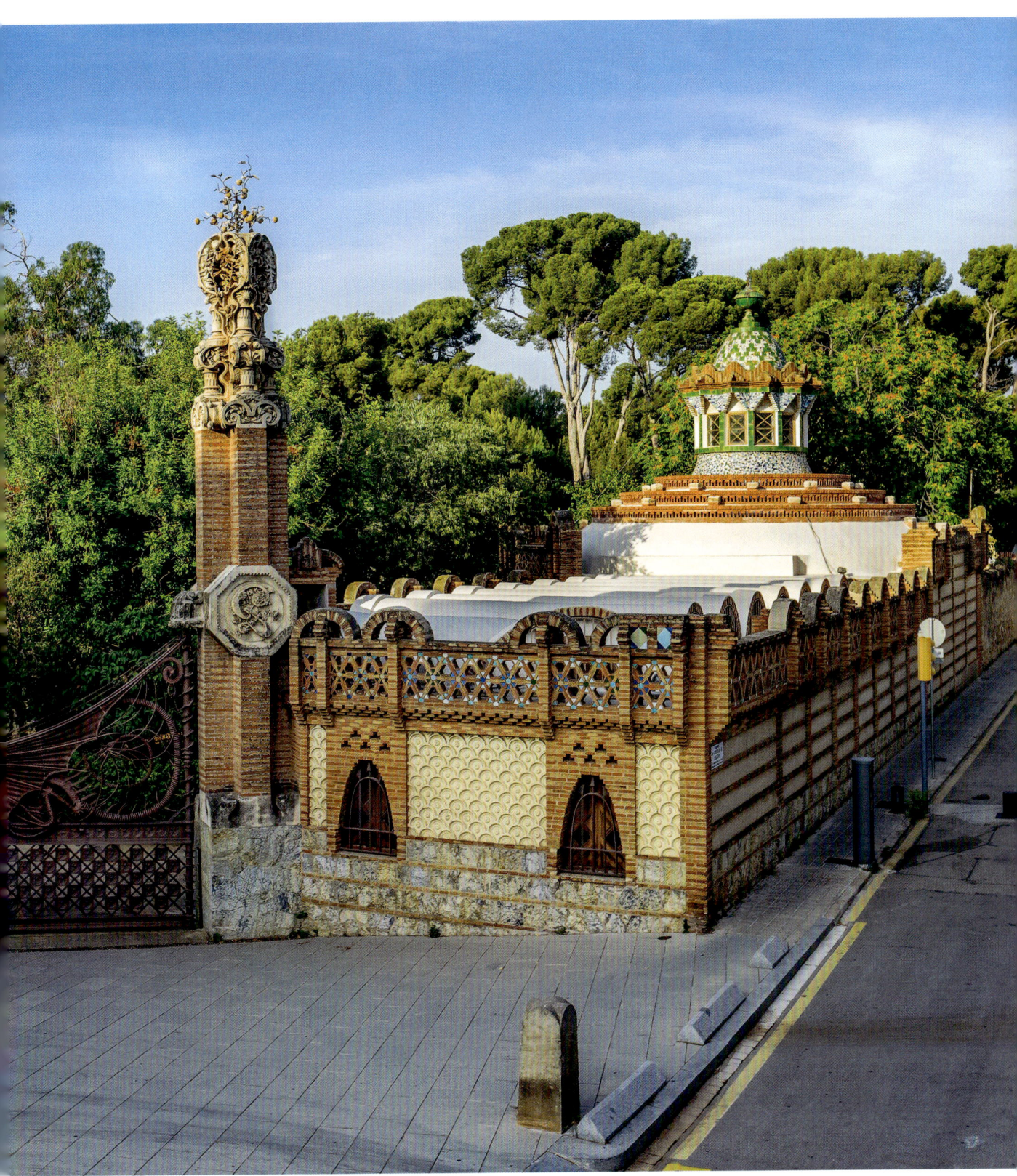

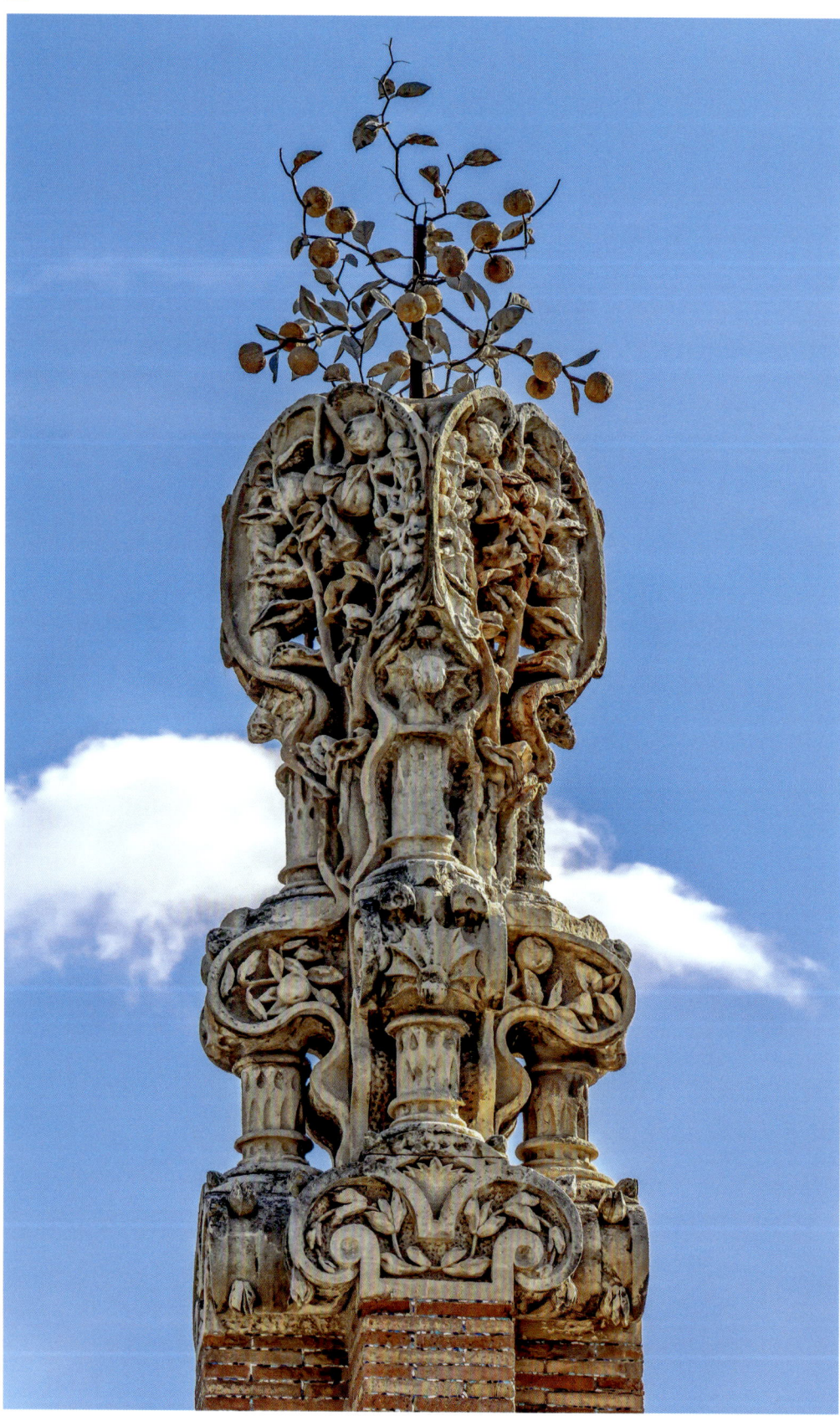

2 **Naranjo de antimonio**

3 **Ladón, el guardián del jardín de las Hespérides**

4 **Garra del dragón**

2

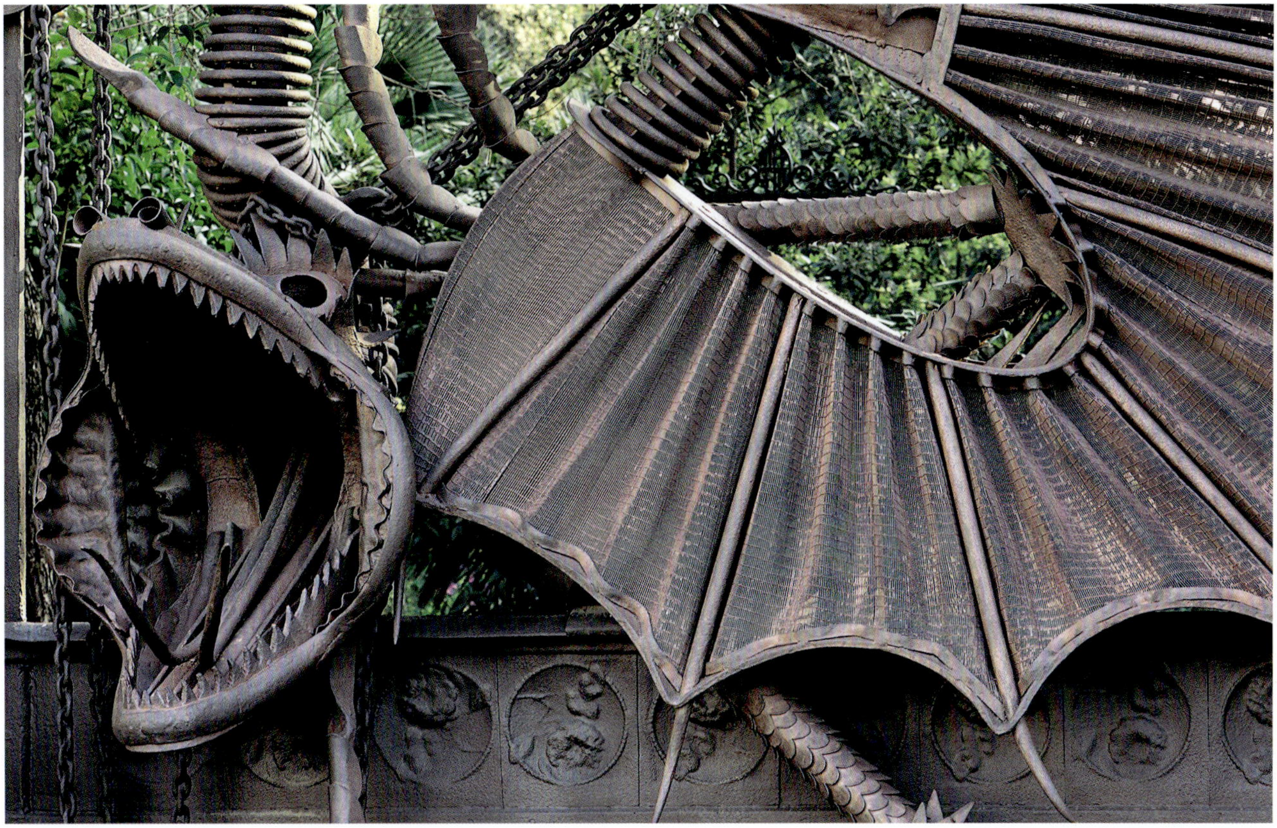

3

4

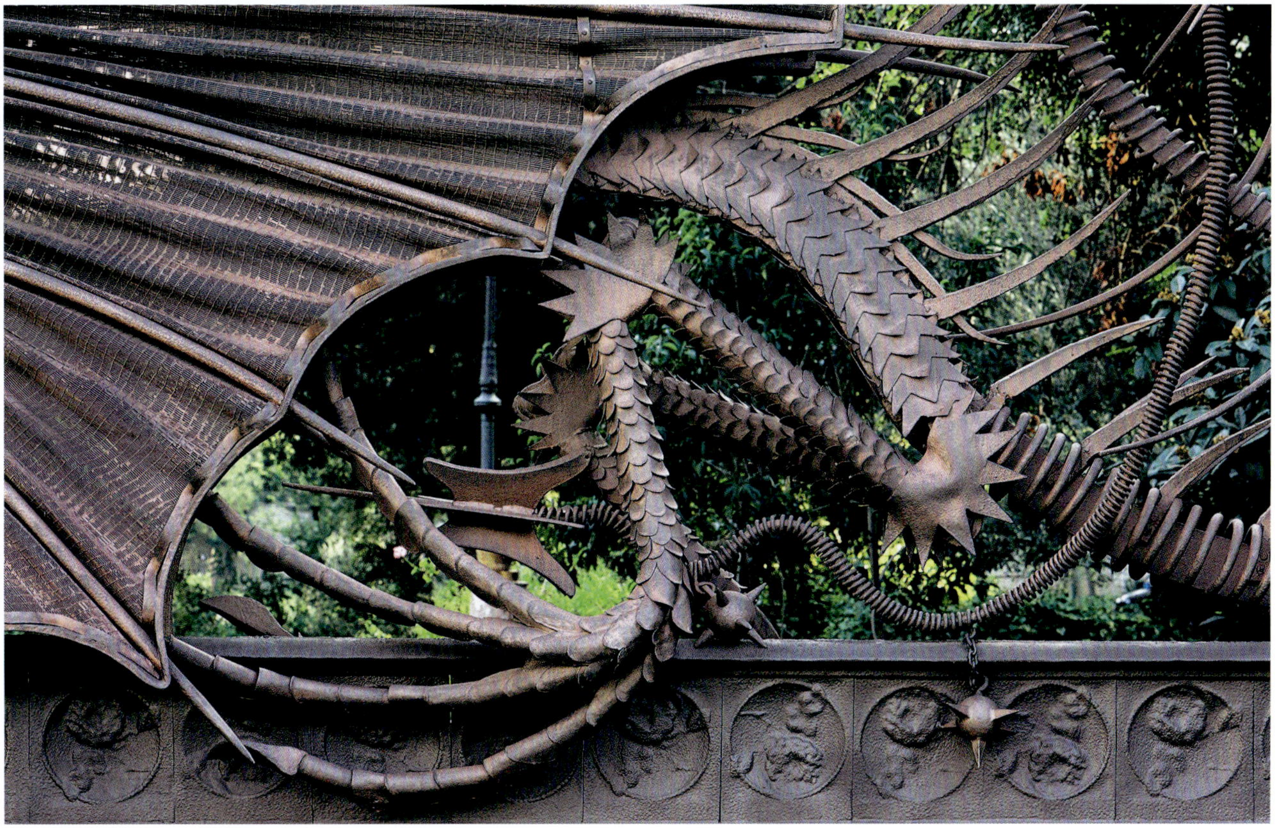

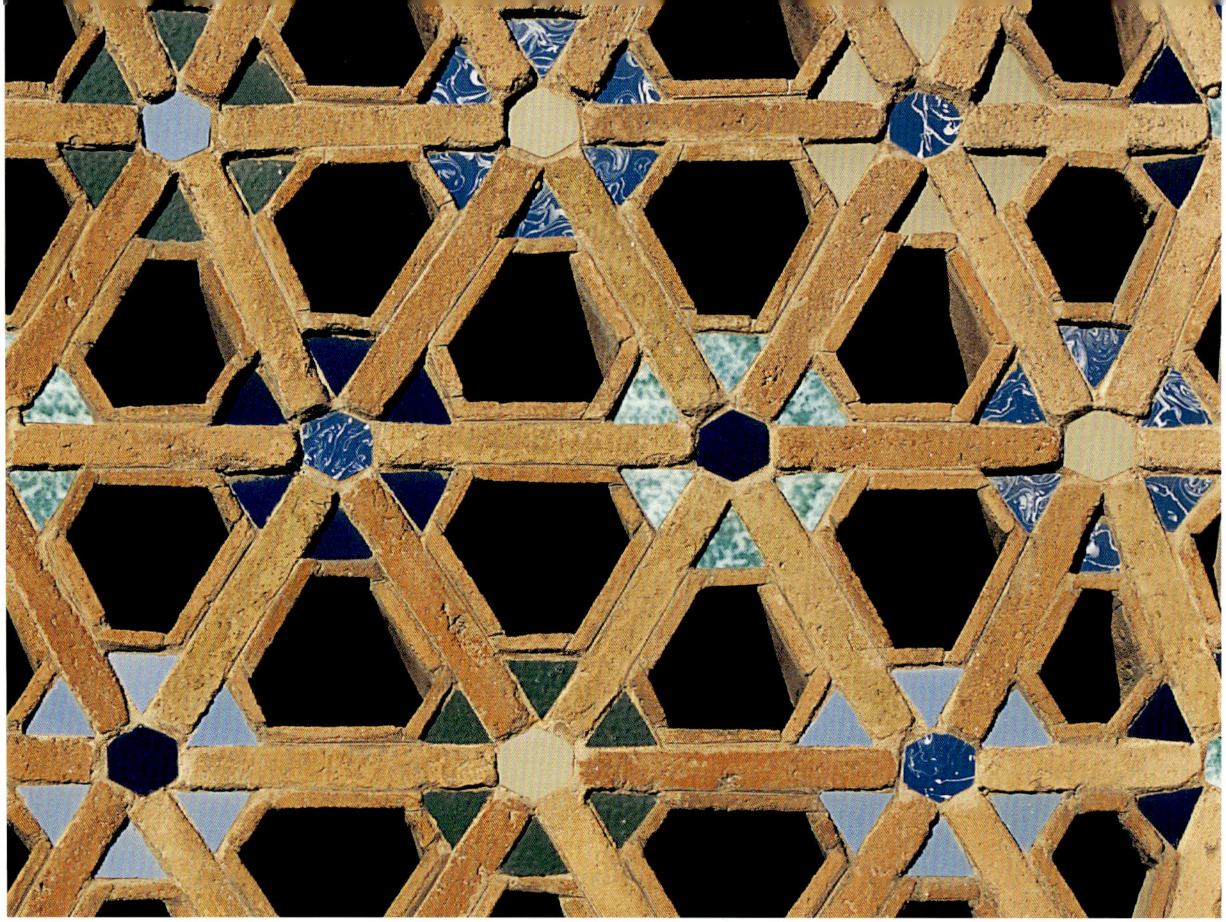

5

6

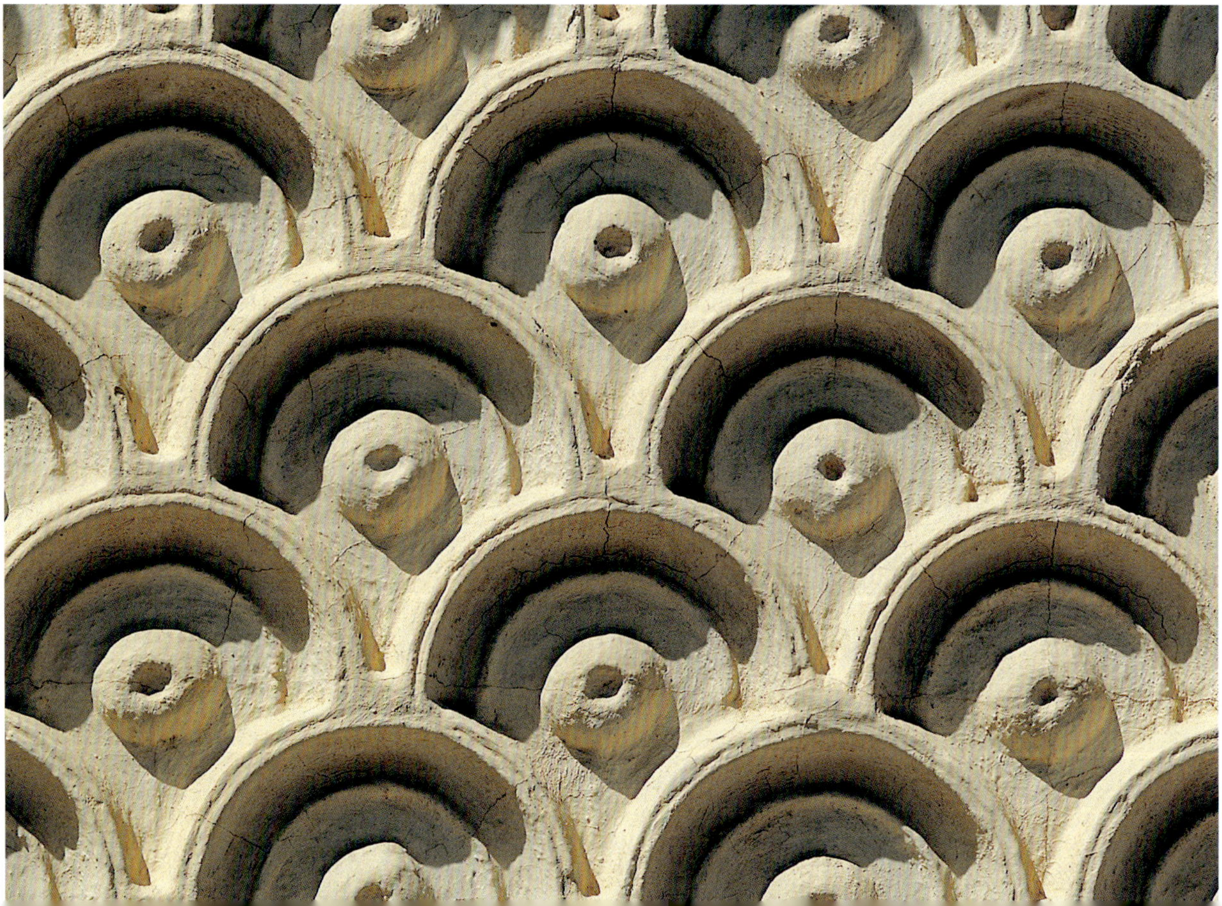

5 **Celosía cerámica**

6 **Relieves decorativos
del muro**

7 **Lira de forja**

7

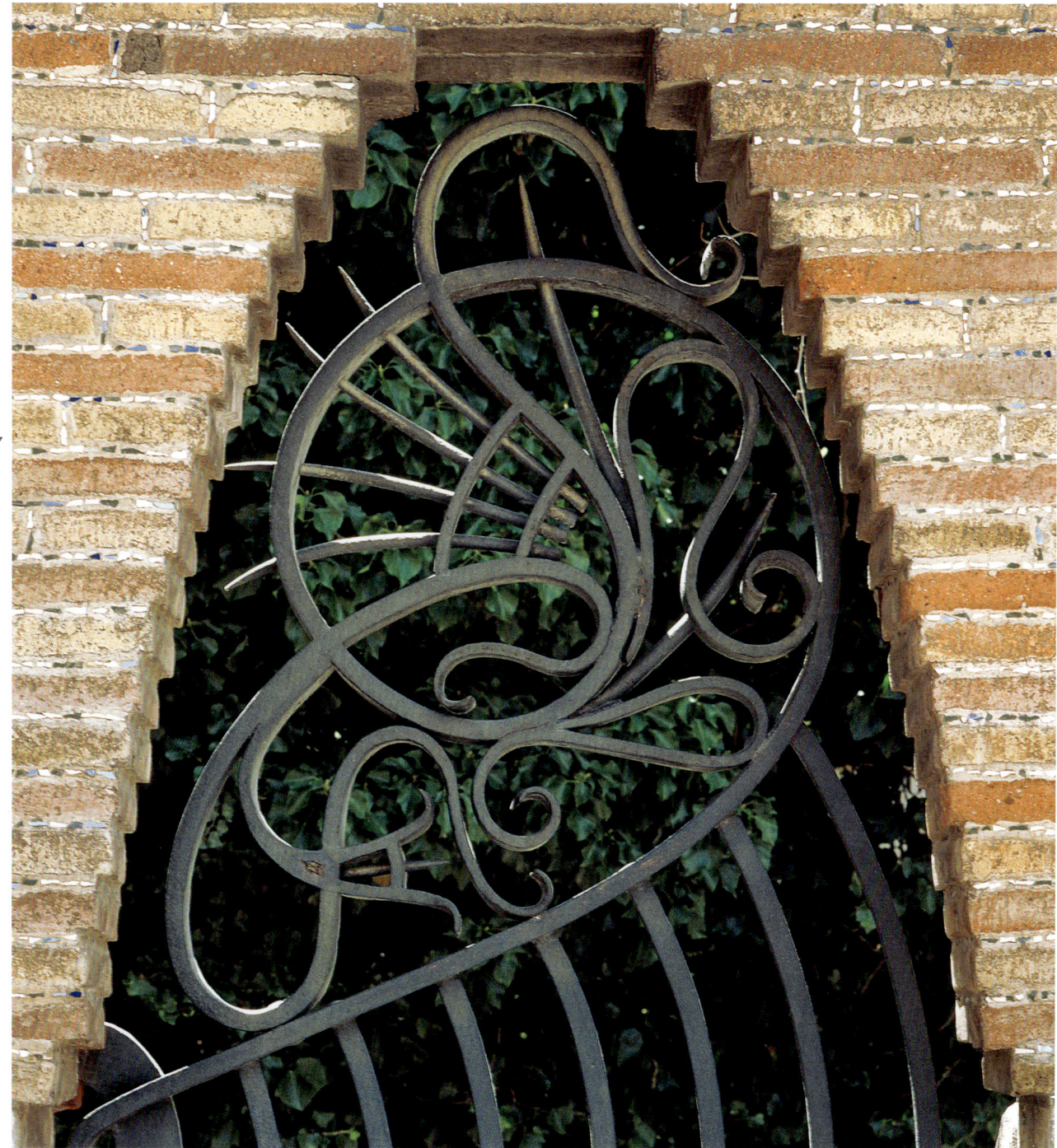

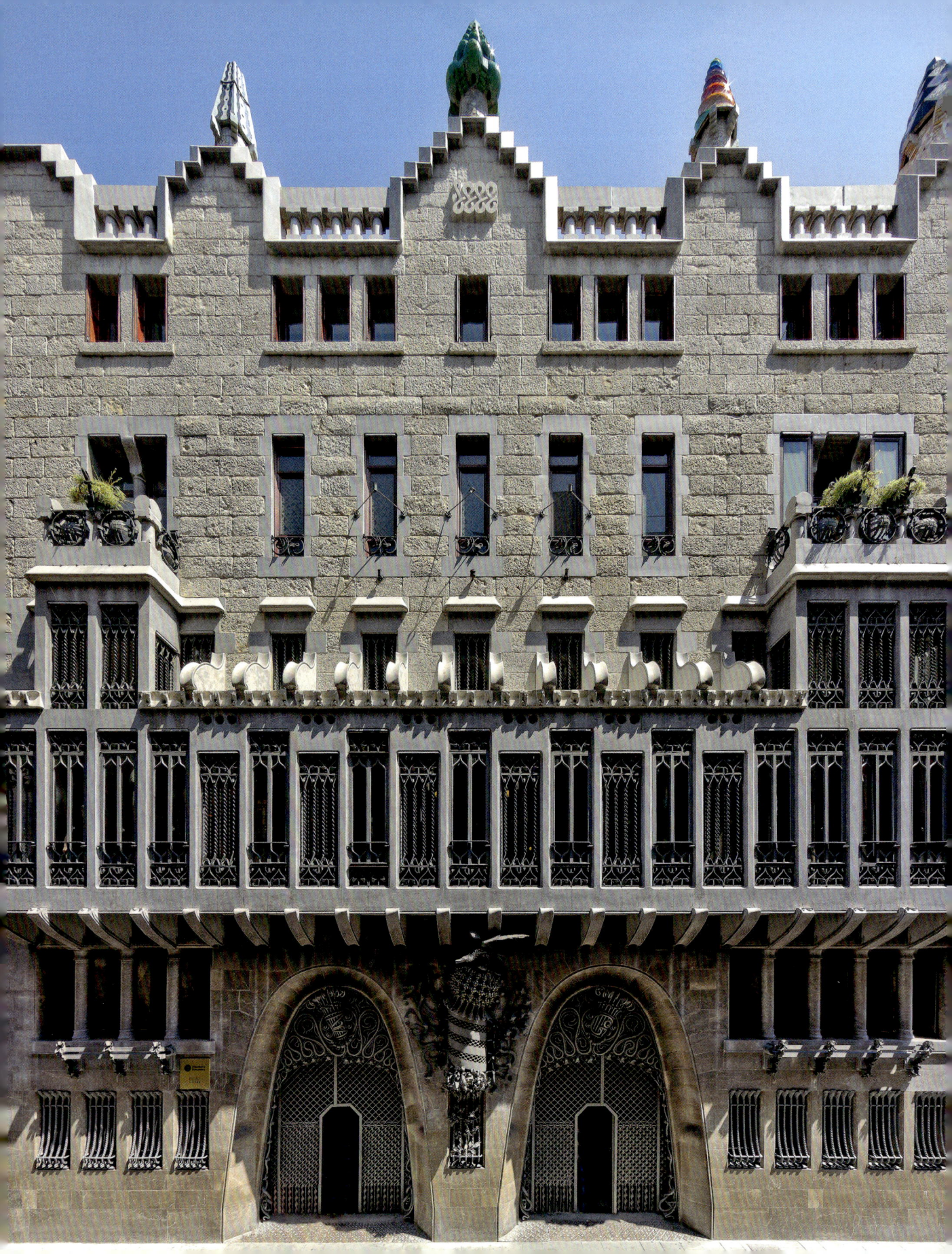

Palacio Güell Barcelona

Se construyó entre 1886 y 1888. Las soluciones constructivas aportadas por Gaudí son tan variadas como singulares. En el sótano, totalmente construido con pilares fungiformes de fábrica de ladrillo y bóvedas tabicadas, se instalaron las caballerizas con una serie de respiraderos en forma de chimeneas que conducen los malos olores hasta la azotea. La parte del edificio sobre rasante se hizo con piedra de las canteras que don Eusebio poseía en la costa de Garraf.

La entrada al zaguán se hace por dos puertas en forma de arco catenárico cerradas con rejas de hierro, entre las cuales hay un escudo de Cataluña de hierro forjado tridimensional. Encima está una planta entresuelo donde estaba el despacho del dueño, con muros y pavimentos de piedra pulida y vigas y jácenas de hierro. En la planta noble los techos son de madera de ciprés y de eucalipto ensambladas, siendo al mismo tiempo cielo raso decorativo y estructura portante.

La fachada a la calle comprende tres áreas sucesivas, de las cuales la de en medio permite entrar al gran salón que toma toda la altura del edificio, y que también hacía las funciones de capilla, y se cubre con una cúpula de paraboloide de revolución con una serie de orificios en forma estrellada que permiten el paso de la luz exterior a través de unas pequeñas ventanas en la estructura superior de forma cónica. En los pisos altos están los dormitorios de familia y más arriba los del servicio, con decoraciones de metales y maderas que anticipan las soluciones que más adelante usaron los arquitectos modernistas.

La azotea es sumamente espectacular, con la forma cónica que remata el salón y las veinte chimeneas y ventiladores, de ladrillo los de la cocina y servicios y de troceado cerámico las demás, todas de formas distintas de geometría formada con intersecciones de conos, helicoides, esferas o pirámides.

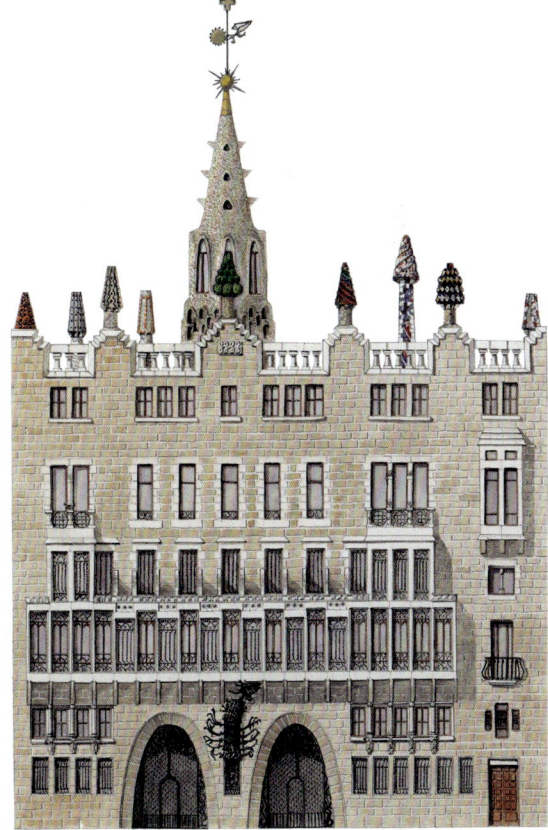

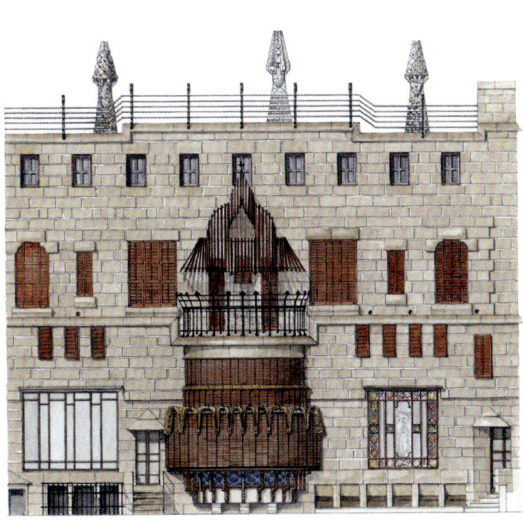

Carrer Nou de la Rambla, 3-5

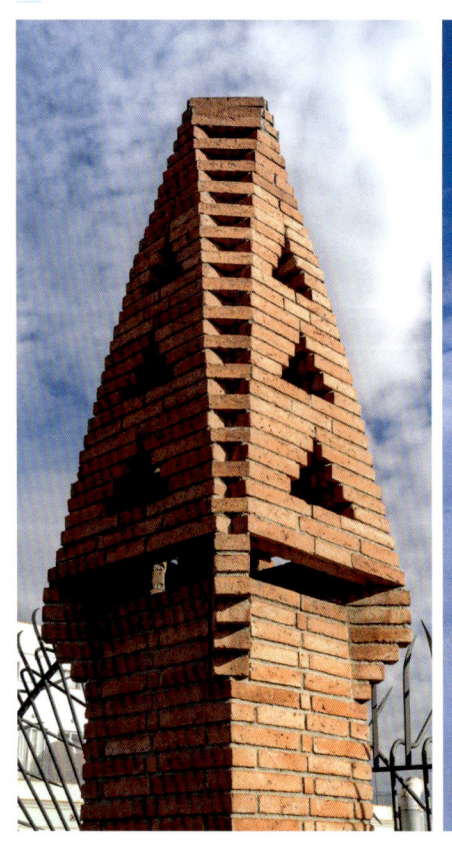
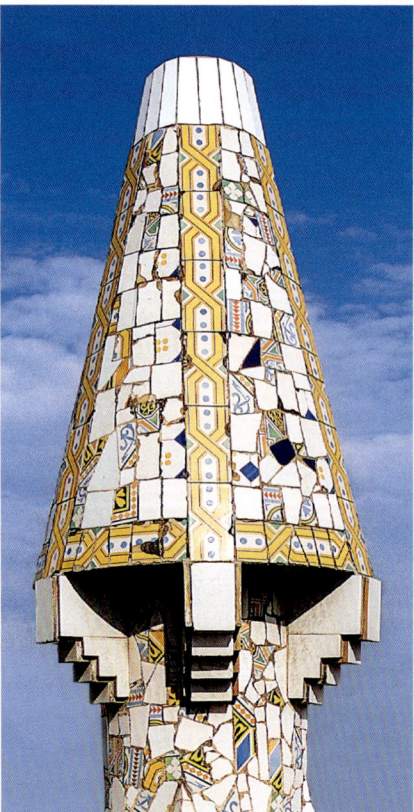
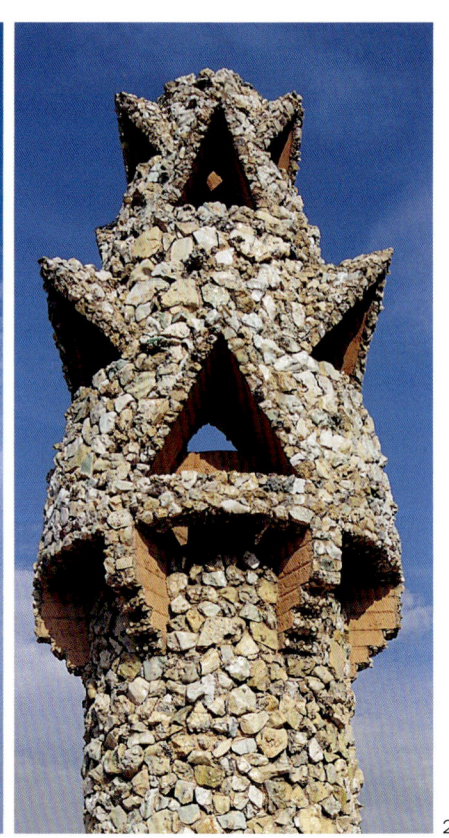

2

3

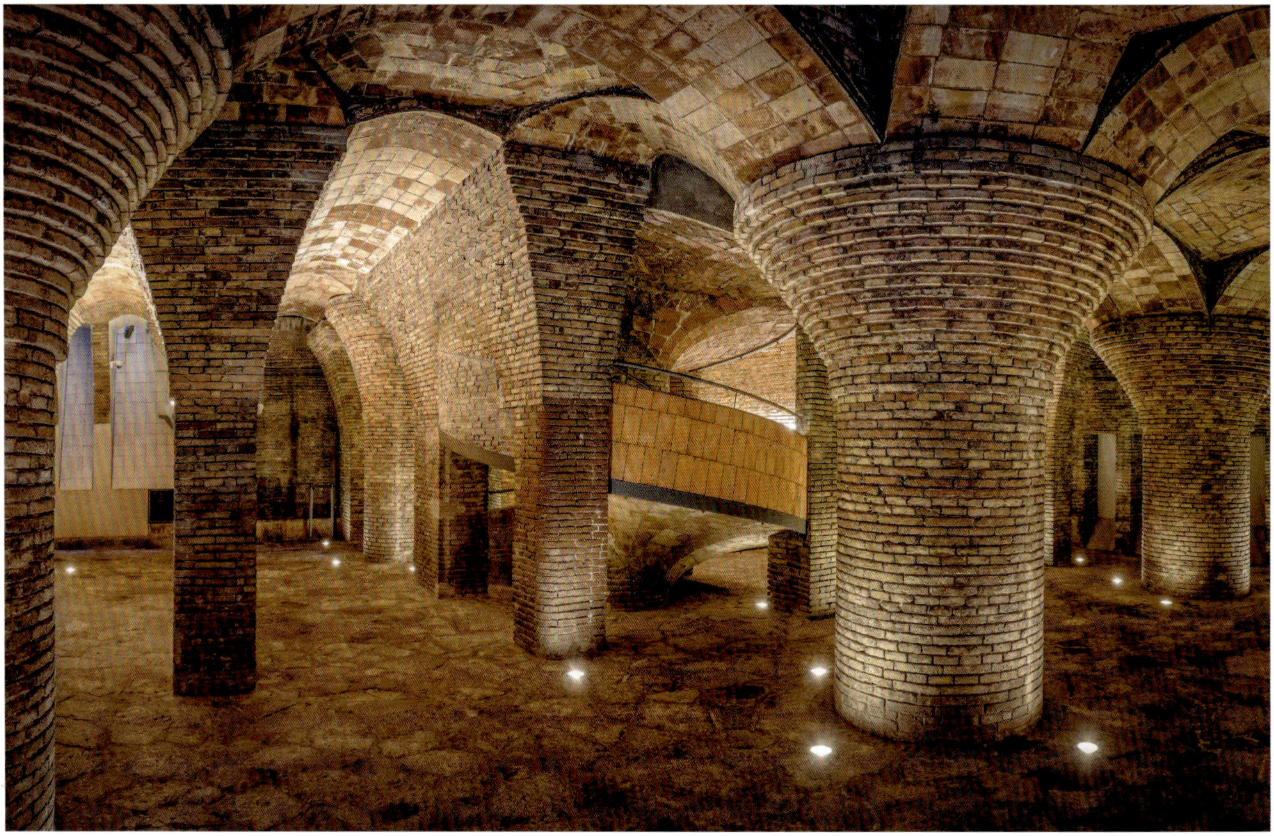

4

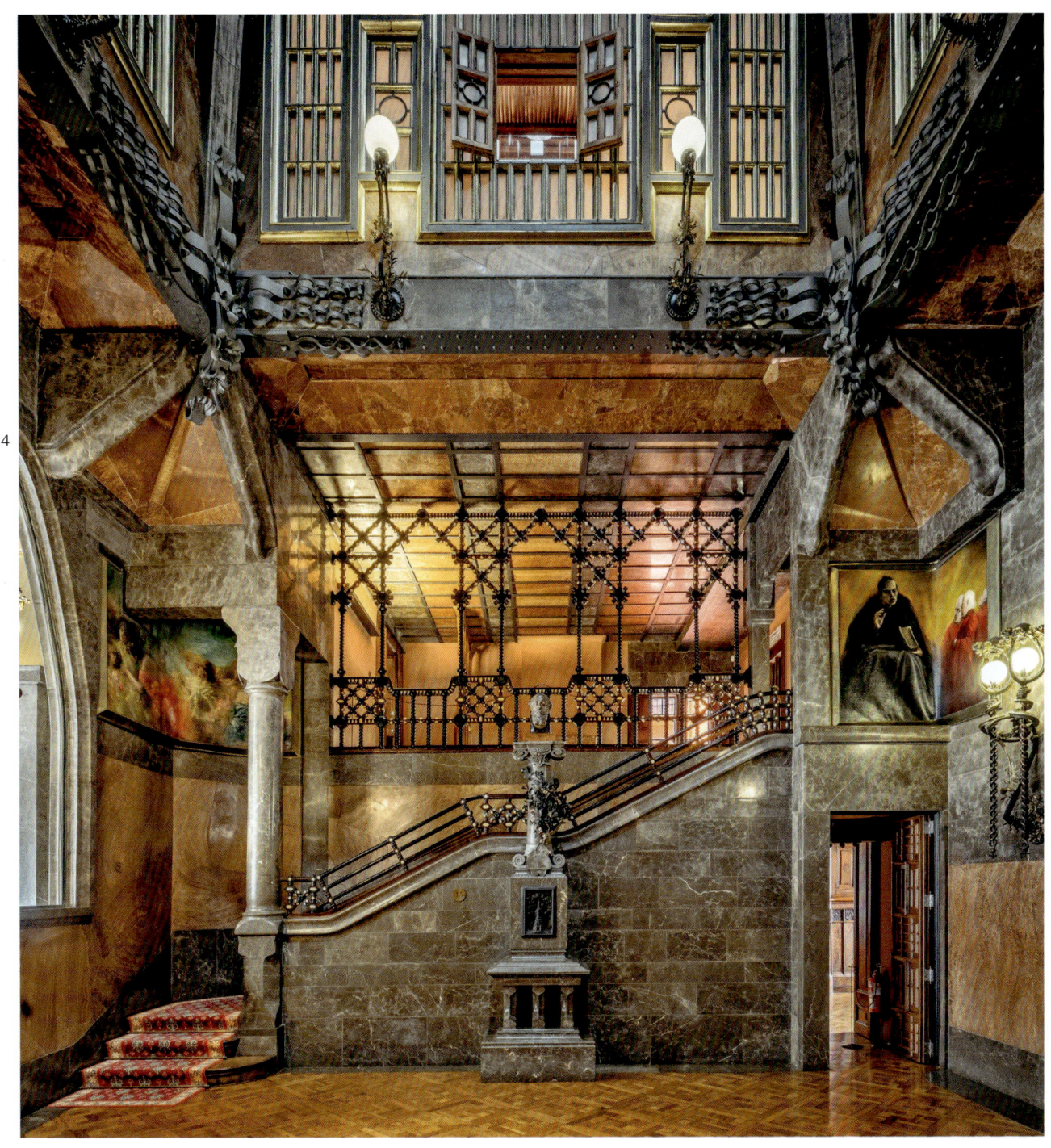

5 **Cúpula del salón principal**

6 **Azotea**

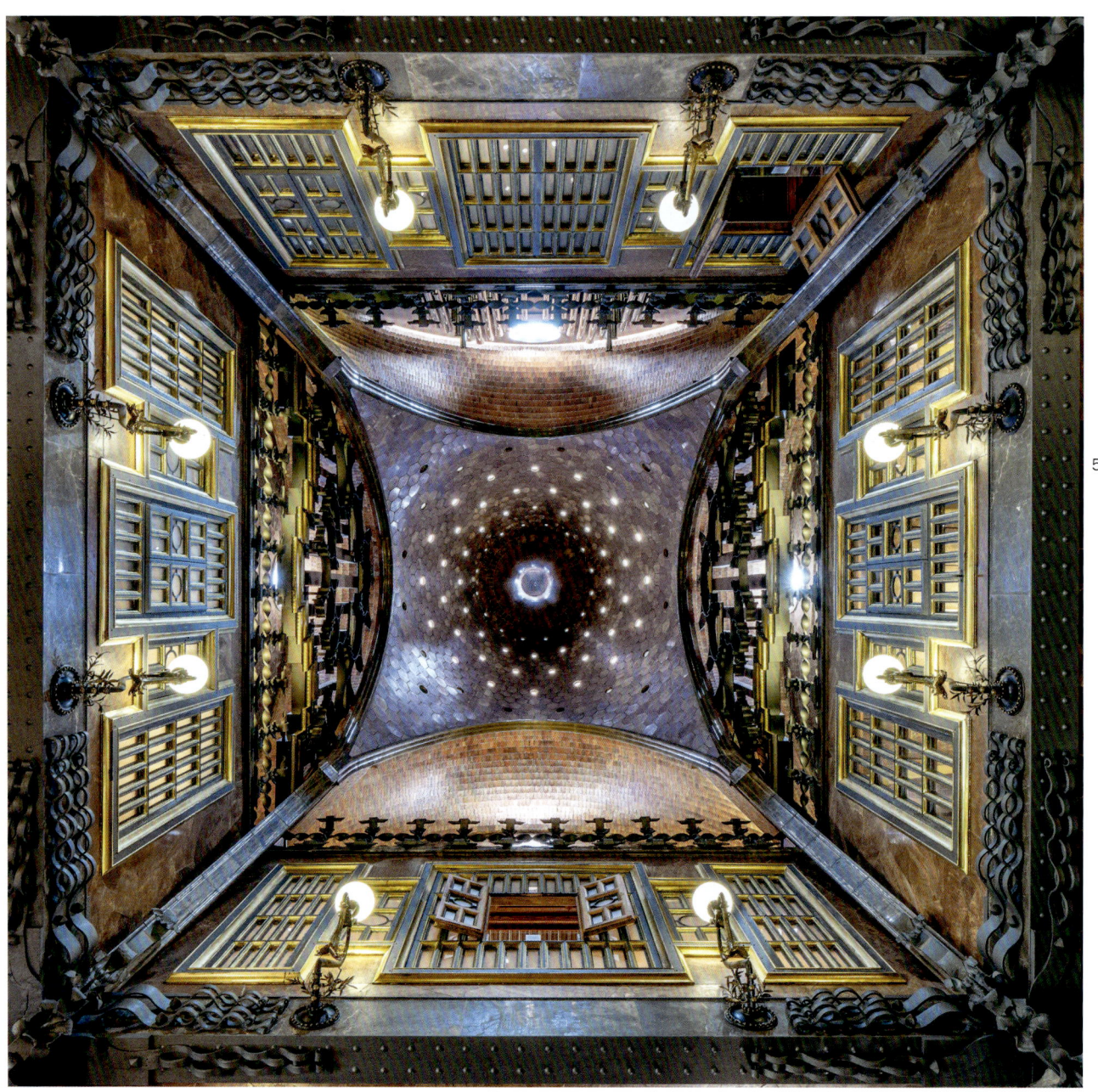

5

6

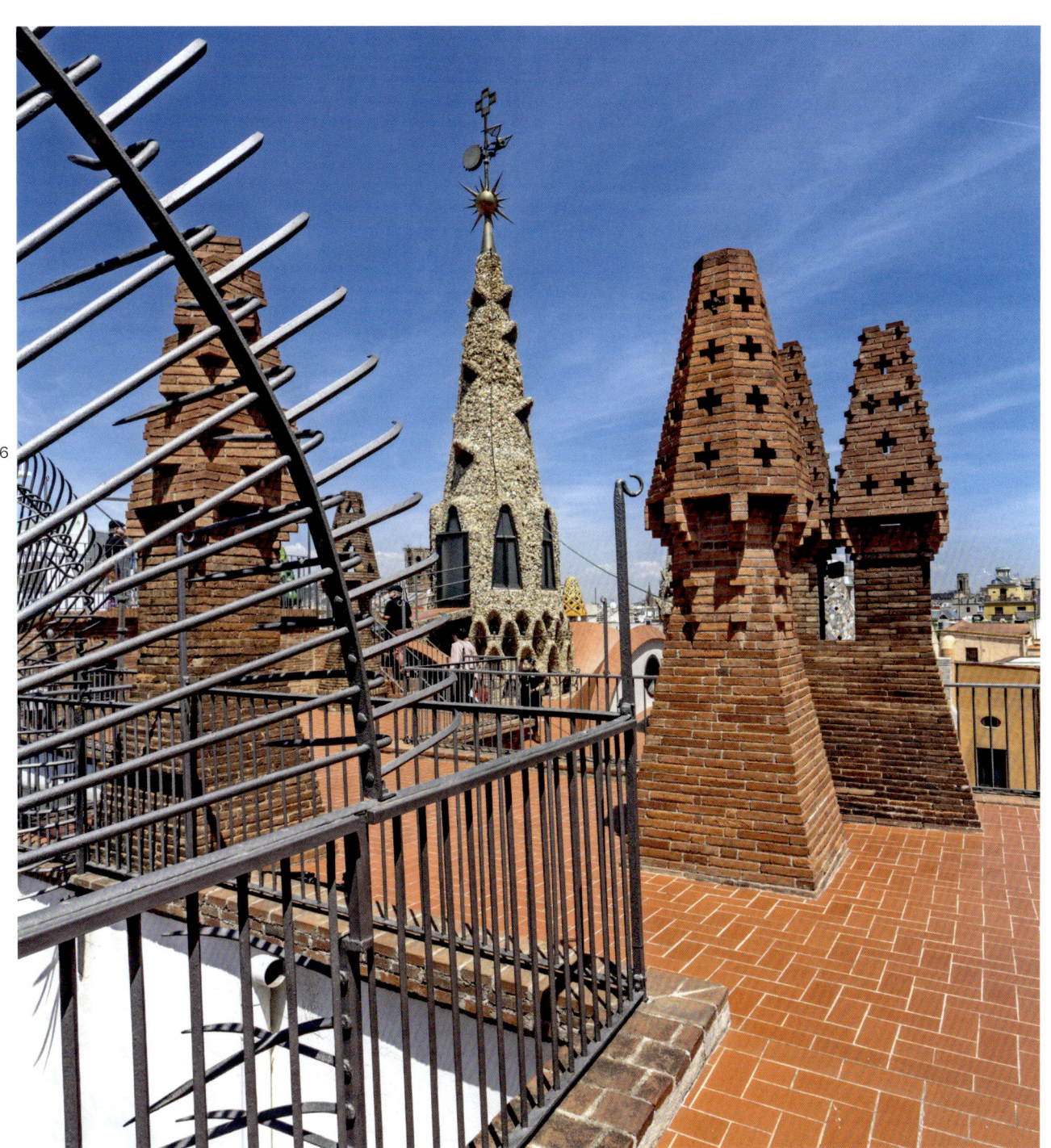

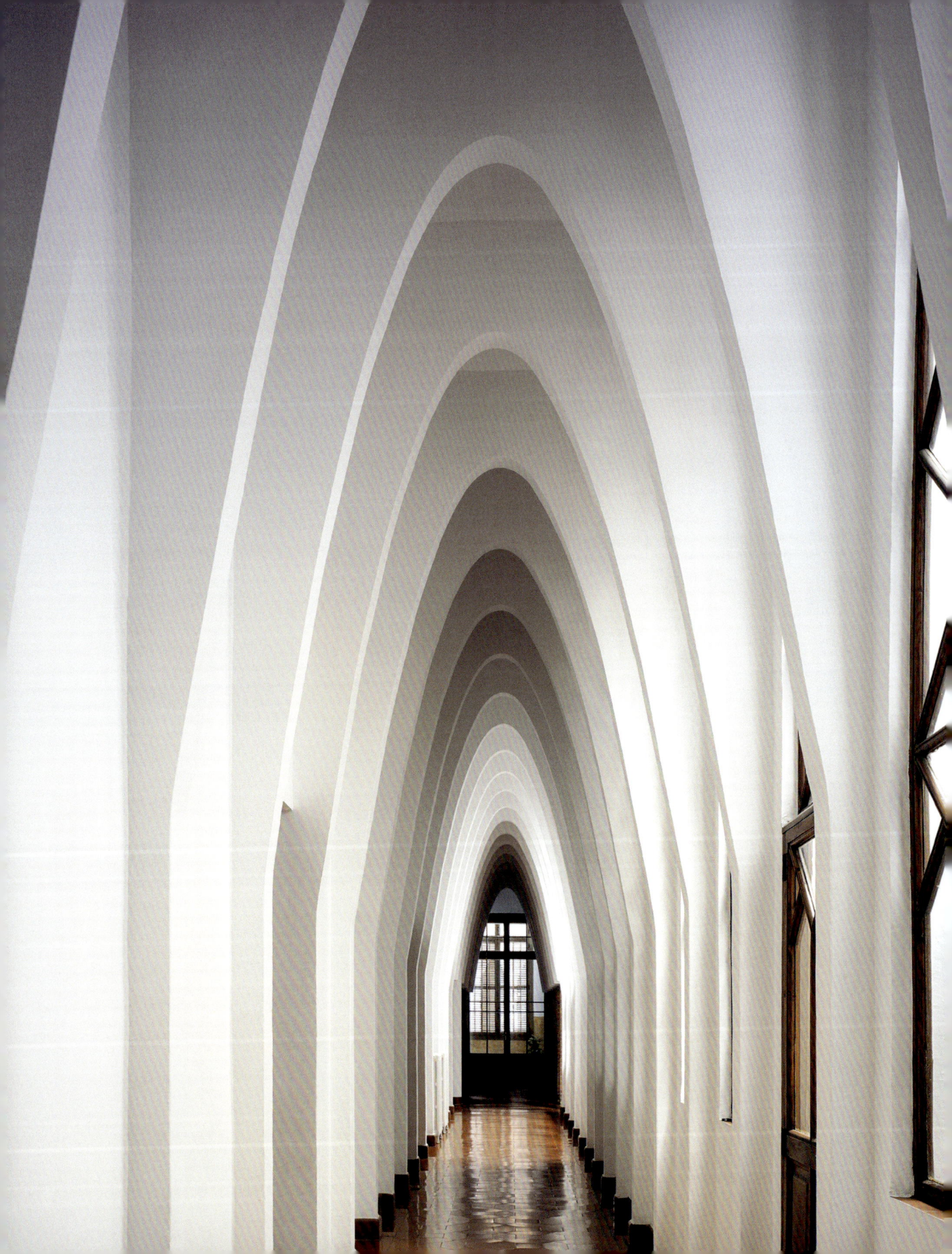

Colegio de las Teresianas Barcelona

Enric d'Ossó fundó la Congregación de Religiosas Teresianas. En 1887 inició la construcción de un edificio con proyecto del arquitecto Joan B. Pons Trabal (1855-1927), pero muy pronto el padre Ossó, conocedor de la fama y religiosidad de Gaudí, le transfirió el encargo de terminar el colegio, sito en la calle Ganduxer.

En 1888, Gaudí asumió la dirección de las obras y empezó un edificio de formas muy originales. Hizo los muros de mampostería con verdugadas de ladrillo visto, igual que en la Casa Vicens, con ventanas muy alargadas, con falsos arcos catenáricos. Todo el conjunto, de planta rectangular, se corona con unas gallardas almenas. El sobrio aspecto exterior podría obedecer al deseo de pobreza y a los escasos medios del padre Ossó, pero además Gaudí imprimió al conjunto un aspecto de sólida fortaleza, como símbolo de las místicas Moradas de la Santa de Ávila.

Una de las más atrevidas concepciones de la idea estructural gaudiniana se manifiesta en el primer piso del Colegio, concebido como un claustro interior con una serie de muros ligeros que apoyan sobre las claves de unos delgados arcos catenáricos que descansan sobre columnas de suma esbeltez, compuestas de una sola fila de ladrillos de 10 cm llamados picholines. Estos arcos y sus delgadas columnas constituyen una aérea estructura de encantador efecto.

En la planta baja unas amplias ménsulas recogen el peso de las columnillas del piso superior y lo transmiten a unos sólidos pilares de ladrillo visto.

La decoración, a base de ladrillo visto y cerámica vidriada en la fachada, forma un alegre pormenor decorativo junto a la severidad de los muros de mampuesto. En los ángulos aparecen unos pináculos con la cruz de cuatro brazos, tan cara a Gaudí.

Son de destacar las atrevidas rejas, tanto de las ventanas como de la puerta principal.

A propósito de este edificio se comenta una frase de Gaudí digna de recordarse *ad lapidem*. El padre Ossó le preguntó a Gaudí: «¿Cómo será el edificio una vez terminado?». «En esta Casa se estará bien», repuso Gaudí dando una suprema lección de la mejor arquitectura.

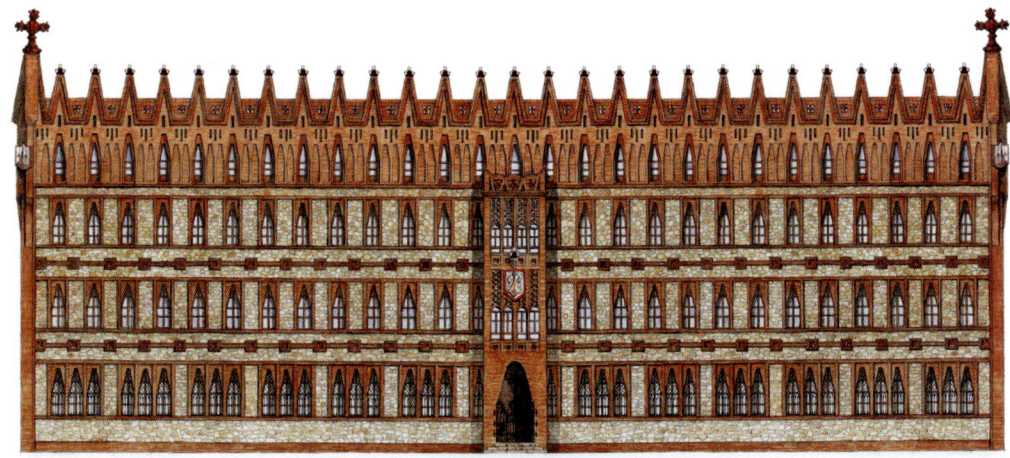

1 **Arcos del claustro**   Carrer de Ganduxer, 85

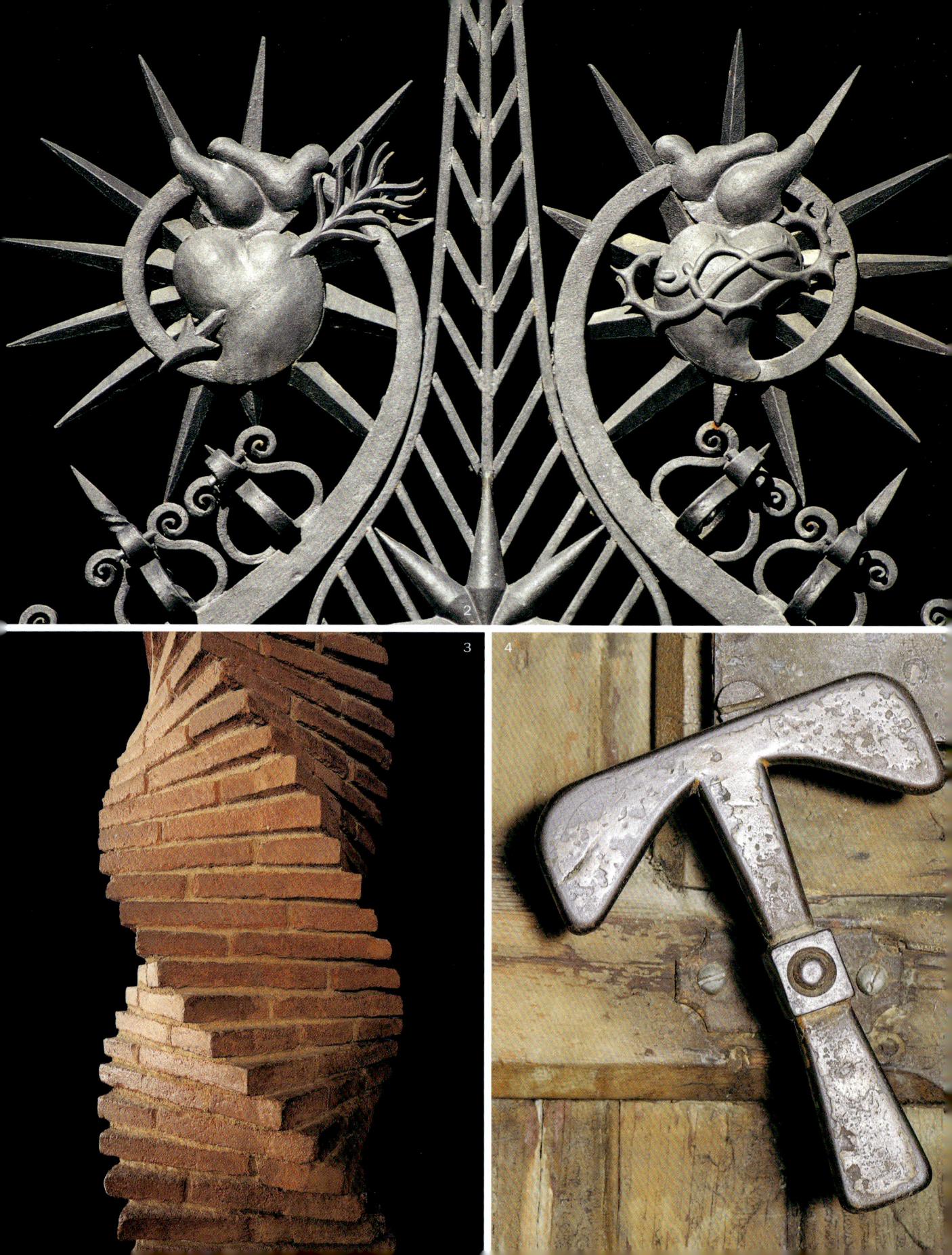

2 **Reja de la entrada principal**

3 **Columna helicoidal**

4 **Tirador**

5 **Vista general**

5

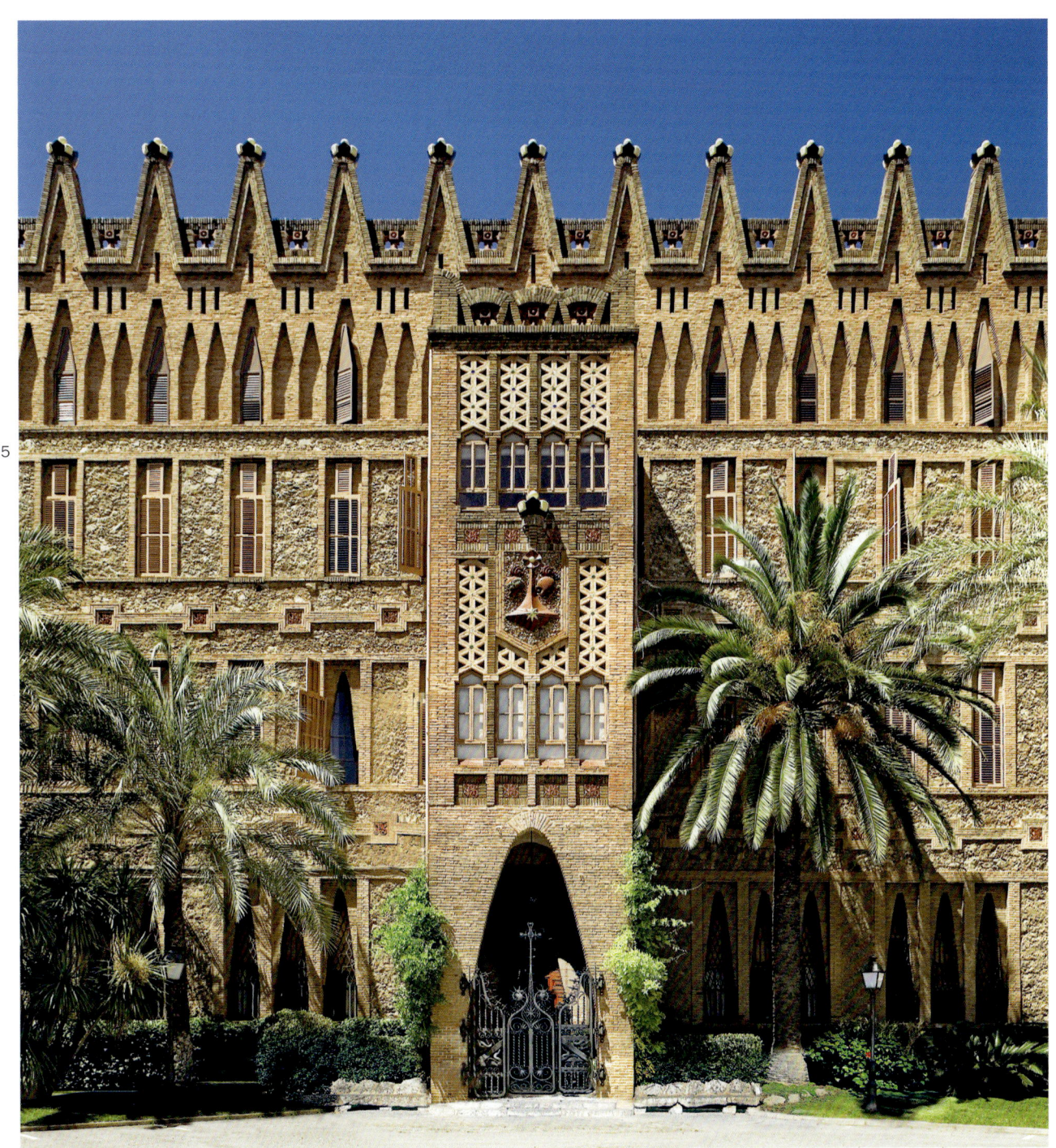

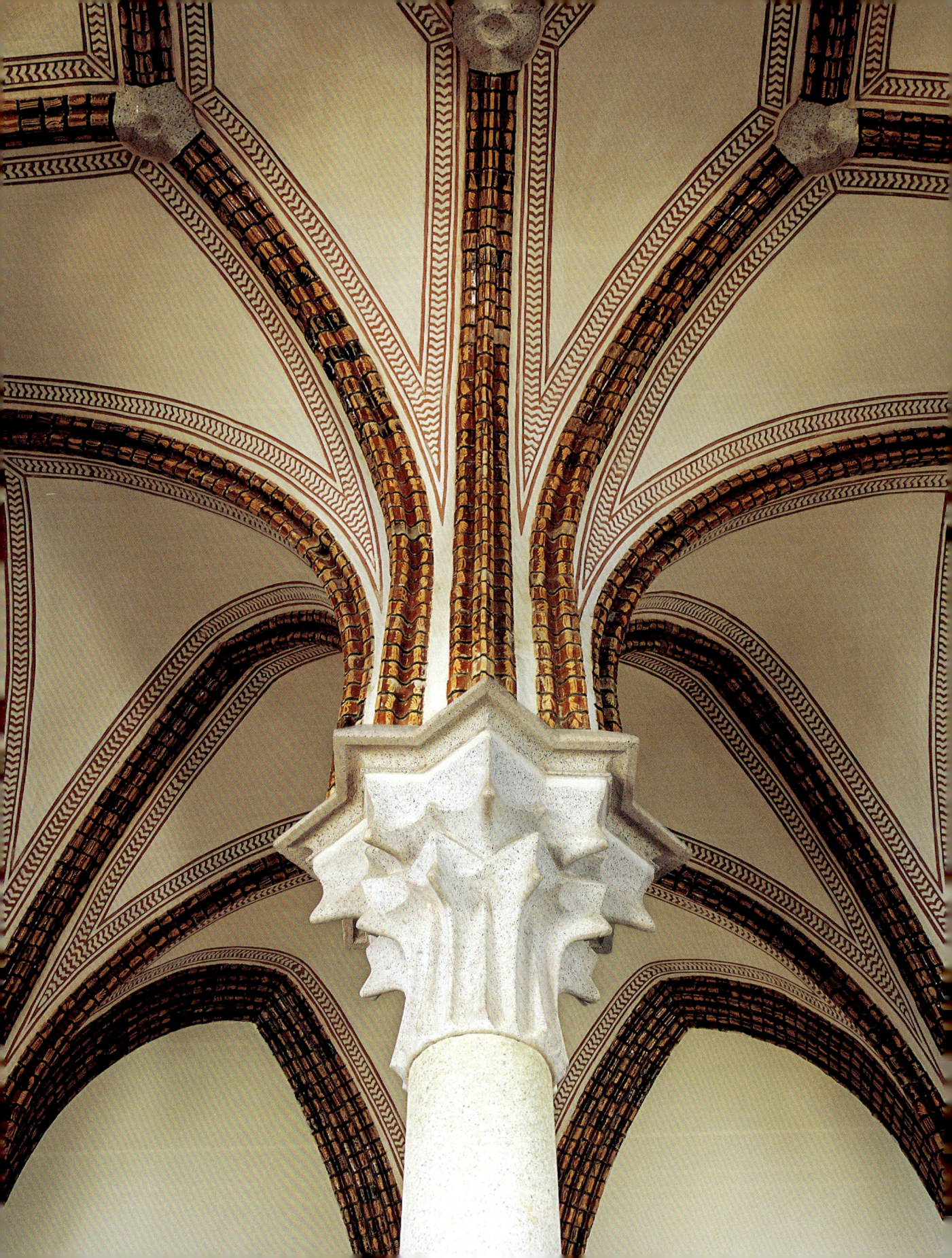

Palacio Episcopal Astorga

Joan Baptista Grau Vallespinós fue designado obispo de Astorga en 1886, en la provincia de León, después de haber sido algunos años Vicario General de la Archidiócesis de Tarragona. A poco de tomar posesión de la mitra de Astorga, ardió el palacio episcopal y el recién nombrado encargó a su paisano Gaudí el proyecto de nuevo palacio y residencia.

Gaudí se documentó acerca de las características del clima y el lugar de Astorga y en 1887 firmó un completo proyecto que se presentó al Ministerio de Gracia y Justicia, que tenía que costear la obra. El proceso para la obtención del permiso se demoró dos años y no fue hasta el 24 de junio de 1889 que se colocó la primera piedra del nuevo palacio. Su construcción avanzó con relativa lentitud y en 1893, a poco de fallecer el obispo Grau, Gaudí renunció a la dirección de las obras por desavenencias con el Cabildo de la Catedral. El edificio no se terminó hasta 1915 por lo que la tercera planta y las cubiertas no son obra de Gaudí, sino de Ricardo García Guereta.

El arquitecto hizo una interpretación de estilo gótico, utilizando granito del Bierzo en los muros exteriores y bóvedas de ladrillo en el interior con nervaduras de cerámica vidriada elaborada en el vecino pueblo de Jiménez de Jamuz. El palacio tiene un semisótano rodeado de un foso para almacenes y caballeriza, la planta baja destinada a recepción y oficinas y la planta noble con la vivienda del obispo, el salón del trono, el comedor de gala, la procuraduría y la capilla, piezas todas ellas con amplios ventanales y generosos espacios.

El palacio no fue nunca habitado por los obispos y actualmente alberga el Museo de los Caminos, con elementos de la vía romana de Astúrica en el sótano y recuerdos del Camino medieval de Santiago en la planta noble.

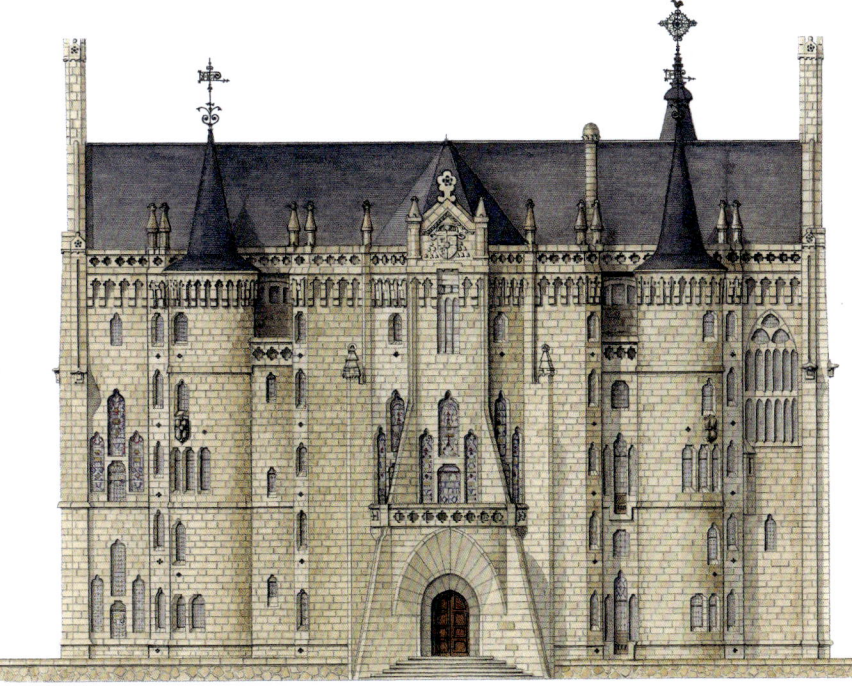

1 **Bóveda de crucería**   Astorga, León

2 **Vista general**

3 **Uno de los tres ángeles de zinc con
   los atributos episcopales que debían
   coronar el edificio**

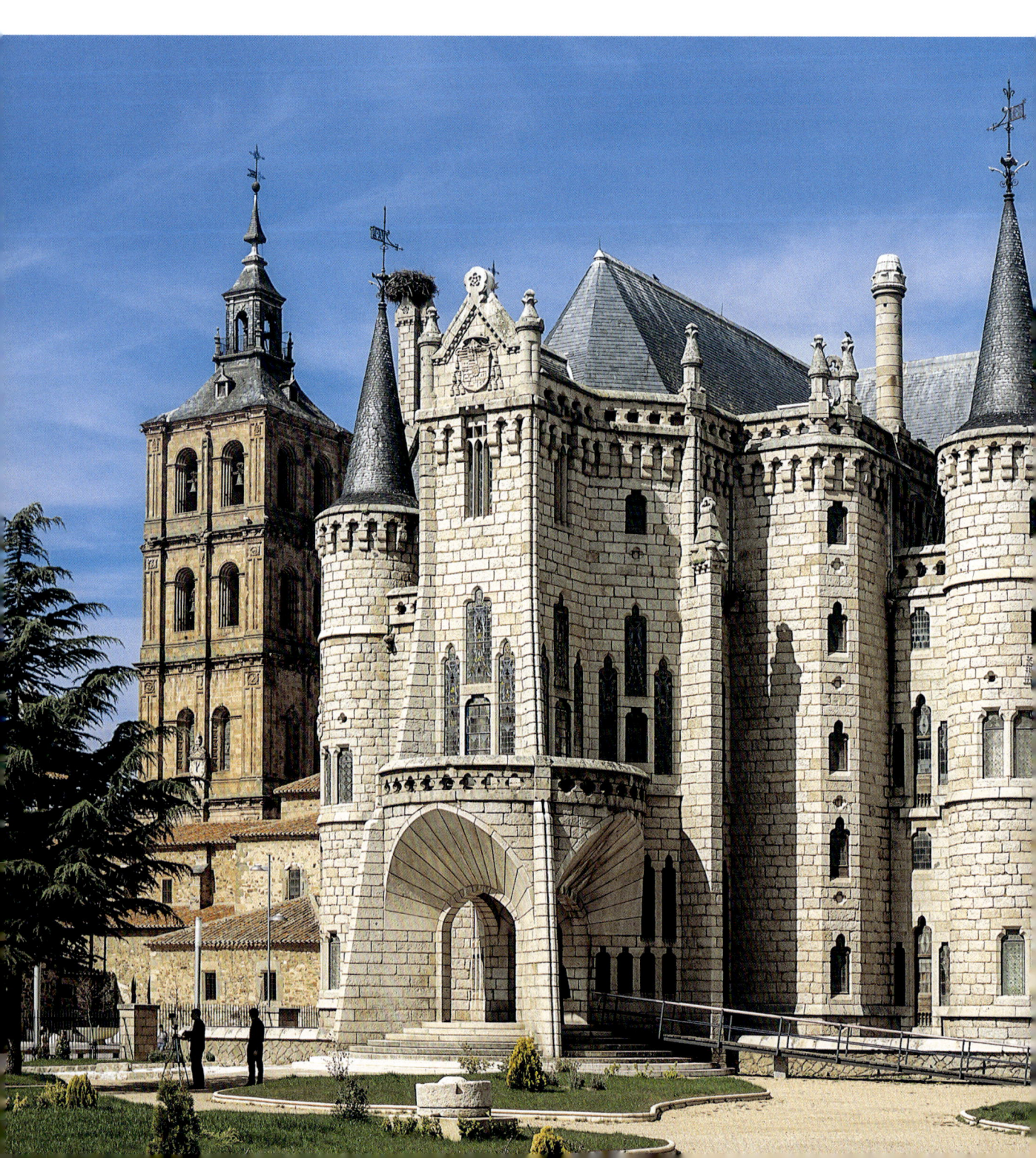

2   3

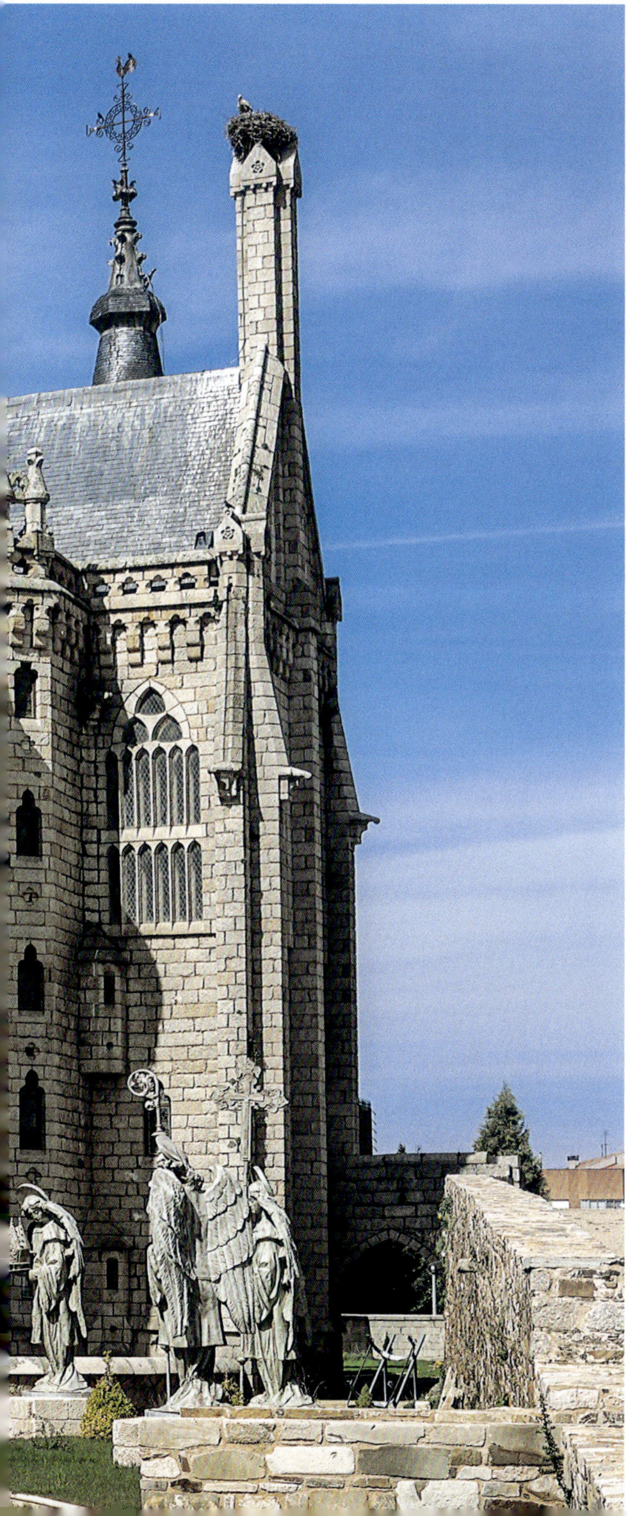

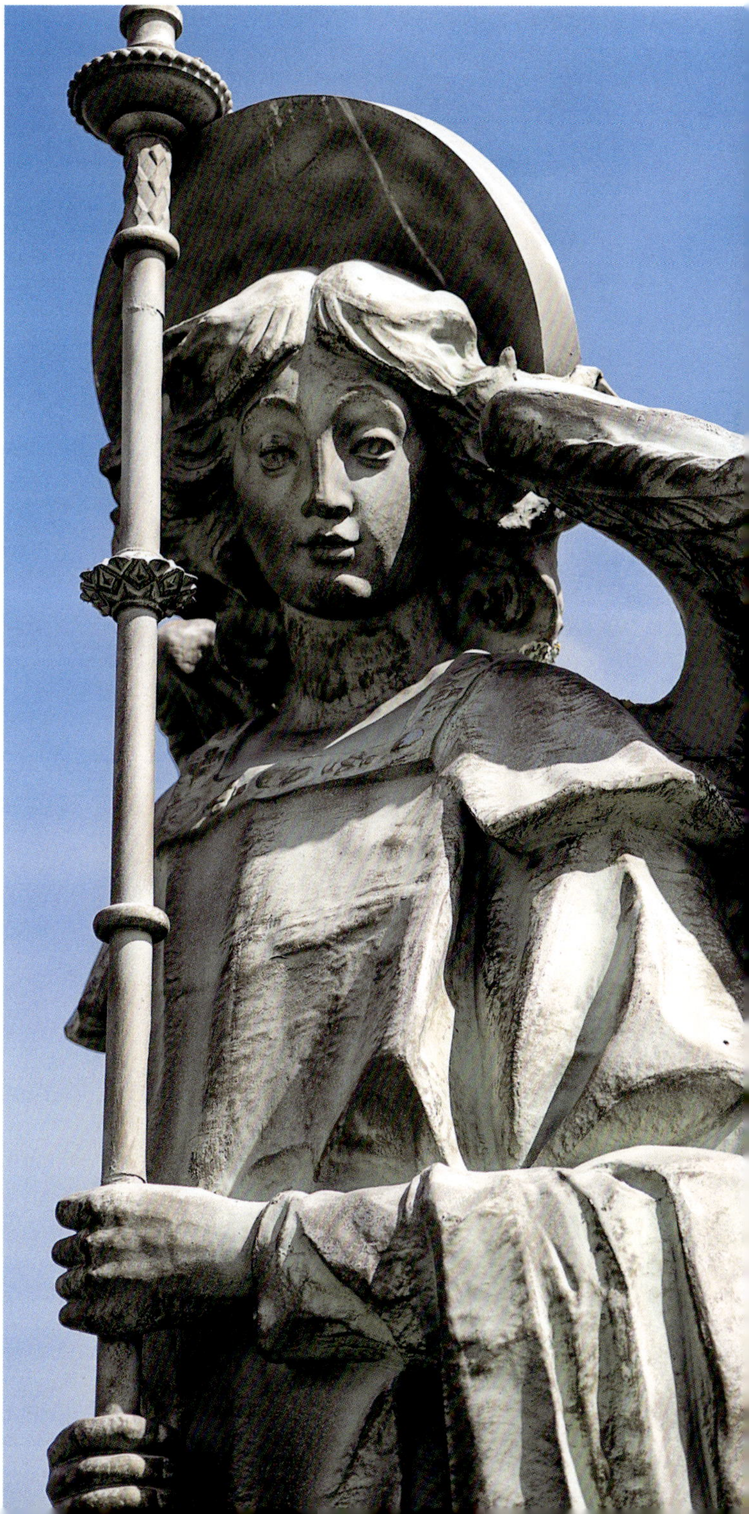

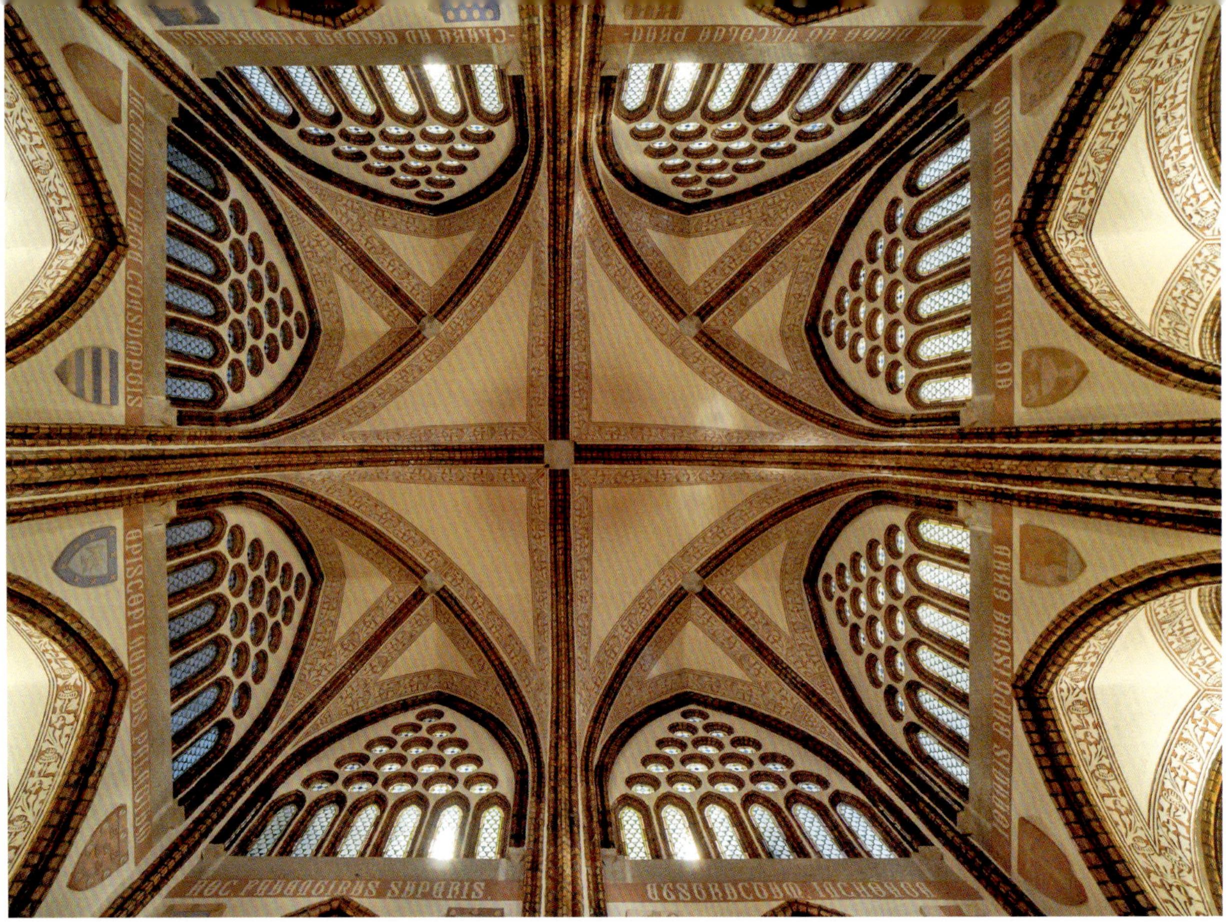

4

5

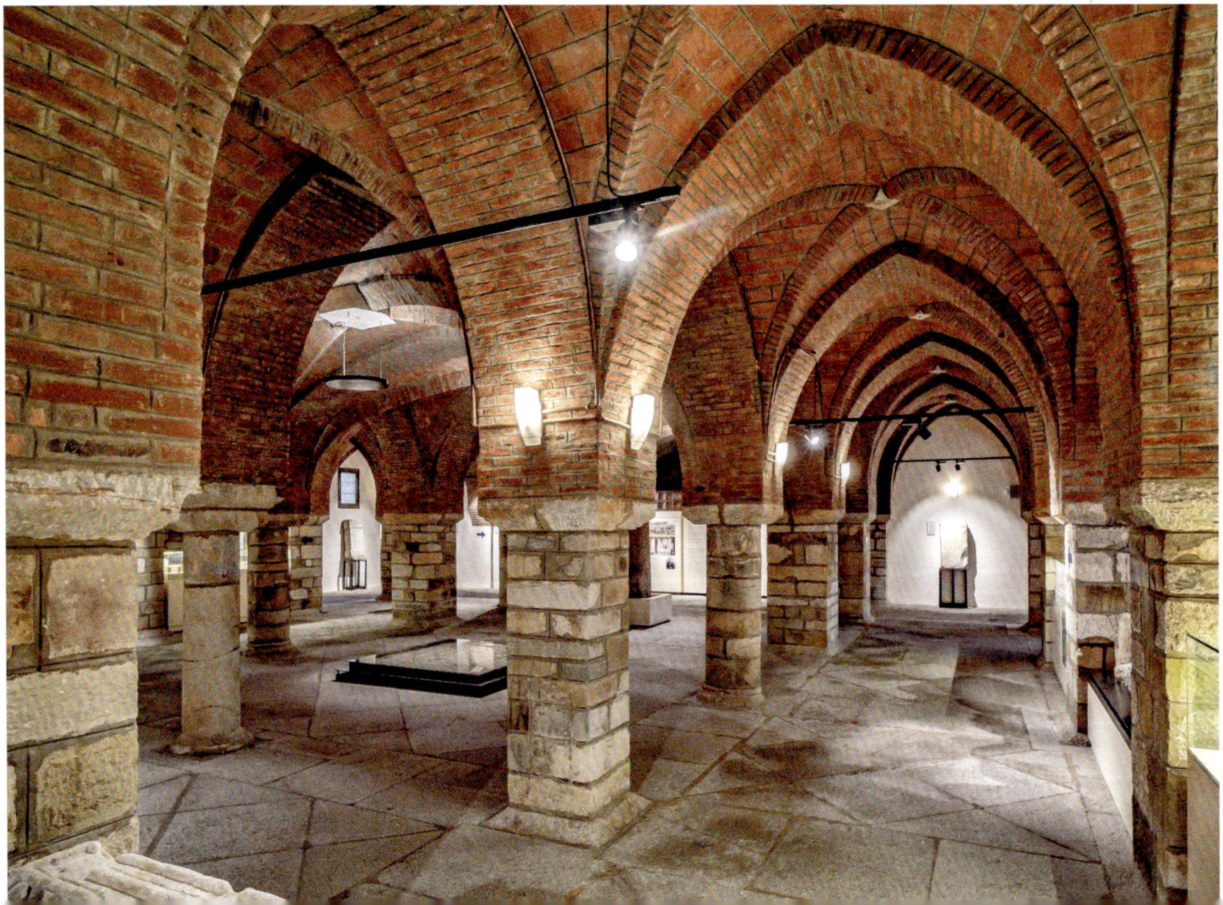

6

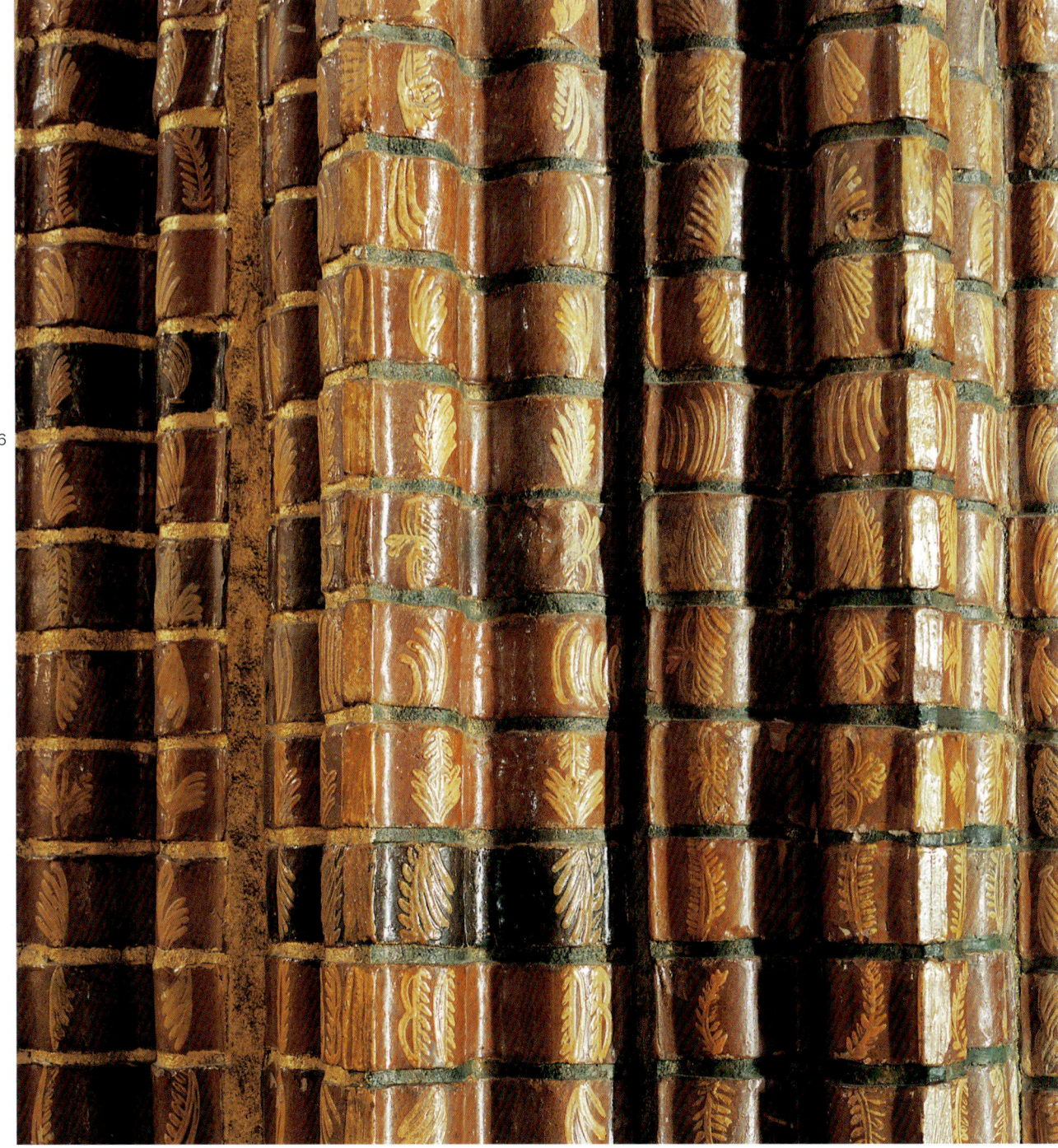

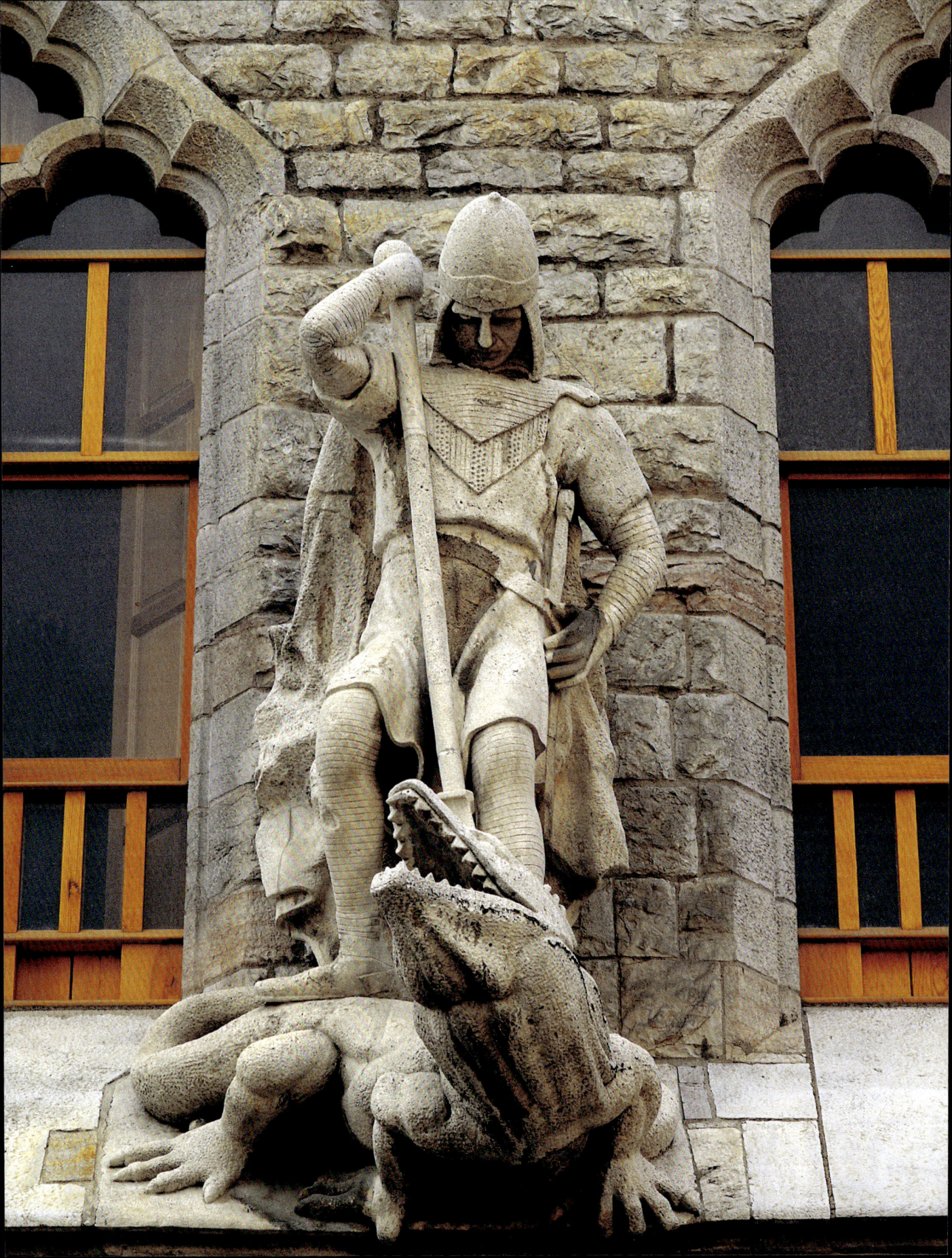

Casa Botines León

Al tiempo que levantaba el palacio episcopal de Astorga, Gaudí recibió el encargo del proyecto de una casa de renta en la plaza de San Marcelo de León para los señores Fernández y Andrés, que tenían un comercio de tejidos heredado de Joan Homs Botinàs. La casa se llamó de Botines (1891-1892) por deformación del apellido del comerciante catalán establecido en León.

Esta casa a cuatro vientos está compuesta de sótano almacén, también rodeado de un foso, planta baja como local comercial y tres plantas más, la primera o principal con dos viviendas para los propietarios y las restantes con cuatro viviendas por planta para ser alquiladas. Exteriormente es de piedra caliza con resabios góticos atenuados, con torres cilíndricas en los ángulos y una cubierta de pizarra sobre armaduras de madera. Las viviendas eran sumamente confortables y bien ventiladas e iluminadas a través de las fachadas y de los patios de parcela con muros de madera.

En ausencia de Gaudí, dirigió las obras Claudi Alsina, quien sobre la puerta de acceso colocó la única escultura de la casa. Es obra de Antoni Cantó y de Llorenç Matamala y representa a San Jorge luchando contra el dragón.

Es interesante constatar que la estructura de la casa está formada por pilares de fundición, jácenas y vigas de hierro sin otros muros de carga que los exteriores, es decir, plantas totalmente libres. El edificio fue adquirido en 1931 por la Caja de Ahorros y Monte de Piedad de León y luego pasó a Caja España, que entre 1994 y 1996 lo restauró y es, actualmente, un centro cultural.

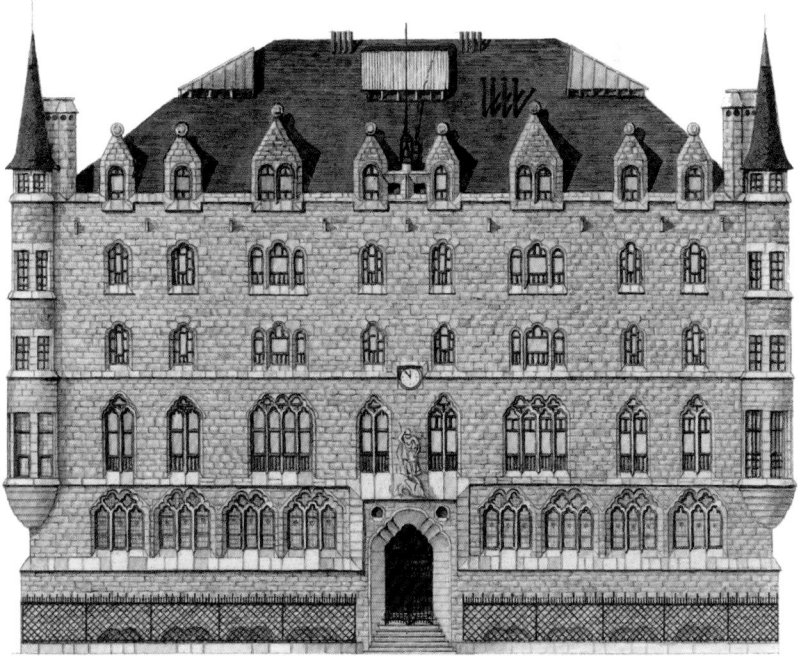

1 **San Jorge sobre la entrada principal**   Plaza de San Marcelo, León

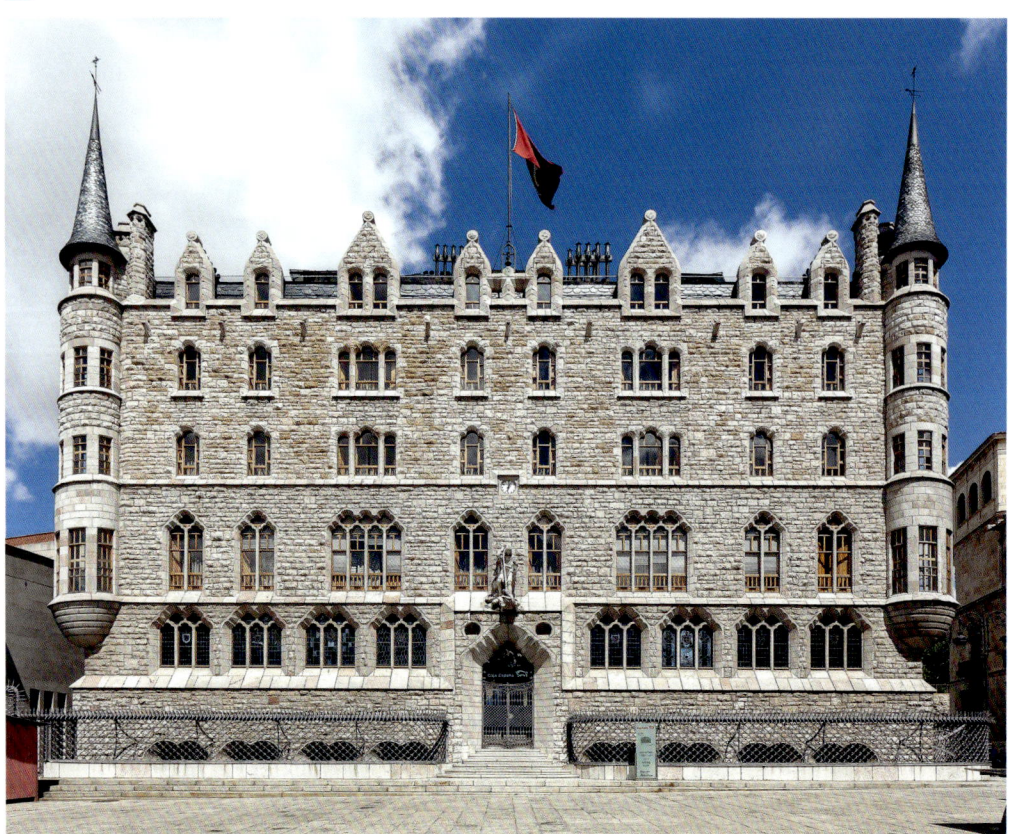

2

2 **Vista general**

3 **Columnas metálicas**

4 **Interior de madera del torreón**

5 **Reja**

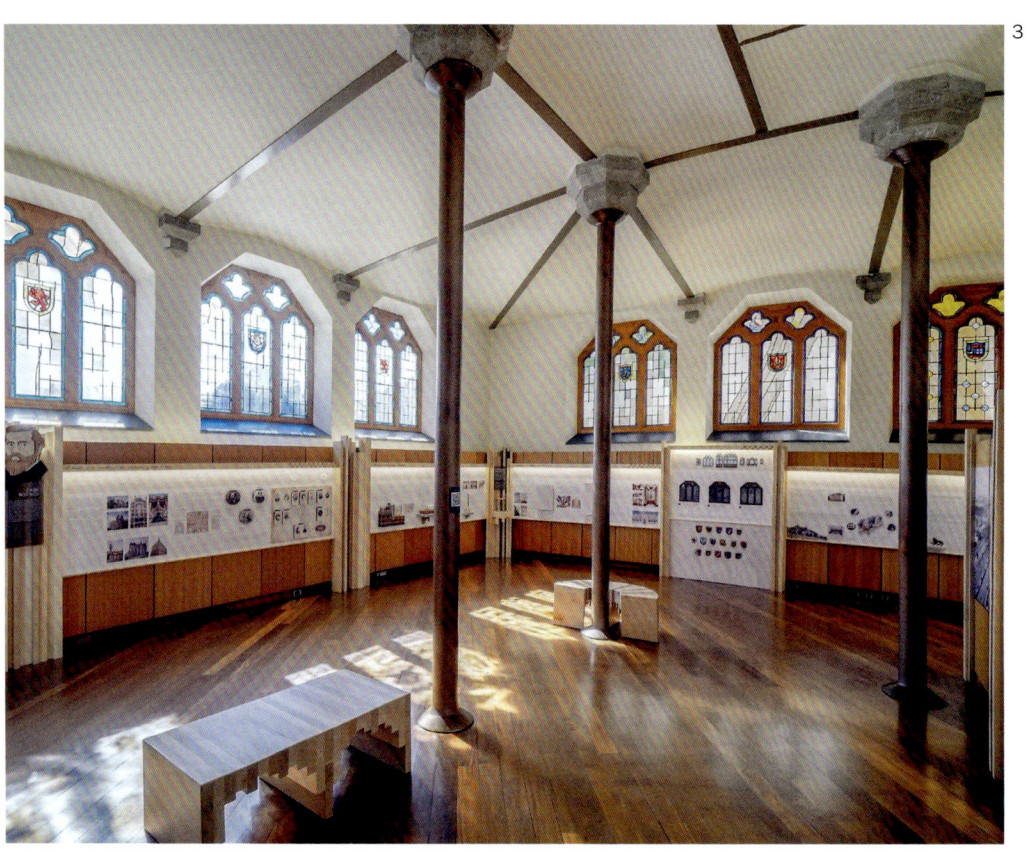

3

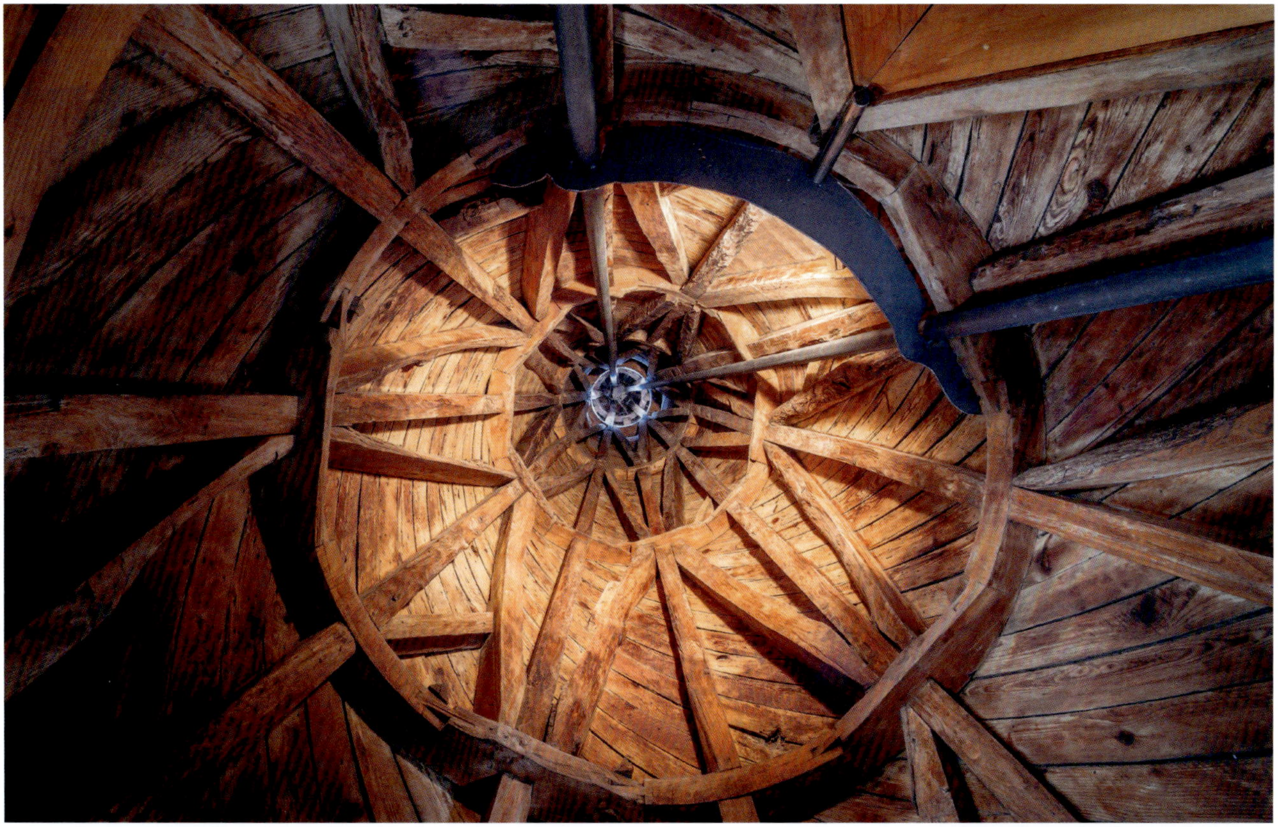

4

5

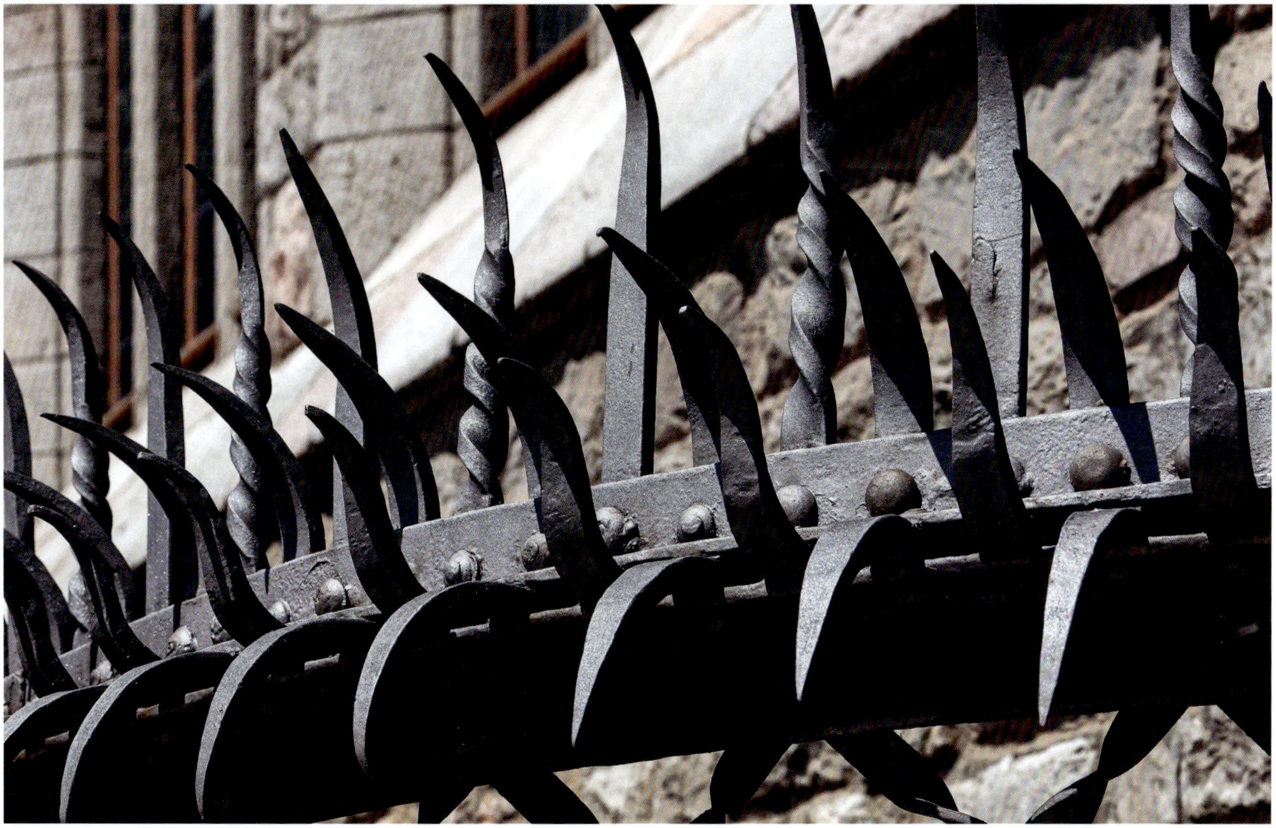

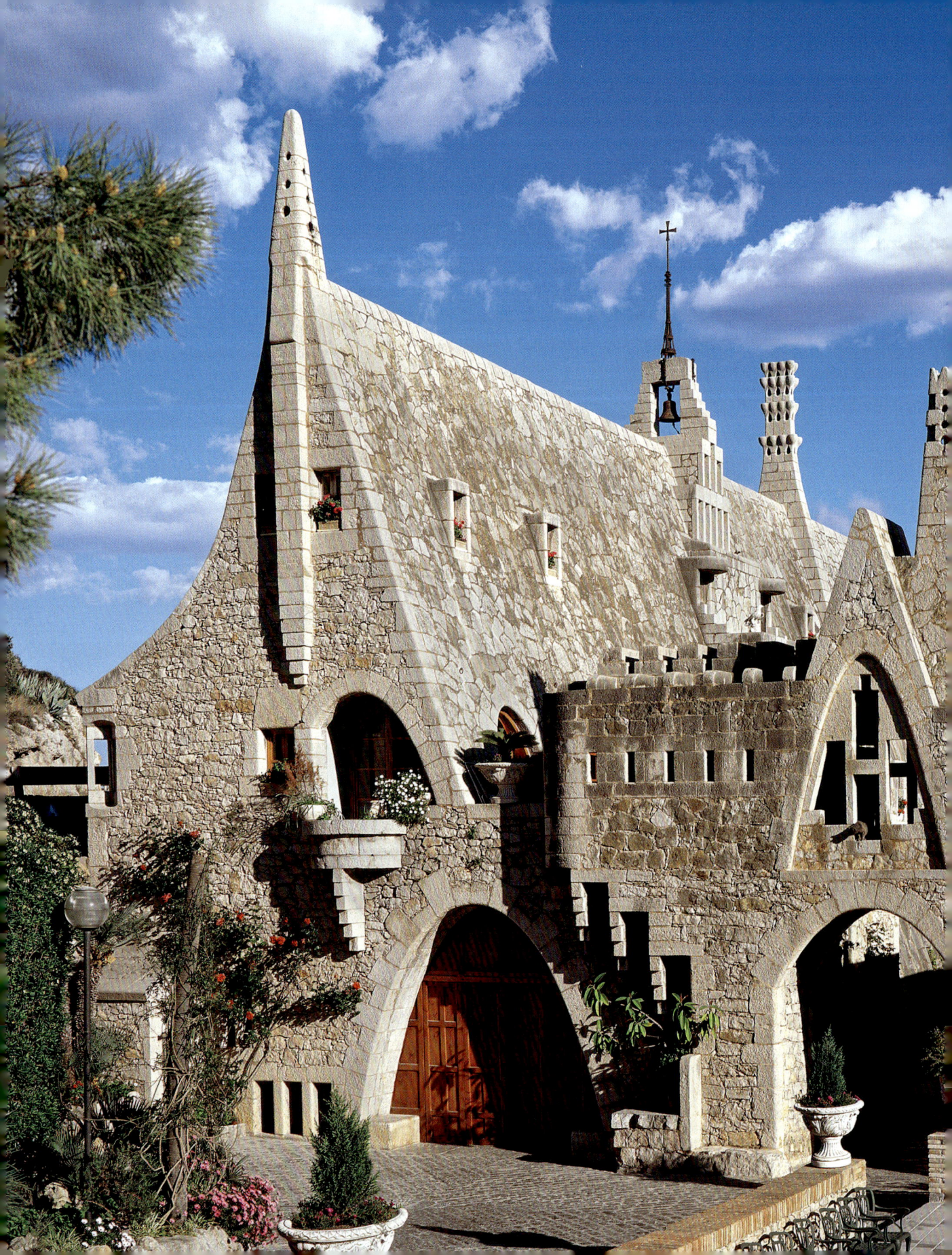

Bodegas Güell Sitges

Terminado su palacio, Eusebio Güell encargó a Gaudí la construcción de un edificio para las Bodegas Güell, en la costa de Garraf, al sur de Barcelona. Es una zona rocosa y agreste encima del mar Mediterráneo, donde existía un edificio destinado a bodega que fue propiedad del Cabildo de la Catedral de Barcelona.

Entre 1895 y 1898, Gaudí, con la ayuda de Francesc Berenguer Mestres (1866-1914), su fiel colaborador desde 1883, construyó un edificio encima de las bodegas enterradas, compuestas de varios pisos. El nuevo edificio tiene sección triangular y alojaba nuevas bodegas, viviendas y, en el último piso, una capilla.

Exteriormente está recubierto de piedra del lugar, por lo que se integra perfectamente en su entorno paisajístico. En el extremo del piso alto, delante de la capilla hay un mirador abierto sostenido por delgadas columnas inclinadas, siguiendo el perfil de ángulo agudo de la cubierta. Los arcos y bóvedas interiores son catenáricos y todo el conjunto produce una gran sensación de equilibrio y solidez.

Güell utilizaba también el edificio como pabellón de caza para sí y para sus amigos. La capilla tiene un altar de piedra y unos candelabros y crucifijo de hierro forjado y encima hay una espadaña de piedra con una campana llamada «Isabel» en homenaje a la señora Güell y la fecha 1897. Hay un plano muy esquemático con la firma de Gaudí y la fecha 1895 que se conserva en el archivo municipal de Sitges, localidad a la que pertenece la llamada cuadra o finca de Garraf. Junto a la carretera está la entrada con una original reja de hierro en forma de red y la casa del portero de piedra y ladrillo, de graciosas formas.

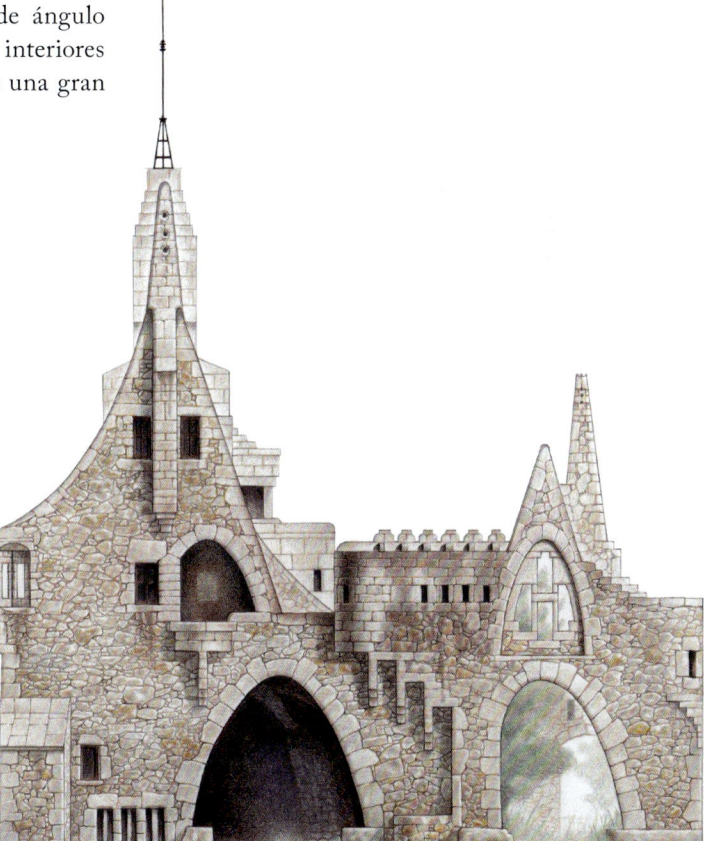

1 **Entrada principal**

Carretera Barcelona-Sitges km 25, Garraf

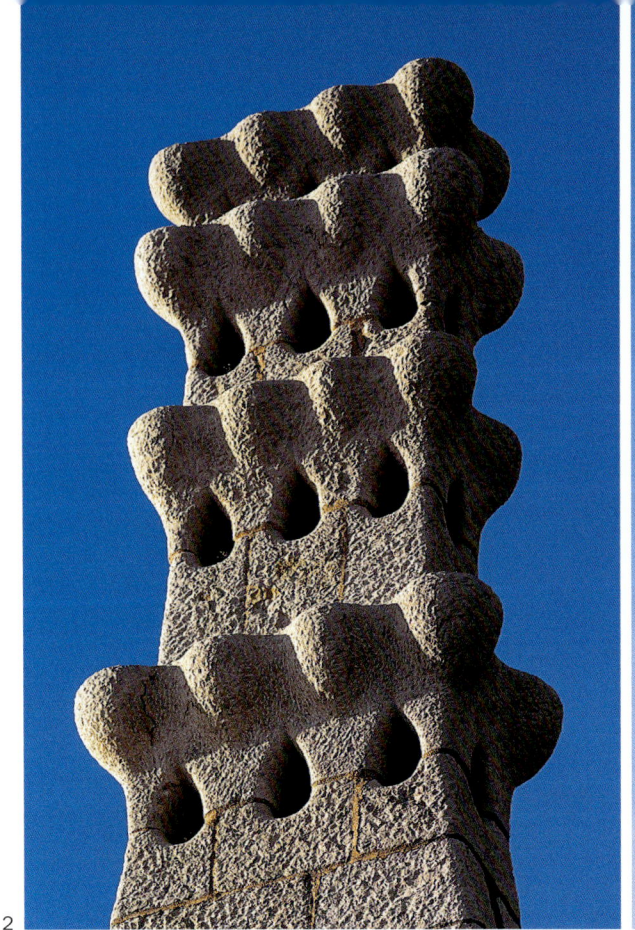

2

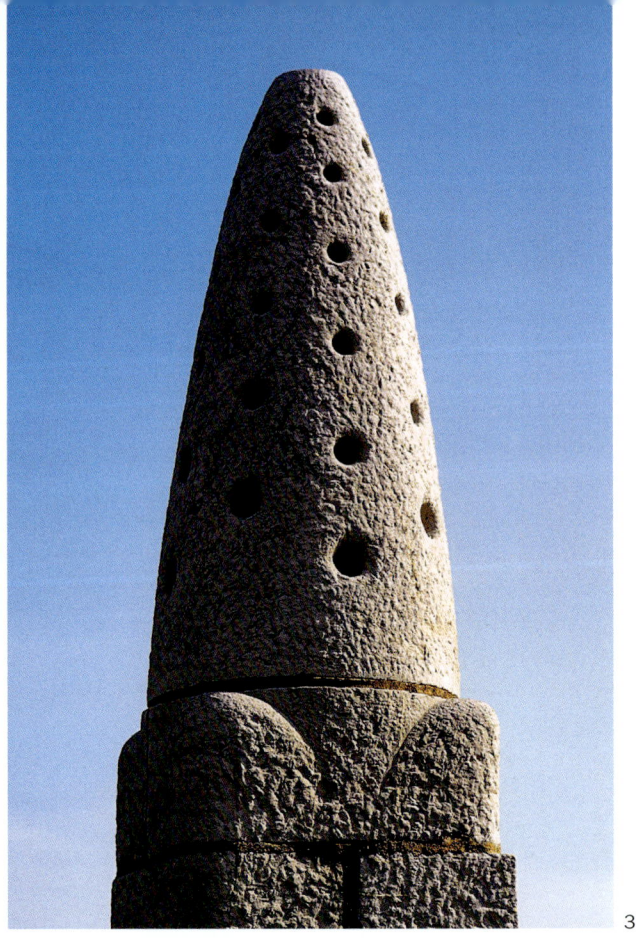

3

4

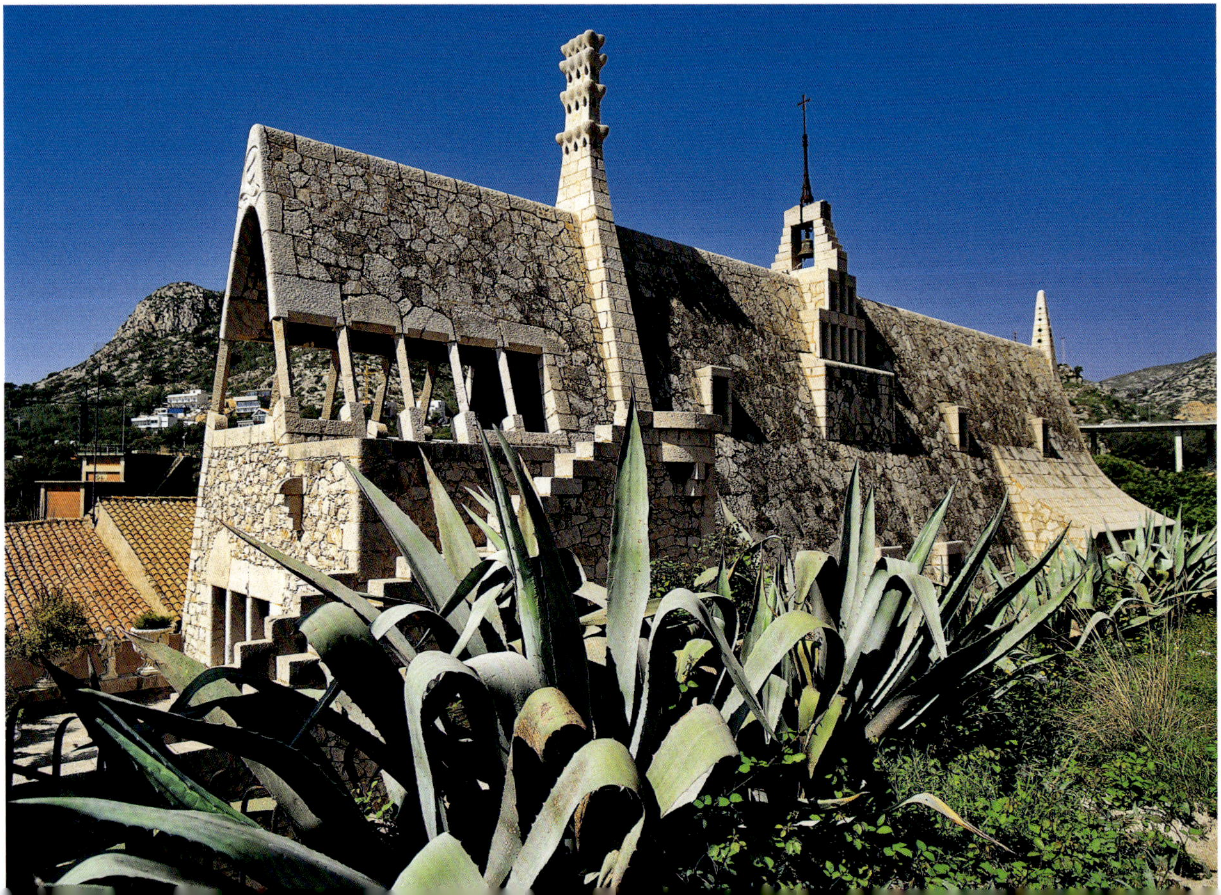

5

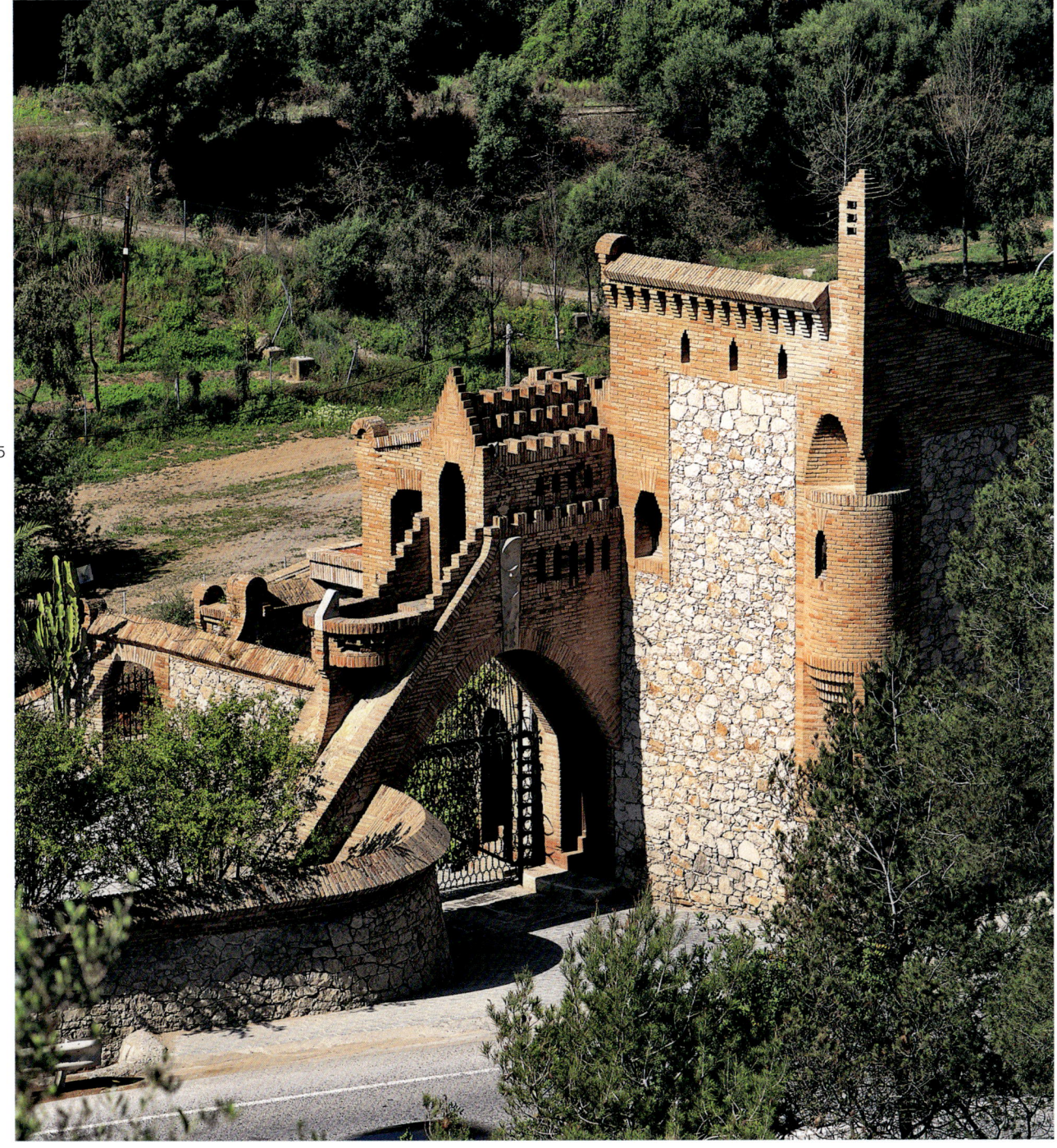

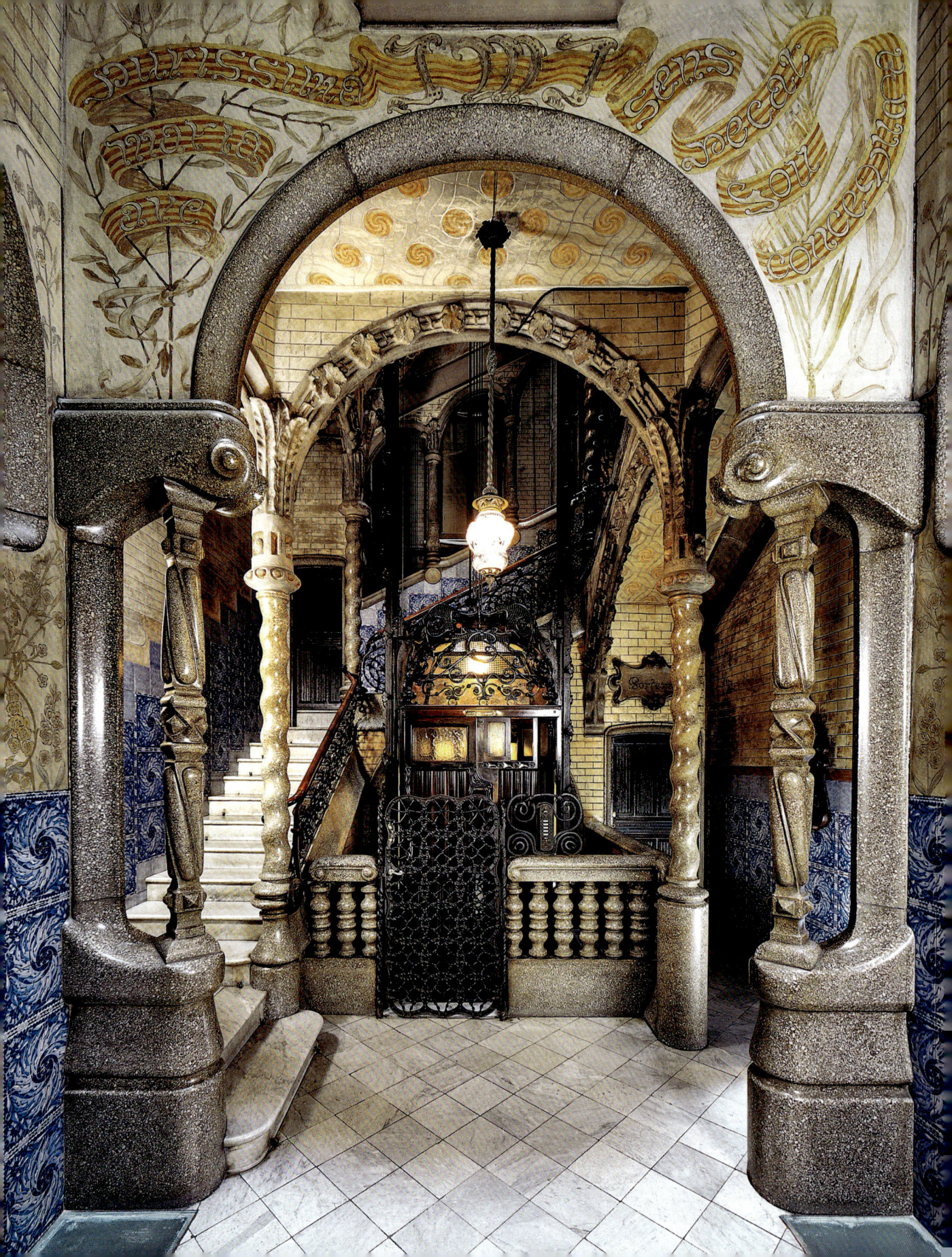

Casa Calvet Barcelona

Gaudí construyó en la calle de Caspe de Barcelona una casa de pisos, entre medianeras para el fabricante de tejidos Pere Màrtir Calvet. El edificio presenta una fachada a la calle hecha totalmente de piedra arenisca de Montjuïc, con balcones de losas esculpidas con abundantes relieves, y una compleja tribuna en el piso principal con relieves que representan setas, ya que el propietario era micólogo, y, en lo alto, un cuerno de Amaltea rebosante de frutas.

Encima de la puerta central está en relieve de piedra la letra «C» inicial de Calvet y un ciprés como símbolo de hospitalidad. En el ojo de la escalera está el ascensor con una extraordinaria cabina de madera labrada y hierro forjado, que por sí sola es una obra de arte. En la planta baja, el rellano de la escalera se apoya en columnas salomónicas de granito artificial y los muros están pintados con representaciones de parras con racimos de uvas y el lema de los Juegos Florales poéticos, «Fe, Patria y Amor».

En lo alto de la fachada a la calle hay unos remates curvos en cuya parte superior se sitúan unas esferas de piedra con unas cruces de hierro forjado. Más abajo aparecen esculpidas tres cabezas, la de San Pedro Mártir y las de San Ginés notario y San Ginés histrión, en recuerdo del pueblo natal del propietario, Sant Genís de Vilassar y sus santos patronos.

Tal y como afirmó el propio Gaudí, el edificio se inspira en el barroco catalán, aunque se añade el espíritu orgánico y naturalista característico de las obras de la última etapa gaudiniana.

Muy destacables en esta casa son los muebles de madera, tanto de la oficina como de la vivienda del propietario. En la oficina hay una mampara donde están las distintas ventanillas para atender a los clientes. Esta mampara de madera de roble está totalmente esculturada a la gubia y, en la parte externa, destinada a los clientes, hay unos bancos bifrontes, también de roble compuestos totalmente con piezas ensambladas, sin tornillos, ni clavos, así como grandes armarios, que son auténticas esculturas.

En la oficina hay una serie de sillas, sillones y mesas de madera tallada y de formas orgánicas cuyos originales se conservan en manos de los actuales propietarios y que han sido reproducidos y comercializados con éxito notable. En el piso principal estaba el salón de respeto, actualmente en la Casa Museo Gaudí del Park Güell, de madera dorada y rica tapicería compuesto de sofá, sillones, sillas, taburetes y espejo.

En 1900 el Ayuntamiento creó el premio al mejor edificio construido en la ciudad durante el año y fue concedido precisamente a la Casa Calvet.

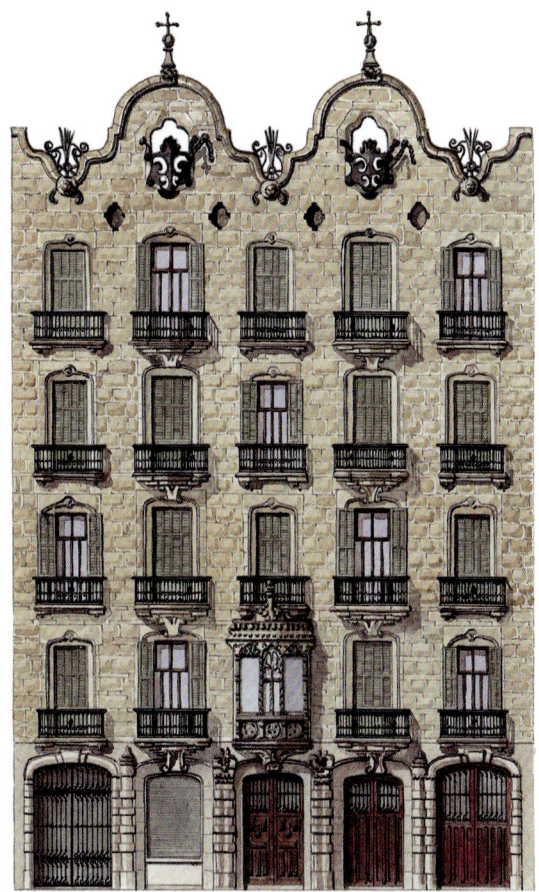

1 **Vestíbulo**   *Carrer de Casp, 48*

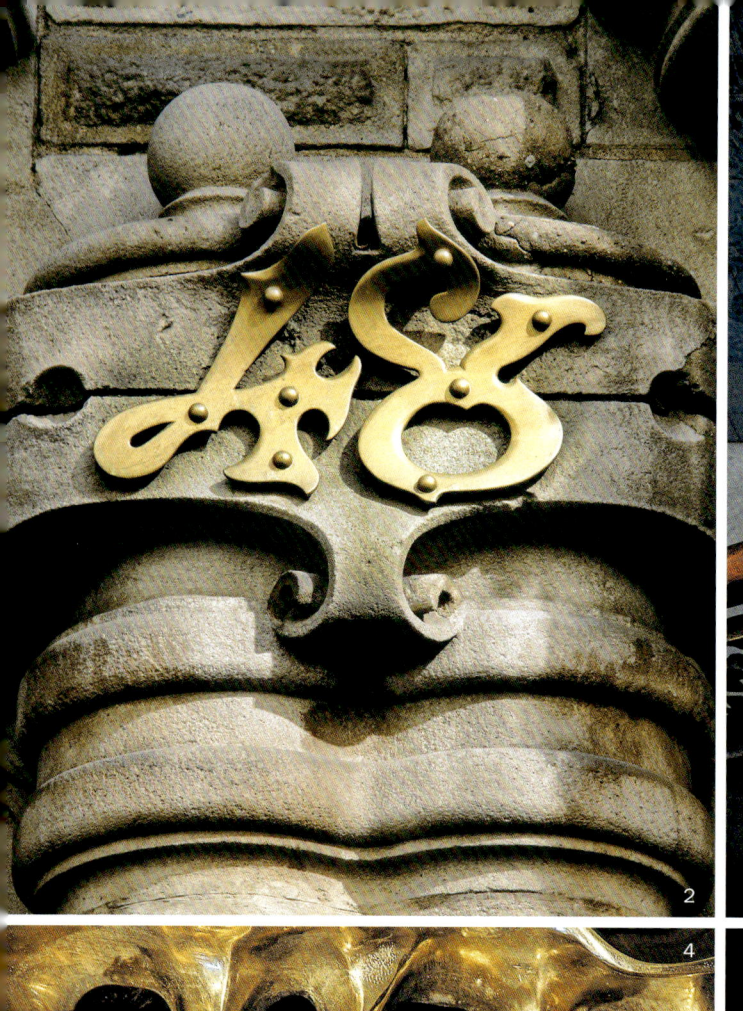

2

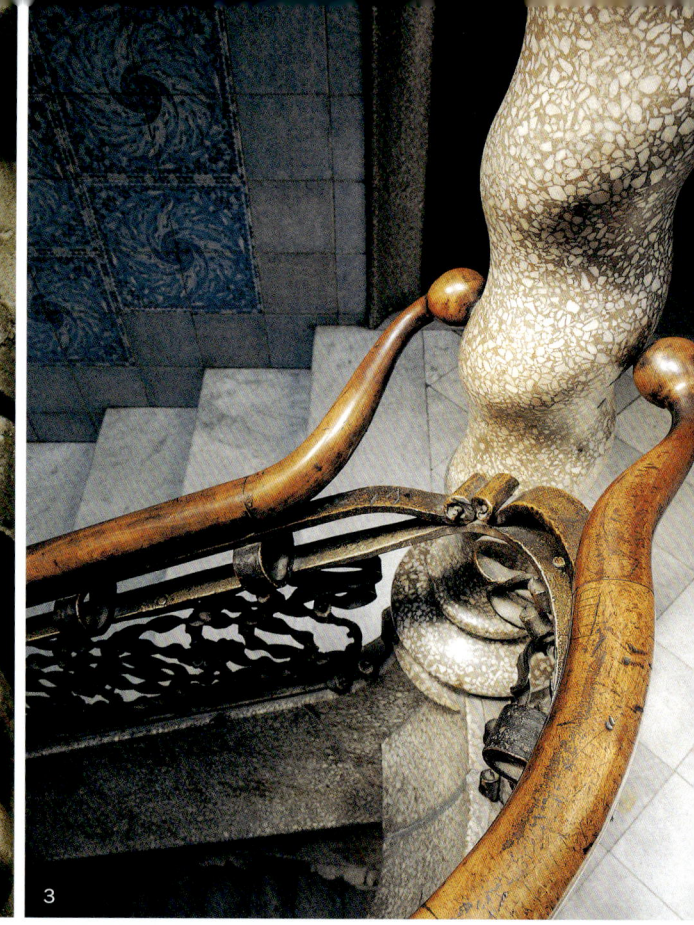

3

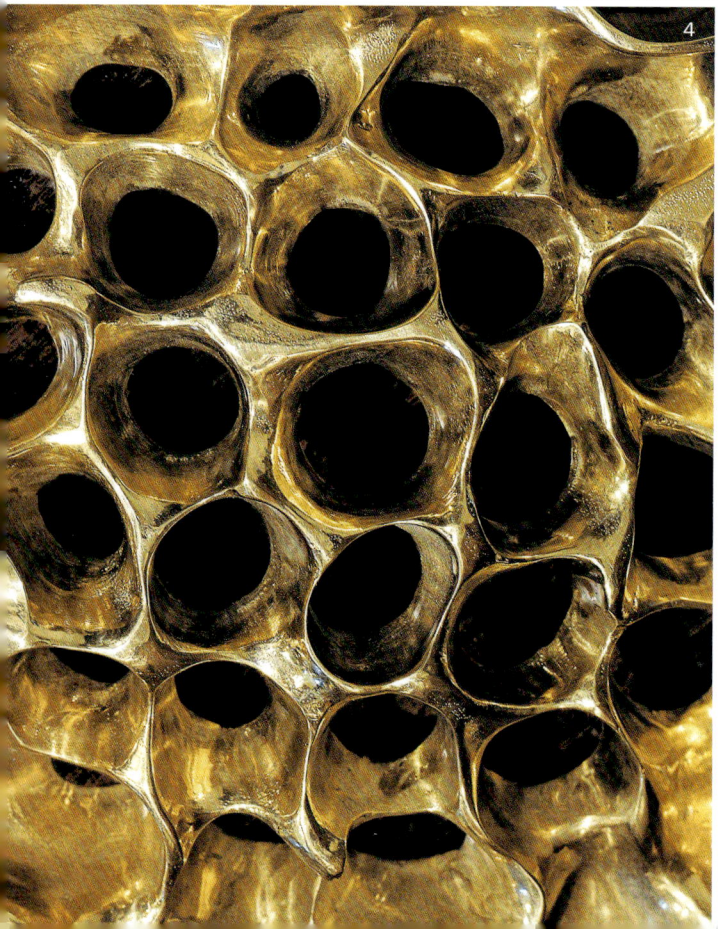

4

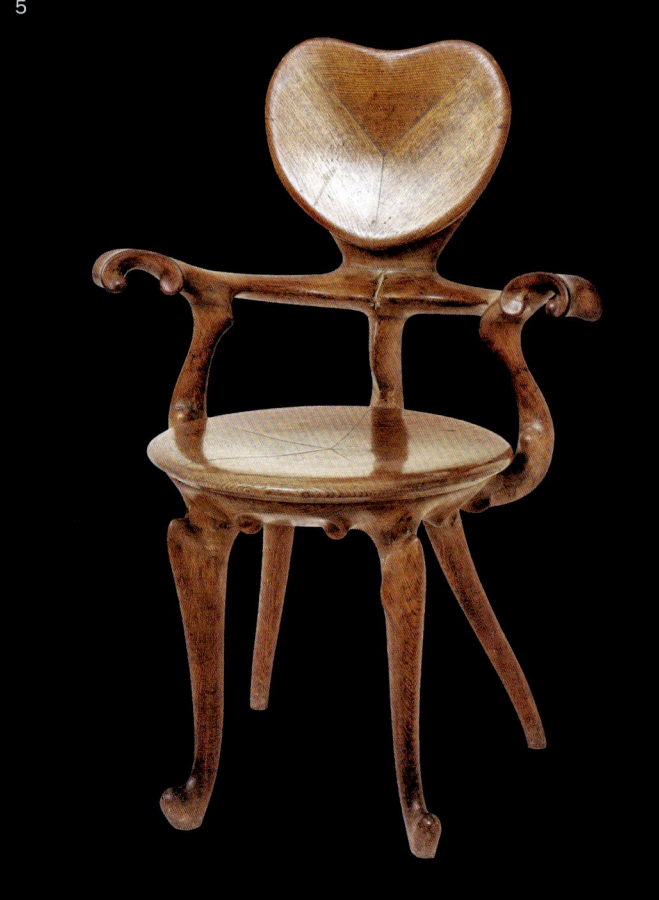

5

2 **Detalle de la fachada**

3 **Detalle del pasamanos**

4 **Mirilla de inspiración naturalista**

5 **Silla diseñada por Gaudí**

6 **Anagrama de Calvet con un ciprés**

6

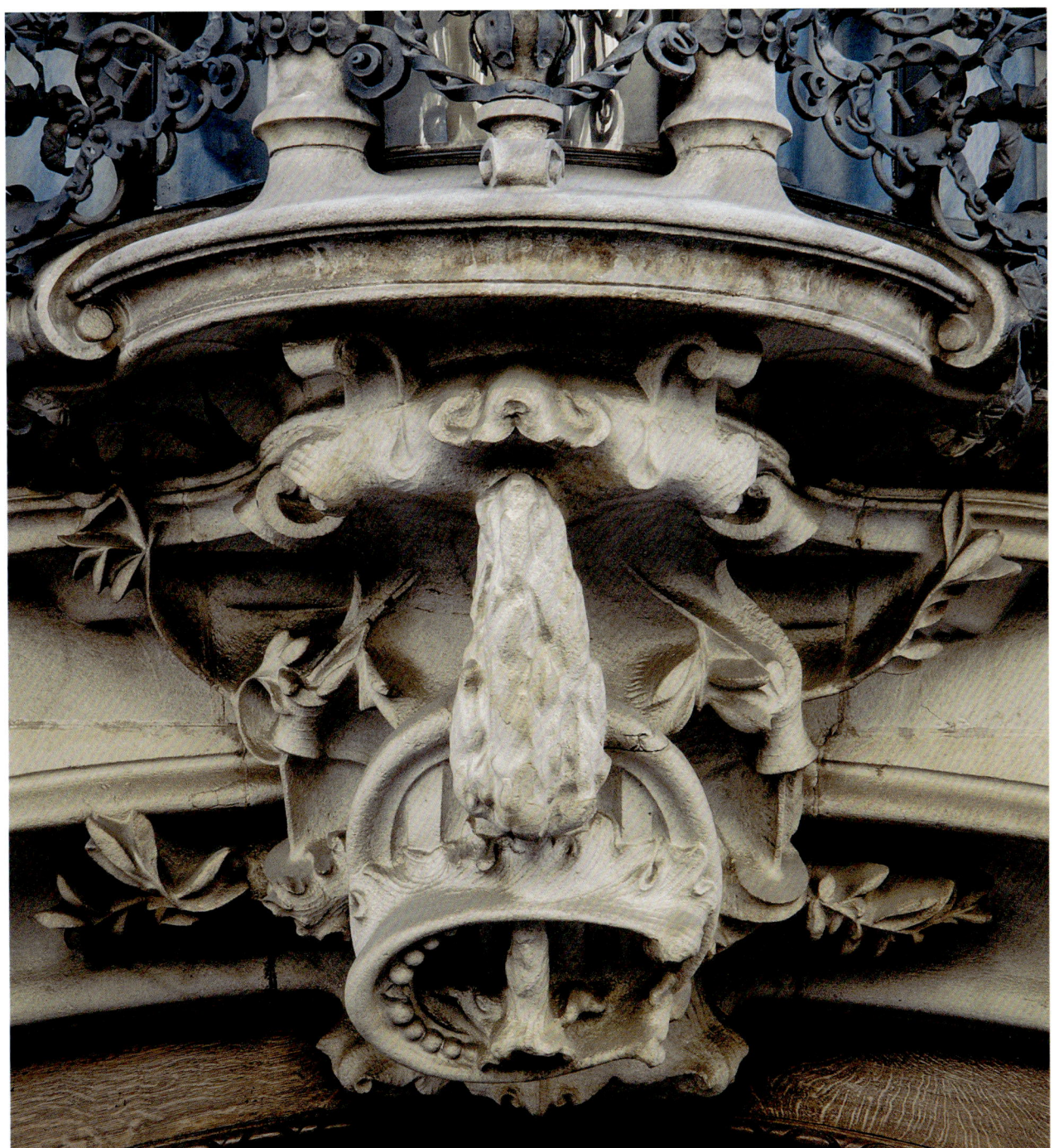

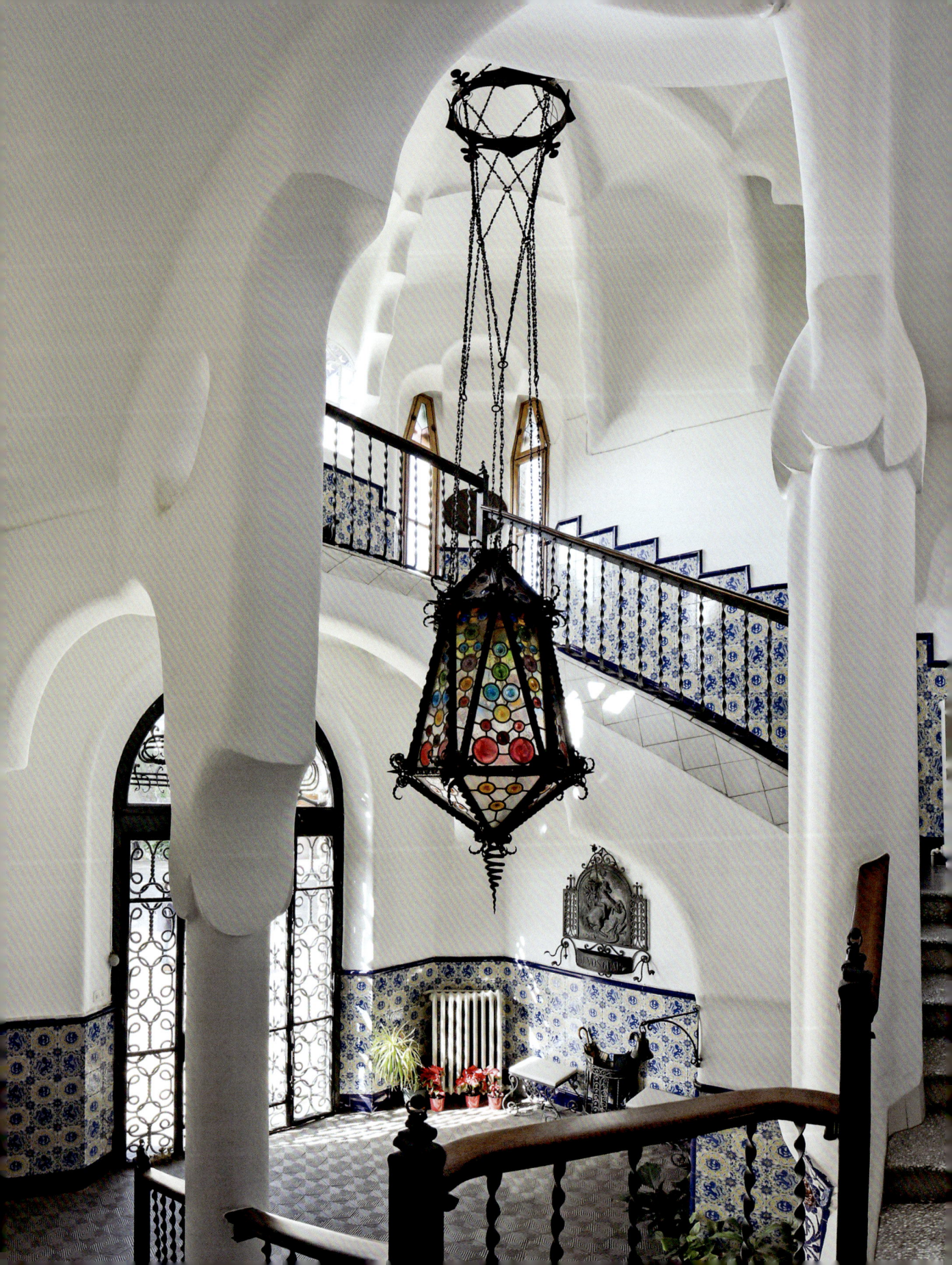

Torre Bellesguard Barcelona

En la parte alta del barrio de San Gervasio en Barcelona, la viuda de don Jaume Figueras tenía un terreno en que quedaban algunas ruinas del llamado palacio real de Bellesguard, una casa campestre que mandó habilitar el rey Martín I de la Corona de Aragón en 1410 y le puso el nombre de Bellesguard (bella vista) a instancias de su secretario, el poeta Bernat Metge.

En este palacio contrajo segundas nupcias el rey Martín I con Margarita de Prades, matrimonio que ofició el antipapa Benedicto XIII. Por esta razón histórica, Gaudí concibió un edificio en un estilo inspirado en el gótico tardío catalán.

El edificio compuesto de planta baja, planta noble, un piso y desván está construido con fábrica de ladrillo y exteriormente aplacado con pizarra del lugar, de modo que se identifica plenamente con su entorno natural. El edificio tiene planta cuadrada y las diagonales marcan los puntos cardinales. En el ángulo izquierdo de la fachada principal hay una torre que alcanza los 35 metros sobre la rasante y culmina con una forma de tronco de pirámide, en cuya parte superior se puede ver la bandera catalana con los palos en forma helicoidal, una corona y una cruz de cuatro brazos. Corresponde el color azul a la corona, rojo y oro a la bandera y blanco a la cruz. Este cromatismo se logra sencillamente aplacando fragmentos de cristales pintados por la cara fijada a la torre con mortero de cal.

Interiormente el edificio está enyesado con un permanente color blanco sobre formas onduladas en los arcos, muros y paredes. Son destacables los dos desvanes superpuestos, el inferior con una serie de arcos costilla de ladrillo de 10 centímetros que parten de un tablero central y se entregan en los muros de las fachadas. El segundo desván está formado por una bóveda tabicada de rincón de claustro.

Un camino de ronda con diversas escaleras rodea este segundo desván que dispone de almenas en todo el perímetro de los muros.

Para unir Bellesguard con los restos de una torre, entre 1903 y 1905, Gaudí desvió un antiguo camino que pasaba por la propiedad y lo apoyó sobre una bóveda sostenida por pilares inclinados, creando un viaducto semejante a los del Park Güell.

Gaudí trabajó en Bellesguard entre 1900 y 1909 aunque el edificio, los bancos del jardín y de la fachada fueron terminados más tarde por el arquitecto ayudante de Gaudí Domènec Sugrañes Gras.

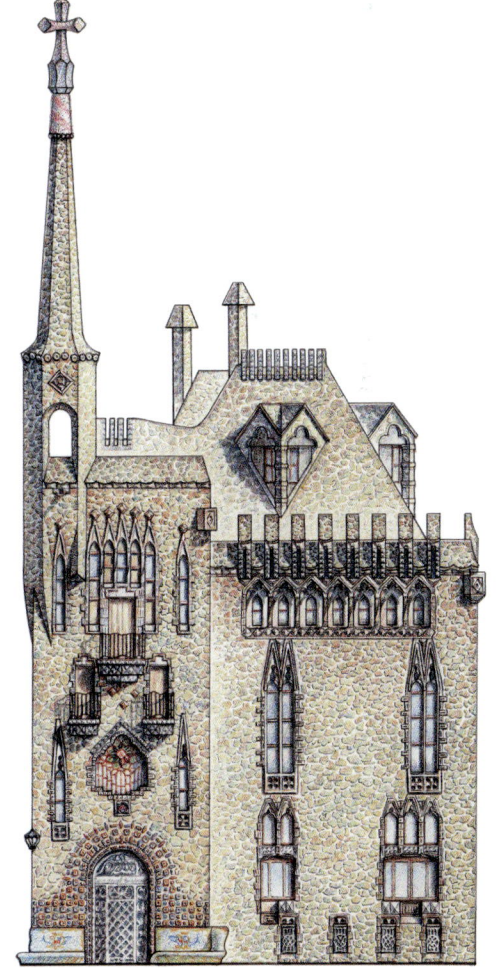

1 **Vestíbulo**

Carrer de Bellesguard, 16-20

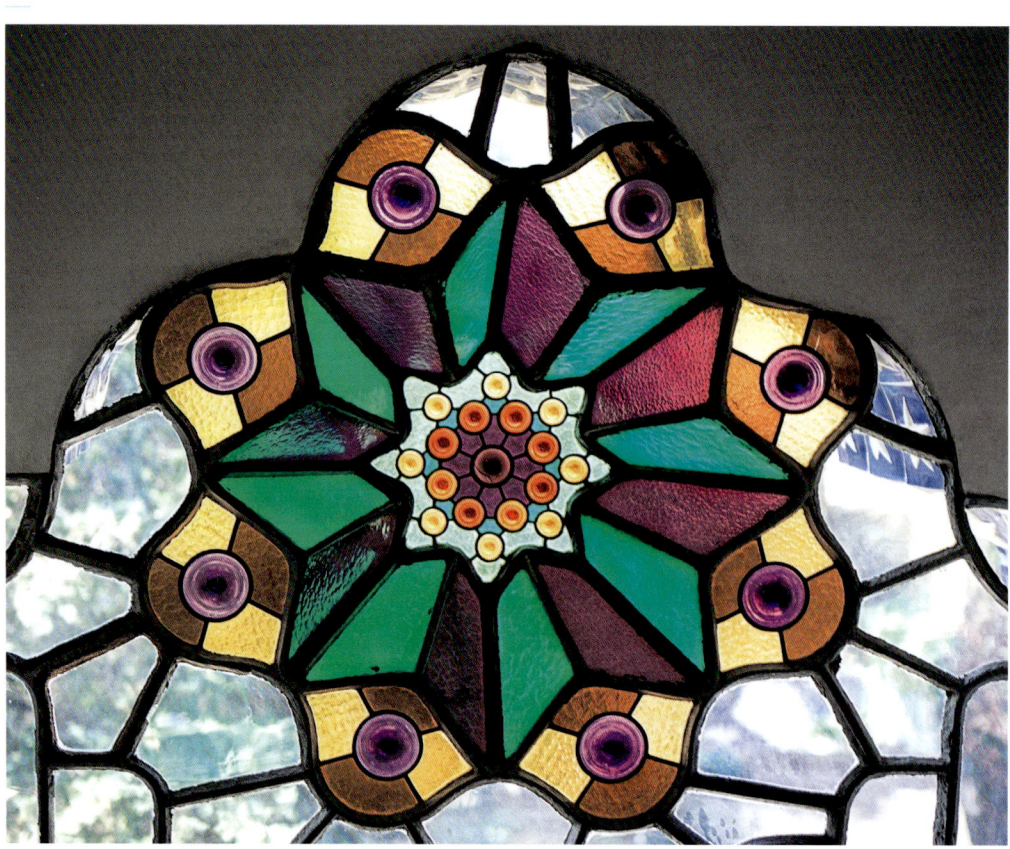

2 **Venus, la estrella del ocaso, en referencia a Martín I, último rey de la dinastía catalana**

3 **Nervaduras del techo de la segunda planta**

4 **Paso de ronda de la azotea**

5 **Arcos trilobulados de forma parabólica en el primer desván**

2

3

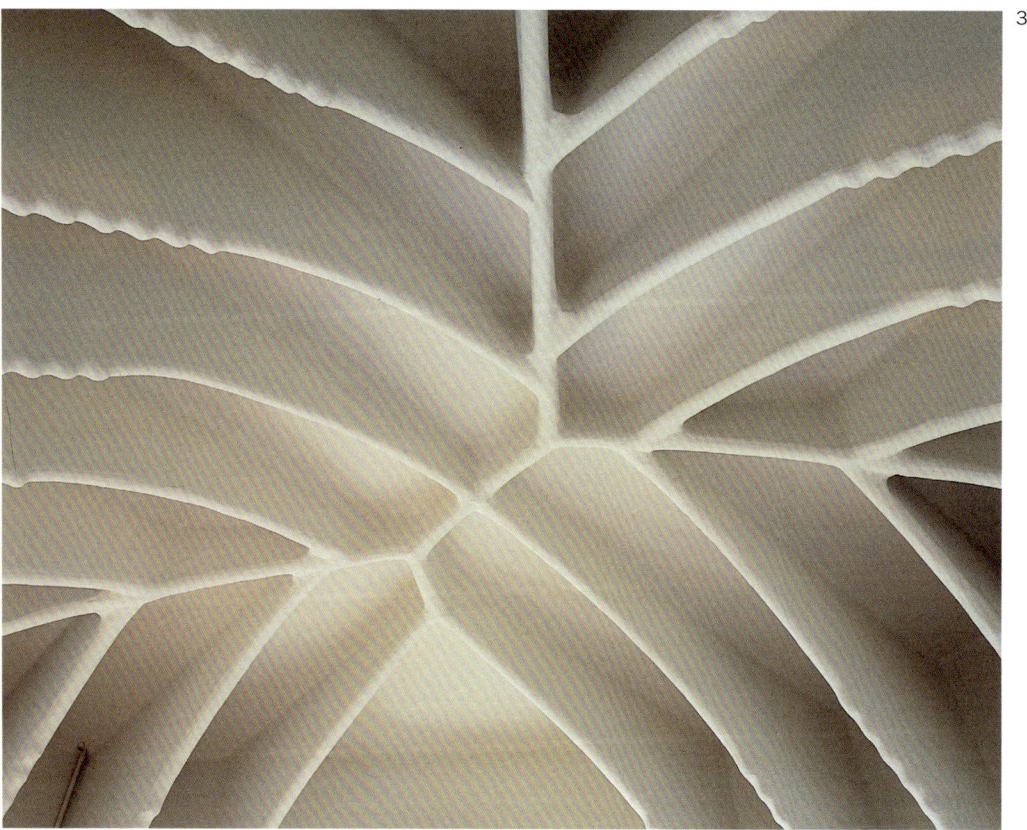

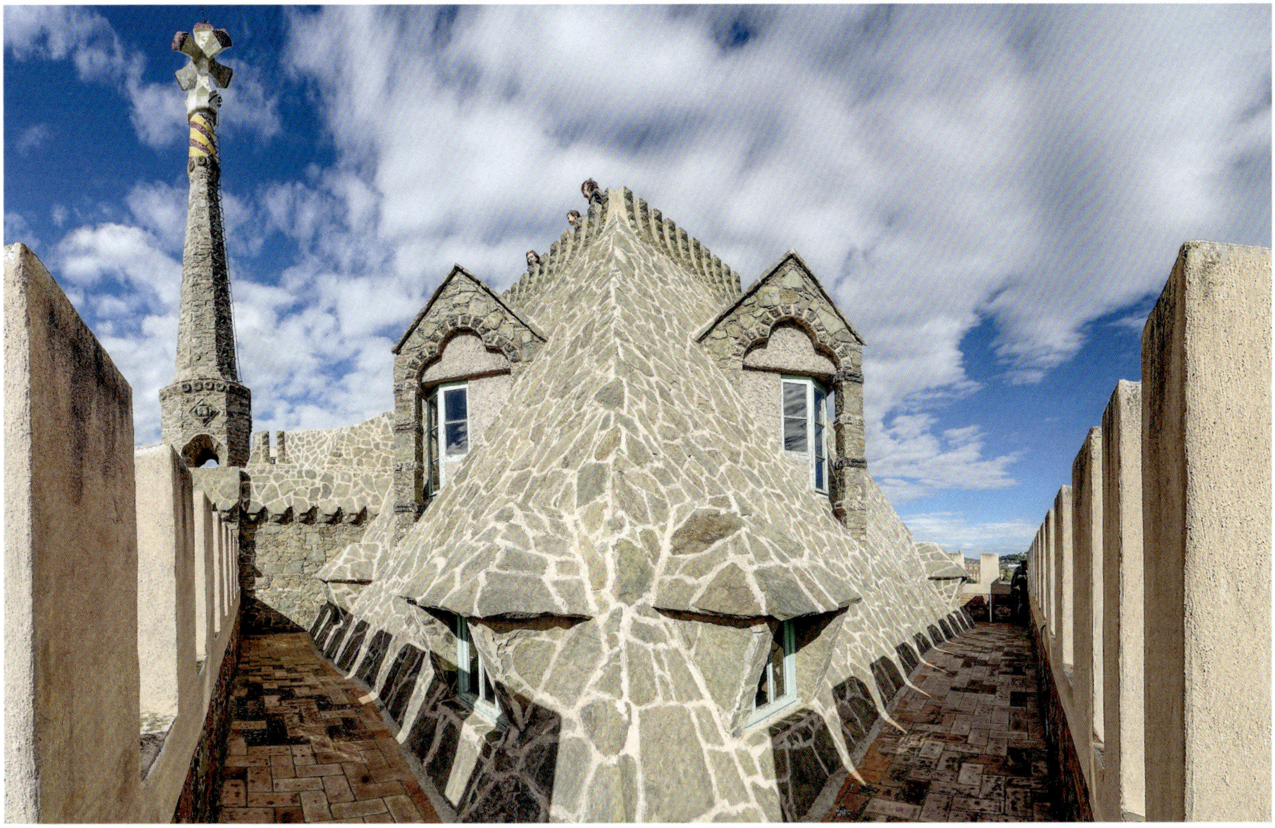

4

5

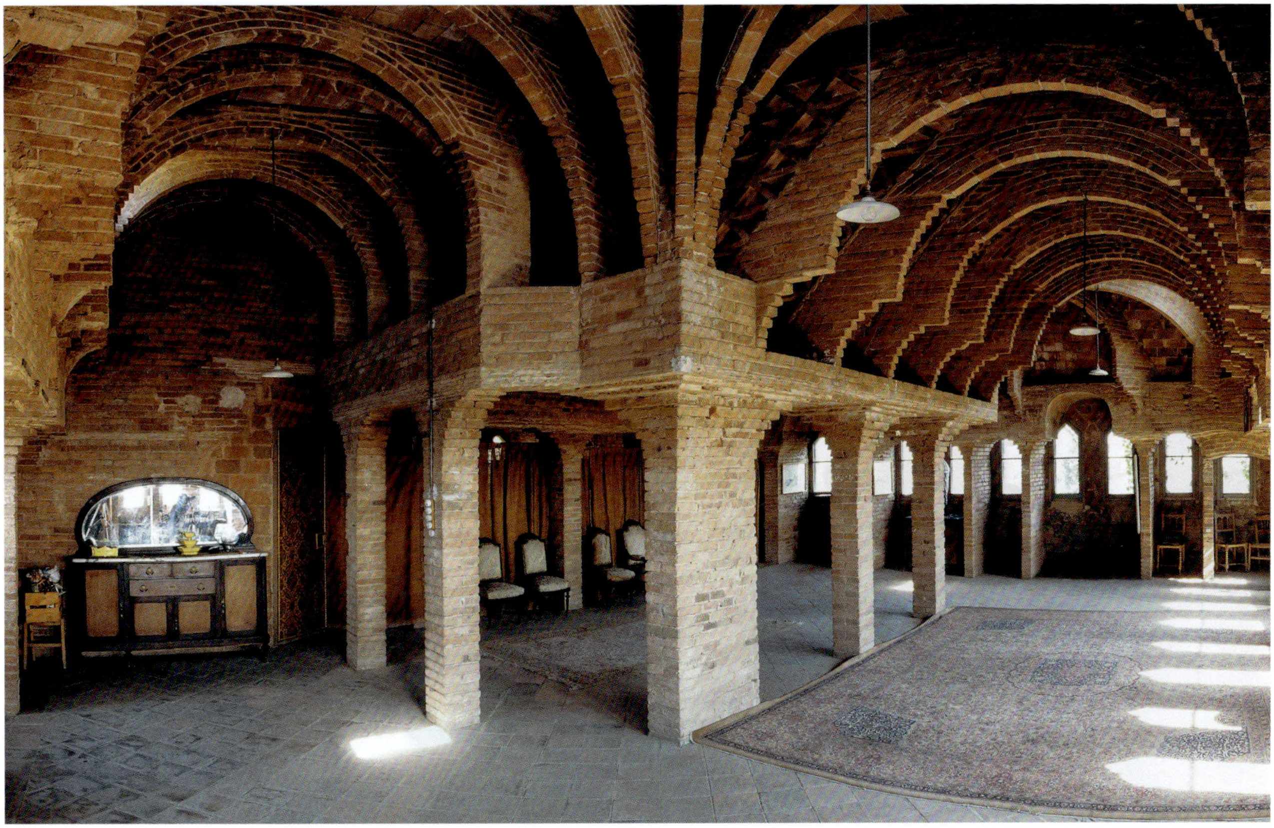

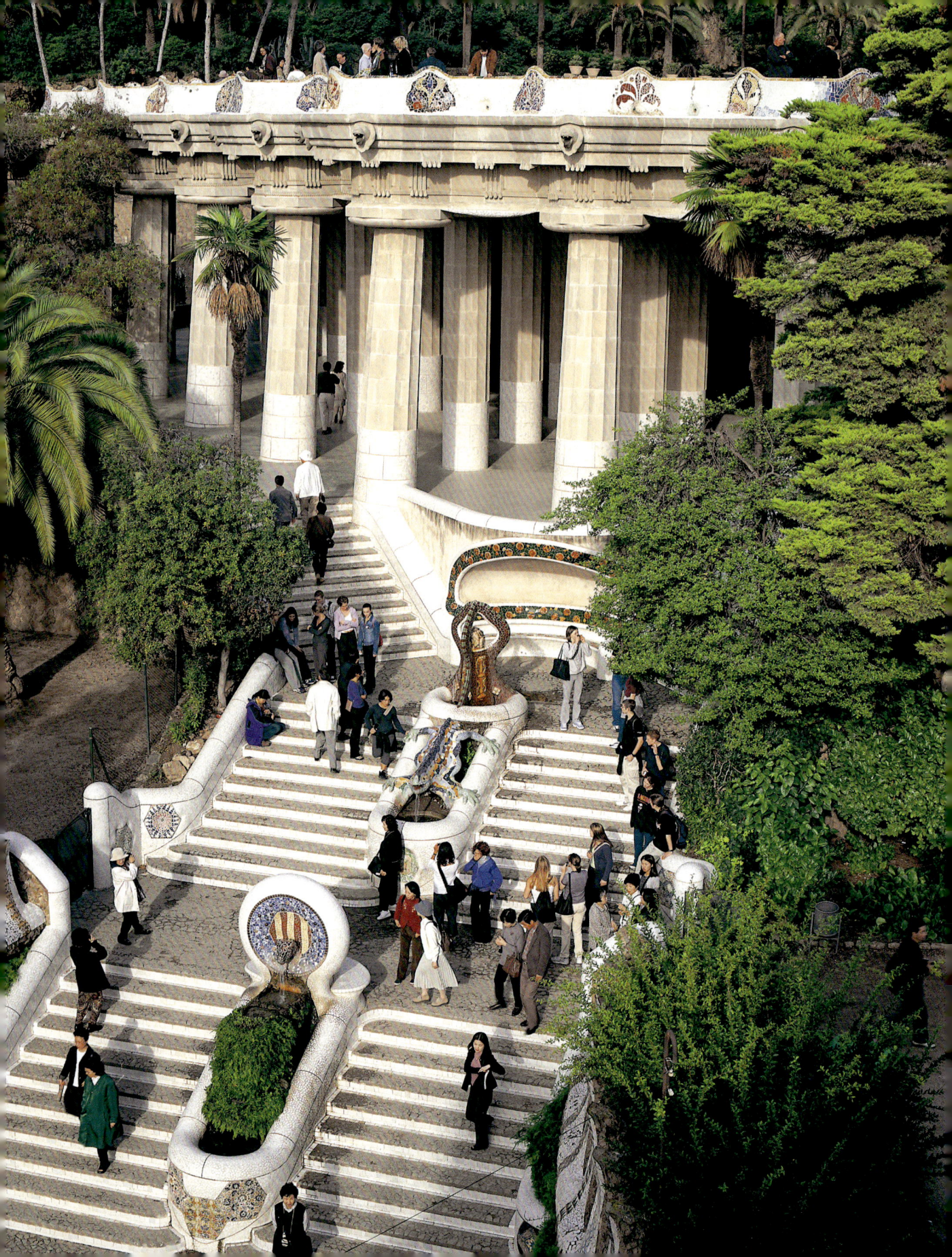

Park Güell Barcelona

Don Eusebi Güell compró en 1899 un terreno en la villa de Gràcia, en la zona del barrio de la Salut, terreno conocido como Can Muntaner de Dalt o también la Montaña Pelada, nombre que pusieron los monjes jerónimos del monasterio de Valle de Hebrón en recuerdo del Gólgota o lugar de la crucifixión de Cristo.

Güell escogió este terreno, hasta entonces propiedad del marqués de Marianao, por su semejanza topográfica con la ciudad griega de Delfos, donde se celebraban las fiestas poéticas en honor de Apolo. Al pie del monte Parnaso estaba el templo dórico de Apolo en cuyo ónfalo enterró el dios solar al dragón maligno Pitón, que se convirtió en protector de las aguas subterráneas que afloraban en las fuentes termales de Cassotis, Delfusa y Castalia, proporcionando inspiración a las sibilas o profetisas. Güell quiso unir este simbolismo de la cultura helénica al sentido cristiano y nacionalista de Cataluña.

En el Park Güell está la sala hipóstila de orden dórico, único caso en que Gaudí utilizó órdenes clásicos, el dragón Pitón que escupe el agua del rebosadero de la cisterna debajo del templo, el trípode desde donde las sibilas lanzaban sus oráculos y la fuente de agua ferruginosa, que se vendió embotellada con el nombre de Agua Sarva. El cristianismo está presente en el Calvario, la capilla de la Casa Güell, el Rosario cuyas cuentas son bolas de piedra a los lados de los caminos y las cruces en los pabellones de entrada. En mitad de la escalera, un mosaico cerámico con los cuatro palos de la bandera catalana da fe del entronque de la Cataluña cristiana con la cultura clásica griega, inspiradora de la Renaixença.

Merece especial atención el serpenteante banco que cierra la plaza y en el cual Josep Maria Jujol realizó una obra de desbordante imaginación, donde el collage de trencadís de cerámica y vidrio alcanza su máxima expresión.

Tambien destacan las exquisitas soluciones de los viaductos, los alicatados de cerámica troceada o las sabias soluciones de las conducciones de agua que Gaudí resolvió de modo sumamente inteligente. Propiedad municipal desde 1923, monumento nacional en 1969 y patrimonio de la Humanidad desde 1984. Este proyecto de ciudad jardín iniciado en 1900 en la zona alta de Barcelona fracasó en su intento de ver edificadas 60 viviendas aisladas. Debido a la lejanía del centro urbano y a las restrictivas condiciones impuestas por Güell en la venta de los solares, solo se llegaron a habitar tres edificios.

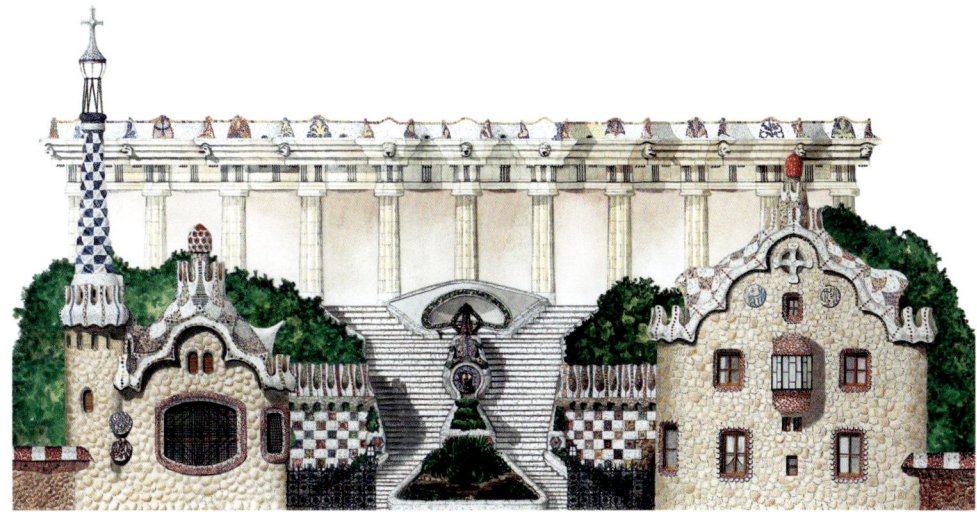

1 Escalinata y sala hipóstila   Carrer Olot, s/n

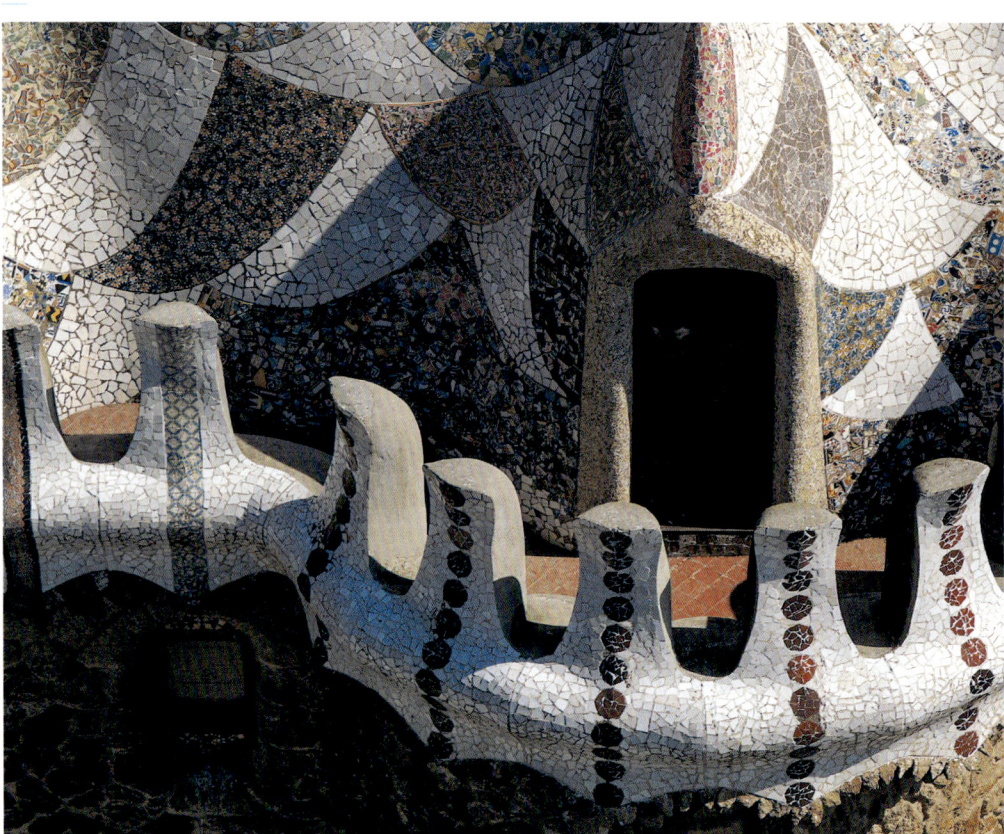

2 **Balcón almenado
del pabellón
de portería**

3 **Planta baja
del pabellón
de servicios**

4 **Cubierta
del pabellón
de portería**

5 **Interior del pabellón
de portería,
actualmente Centro
de Interpretación
del Park Güell**

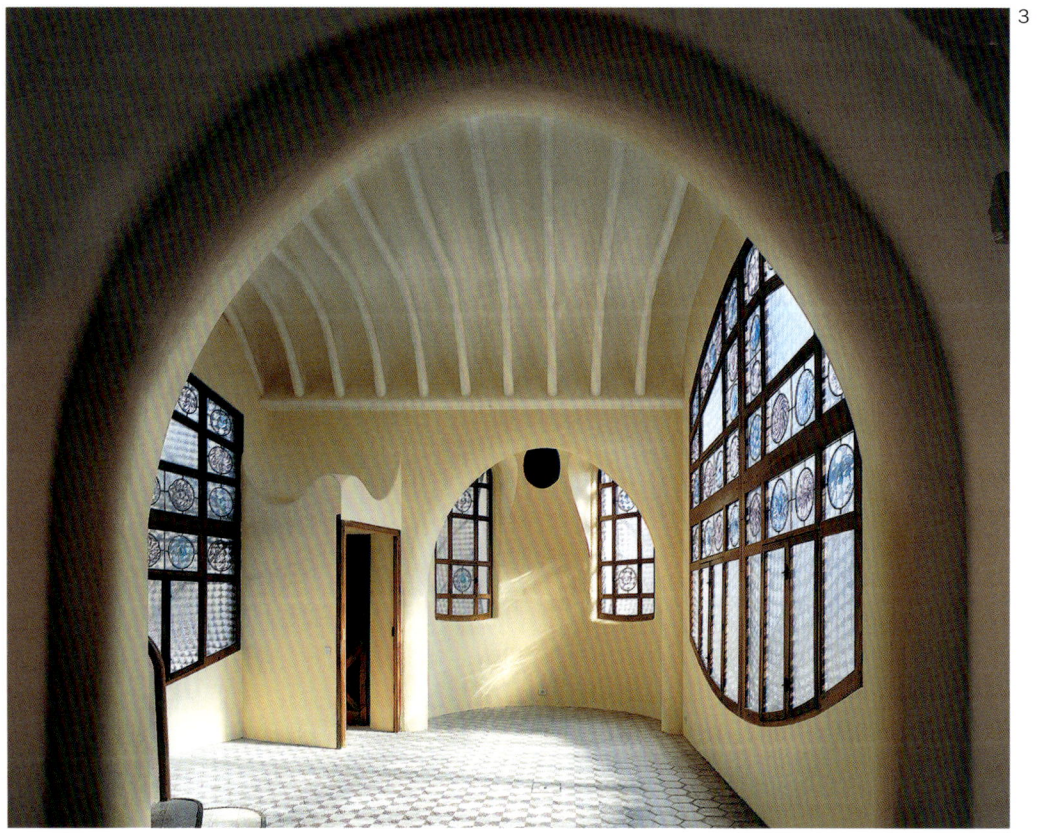

4

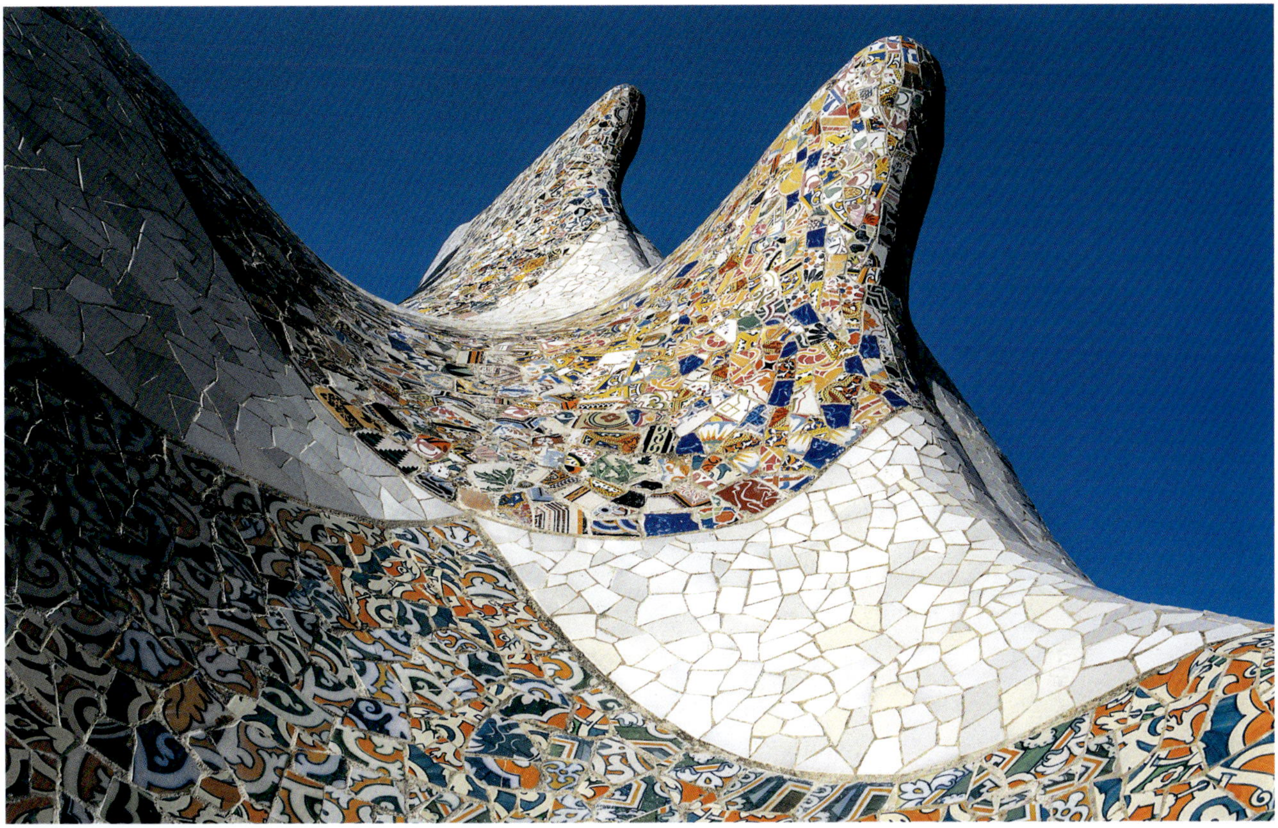

5

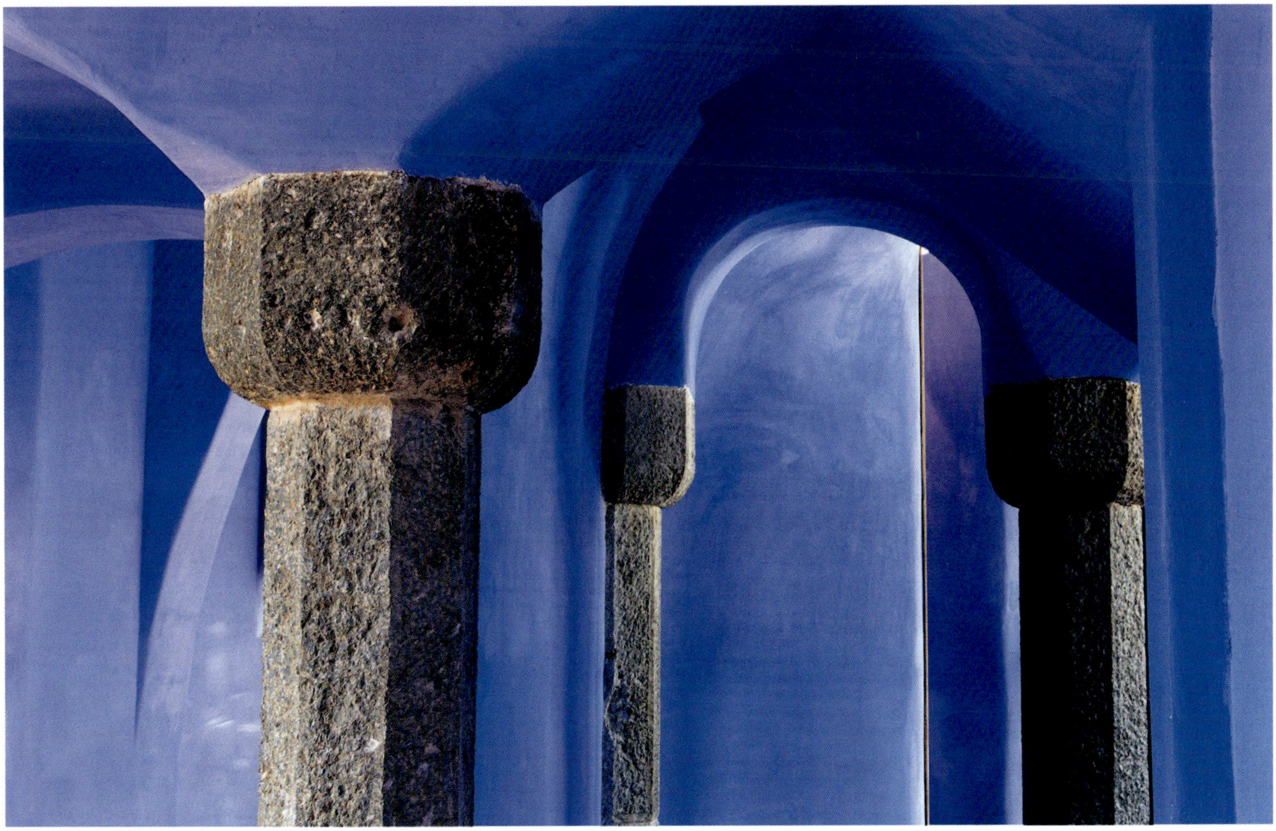

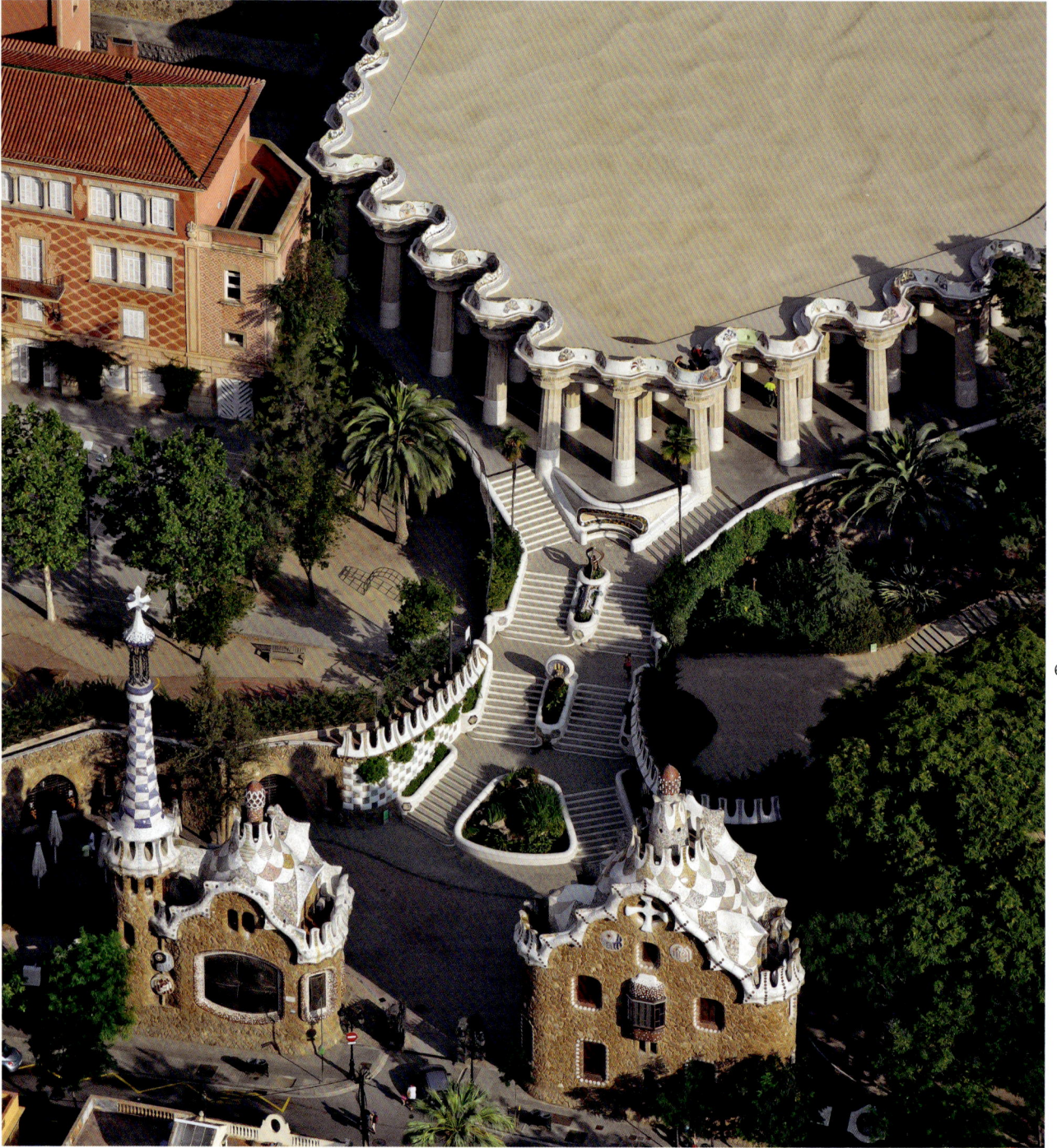

6 **Vista aérea de la plaza y la entrada**

7 **Dragón de la escalinata**

8 **Las rodelas representan soles y lunas**

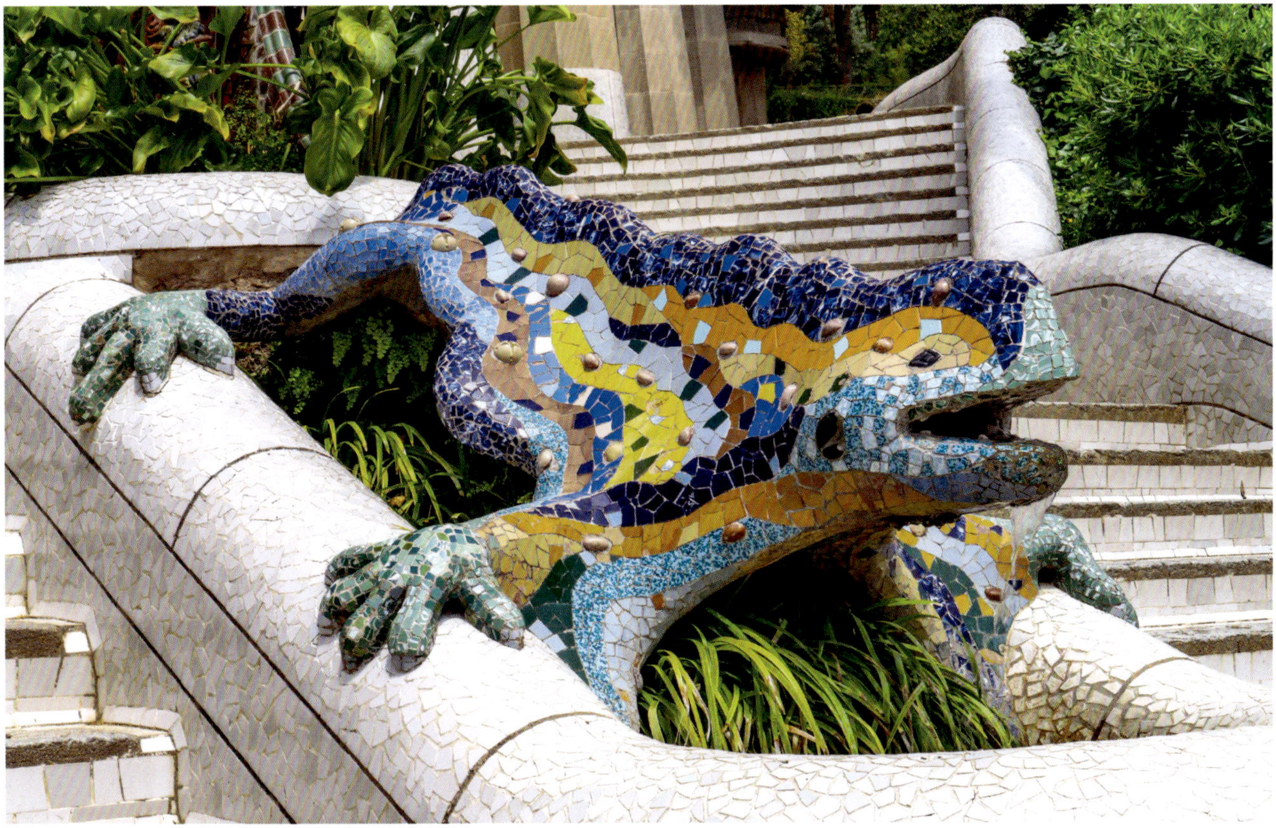

7

8

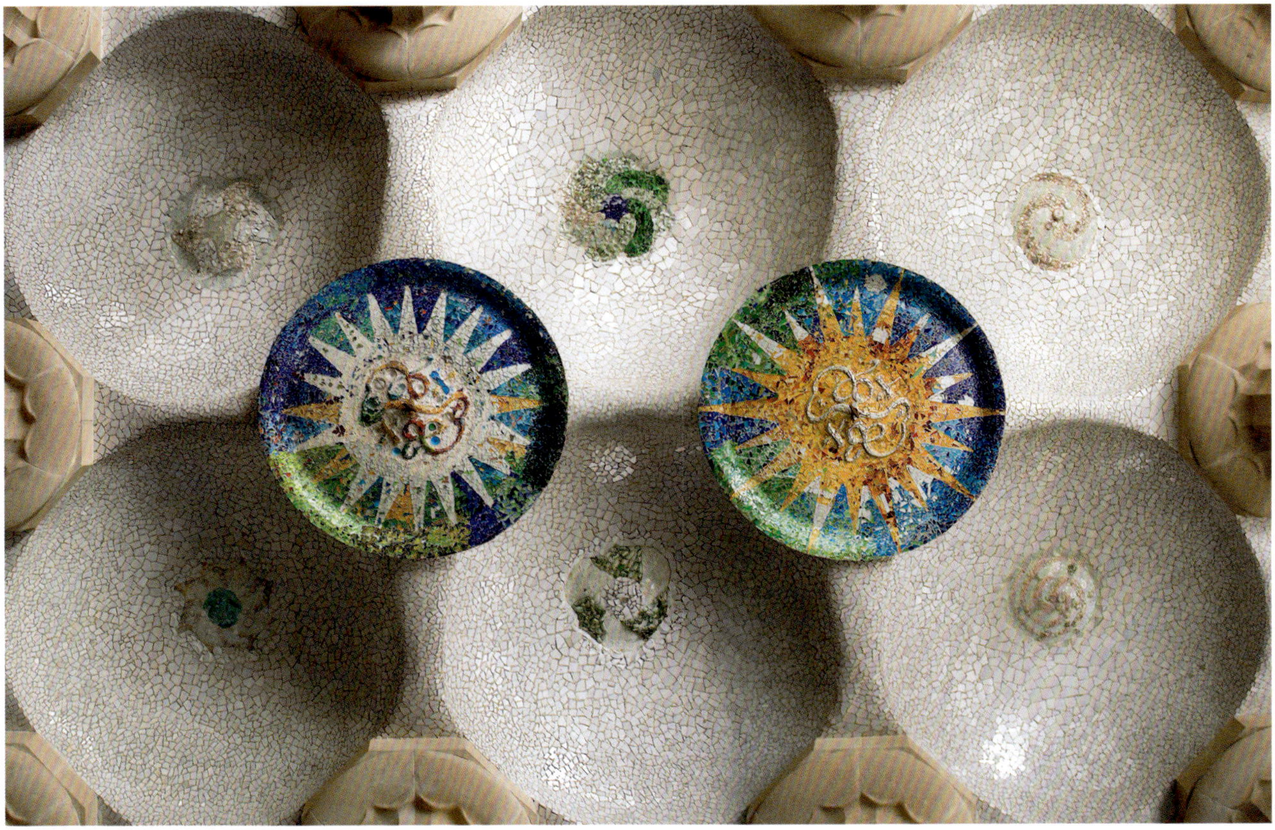

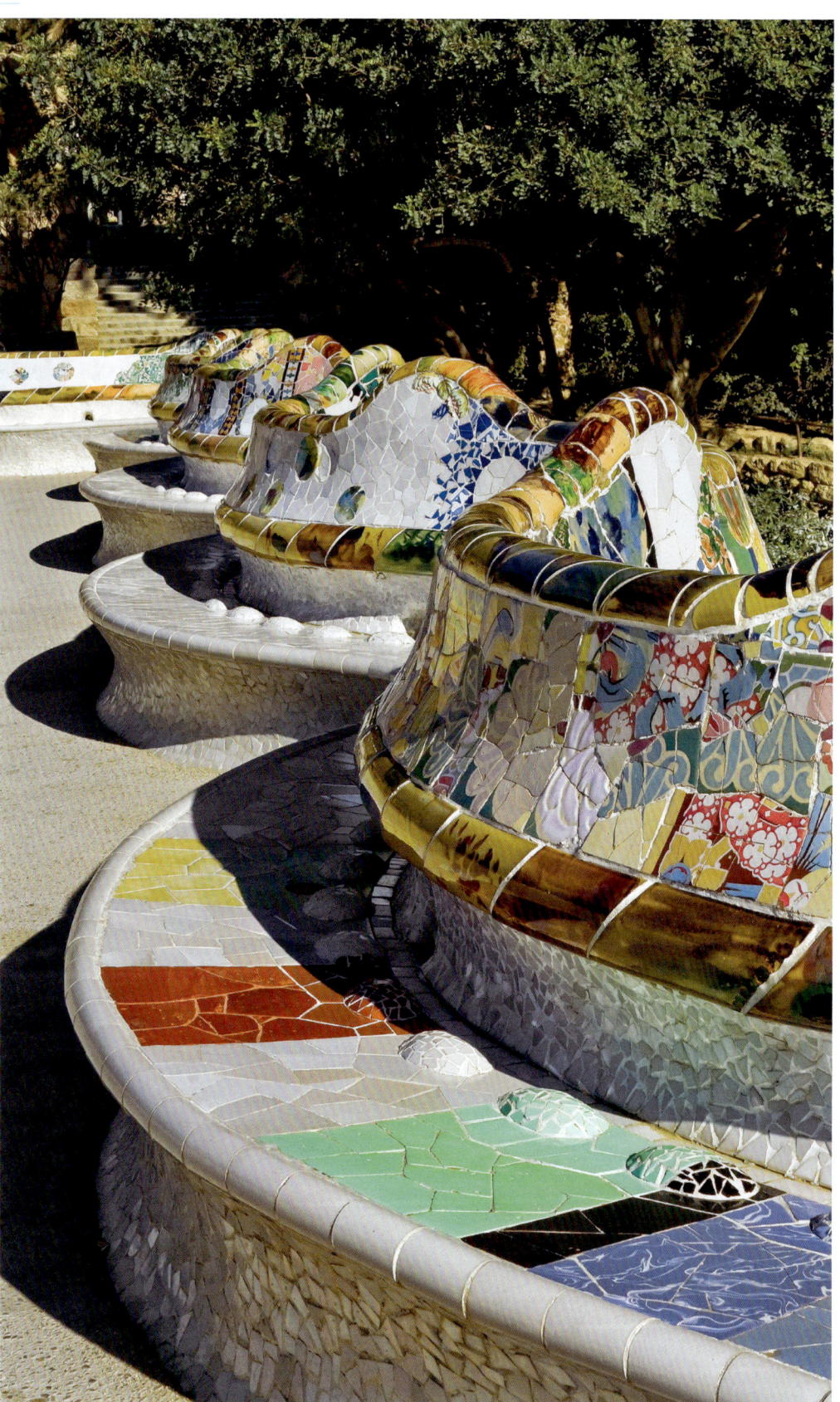

9 **Banco serpenteante de la plaza**

10 **Detalles gráficos del banco**

9

10

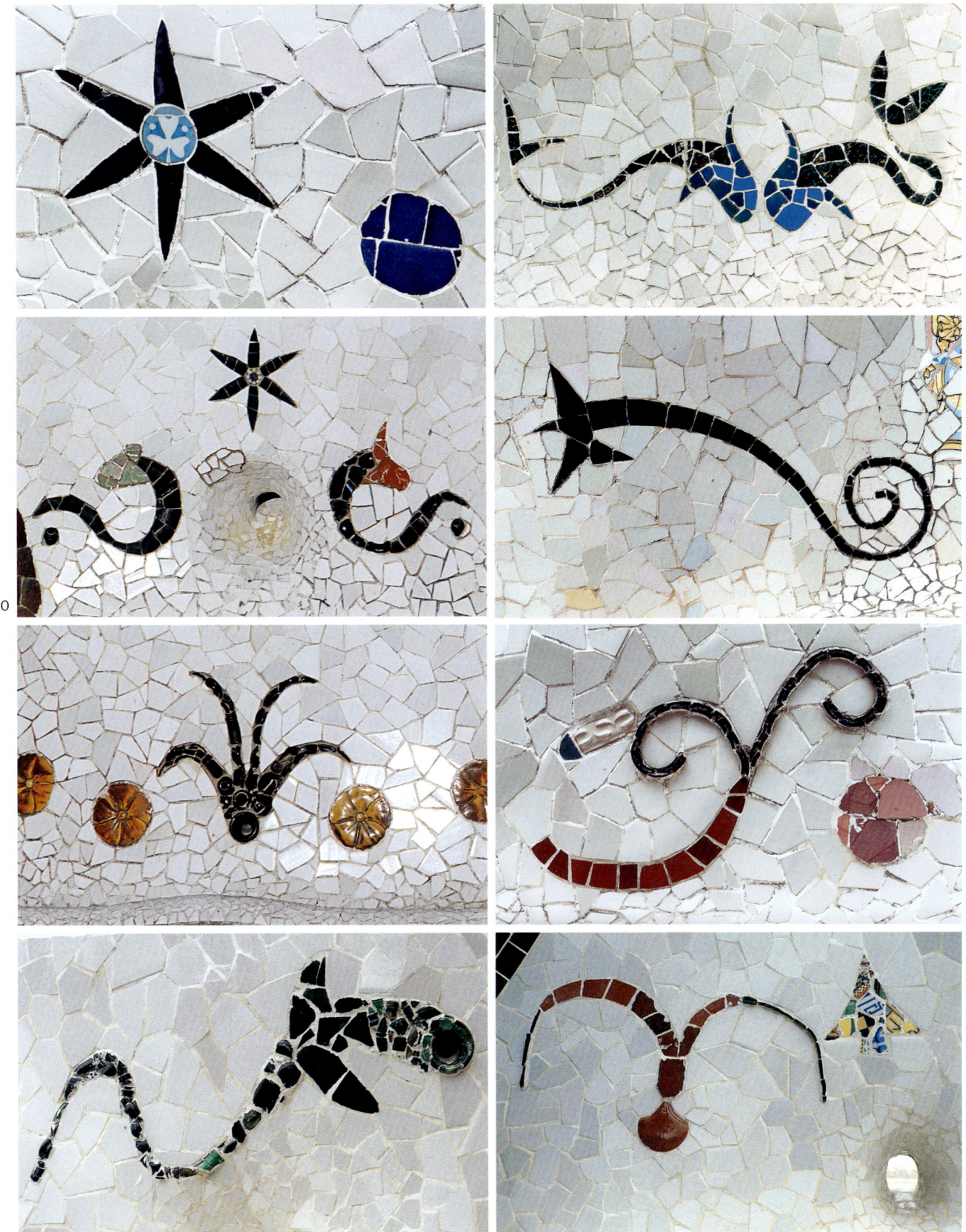

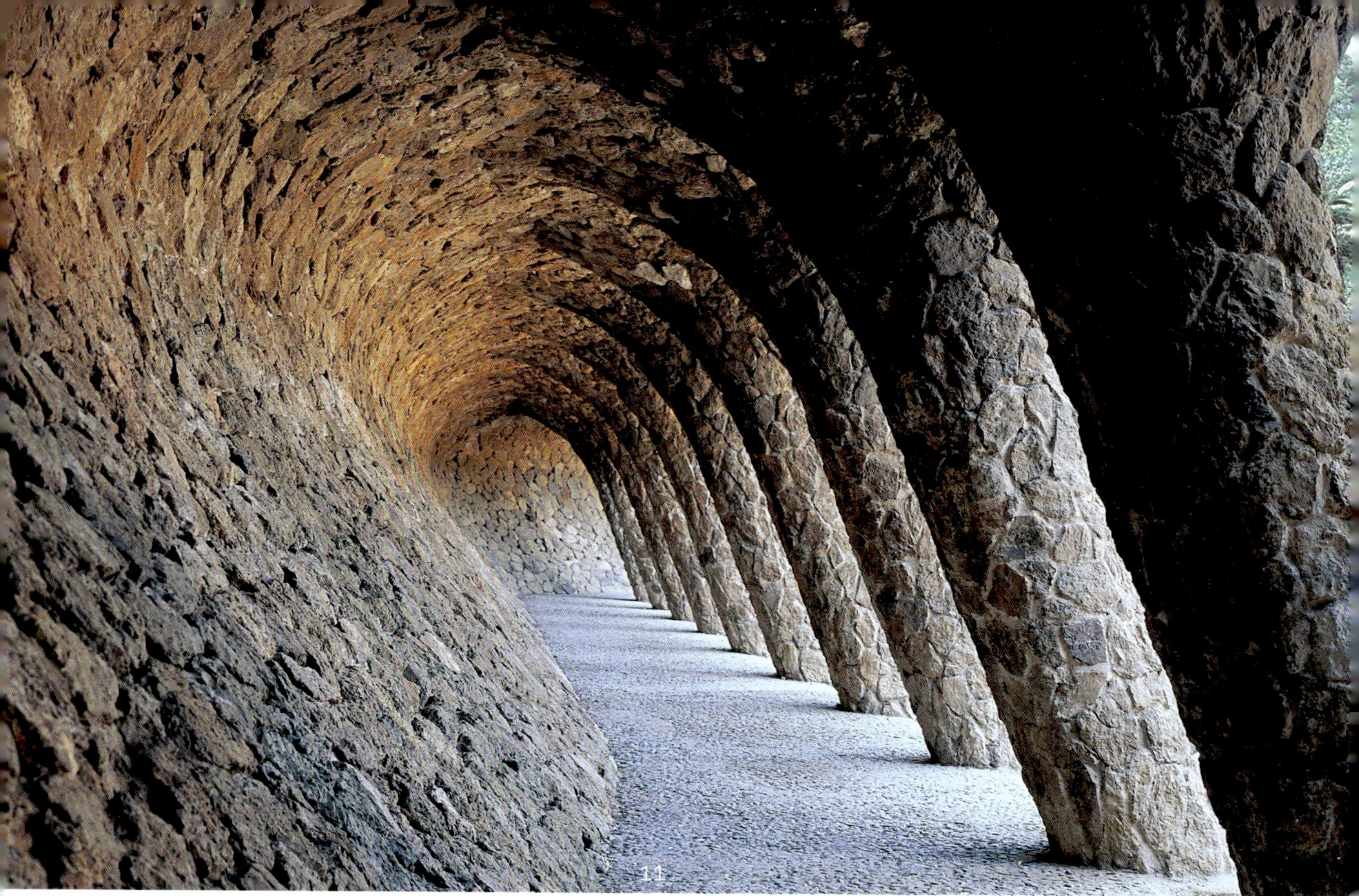

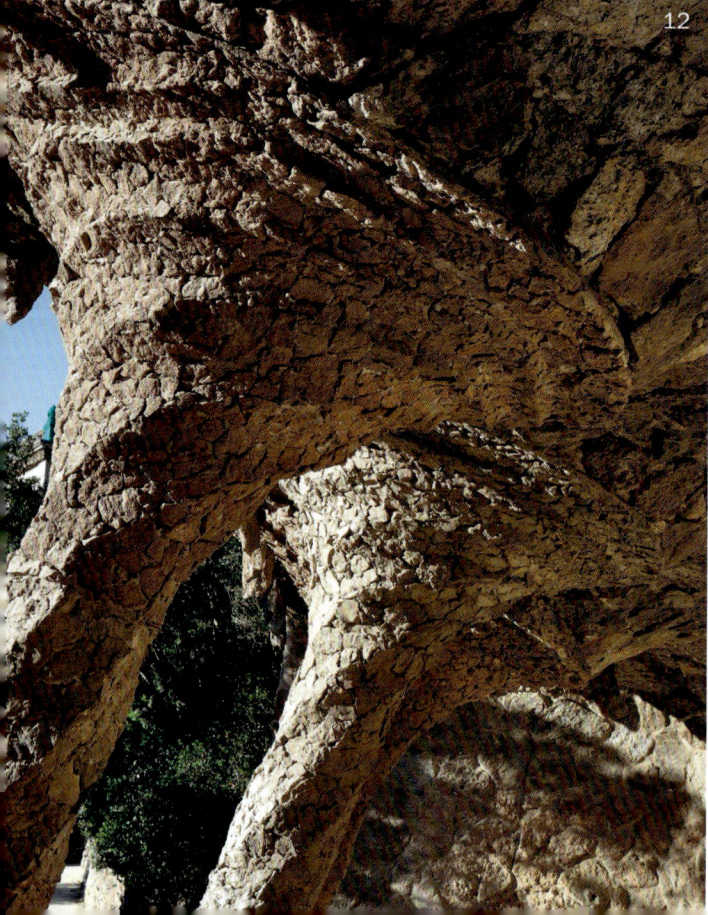

11

12

13

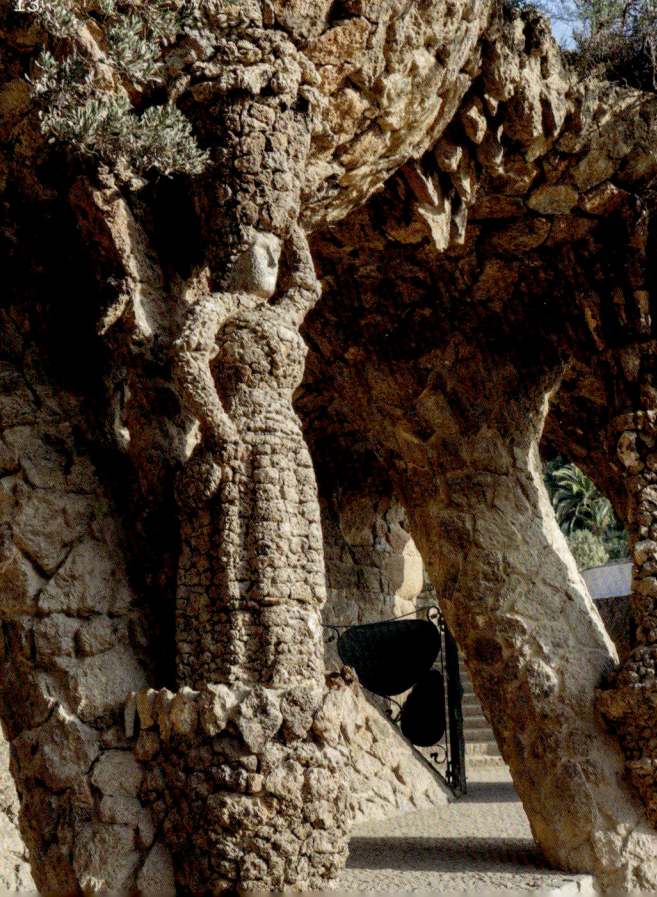

11 **Columnas inclinadas del pórtico de la Lavandera**

12 **Columnas helicoidales**

13 **Cariátide conocida como la Lavandera**

14 **Macetas con pitas**

15 **Calvario en la cima del parque**

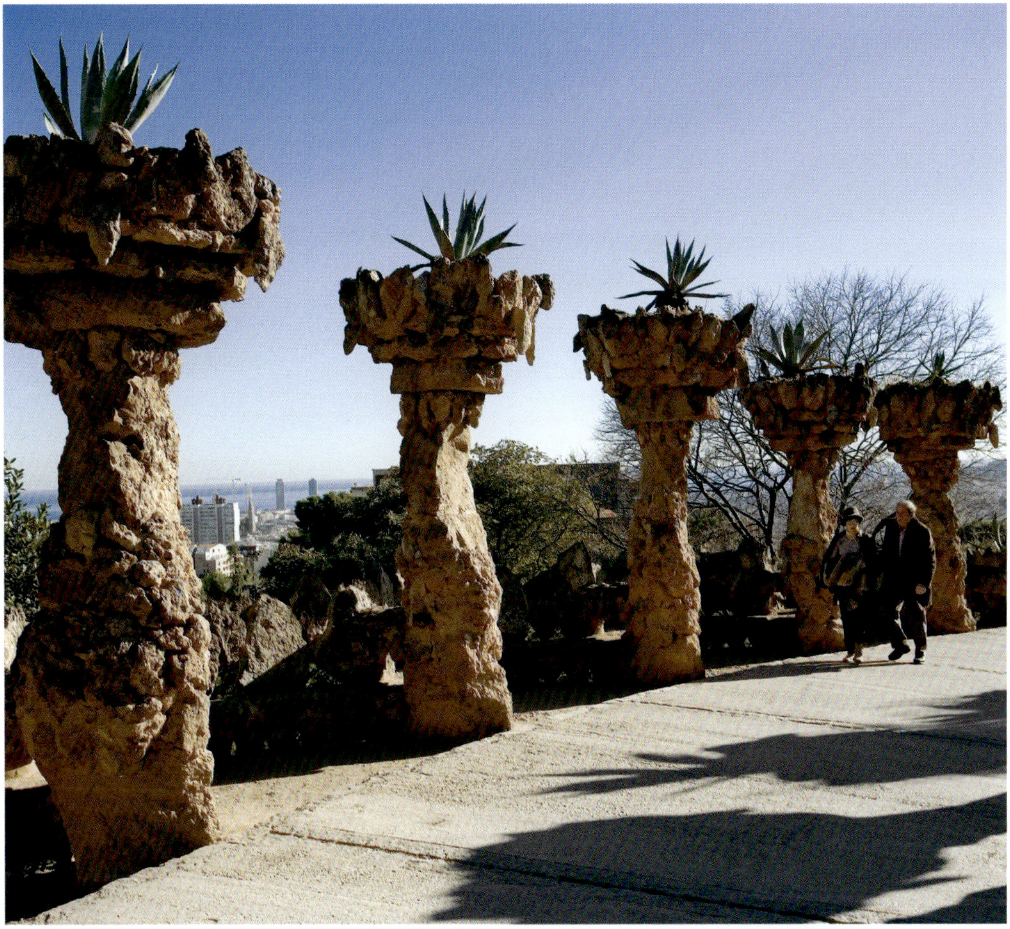

14

15

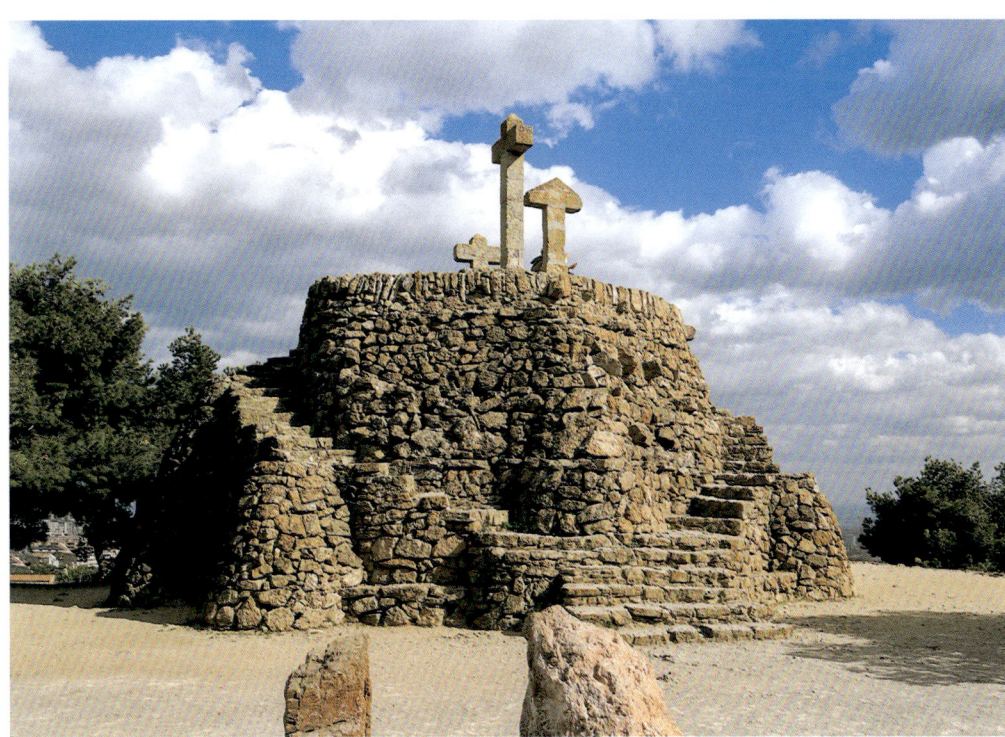

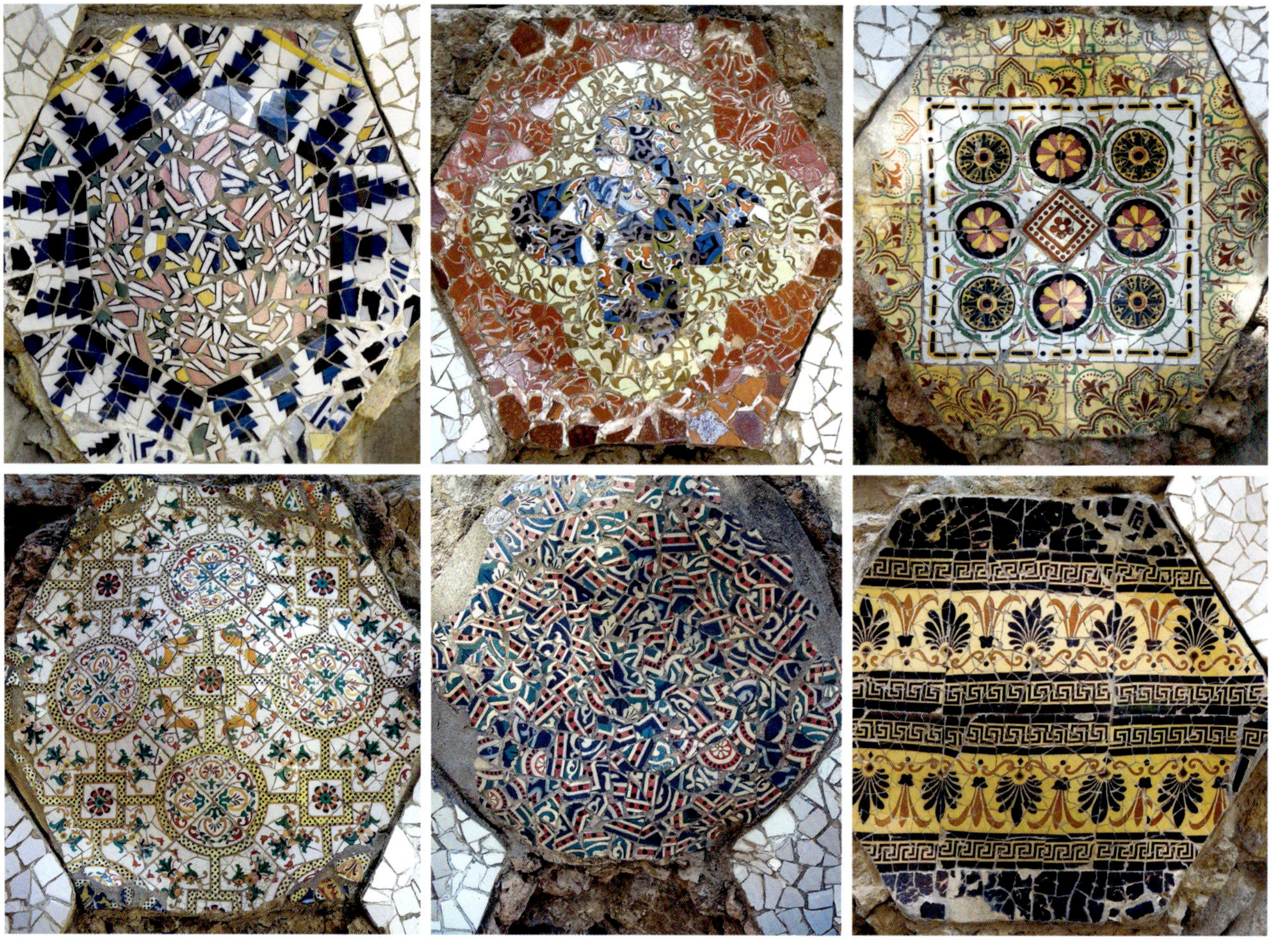

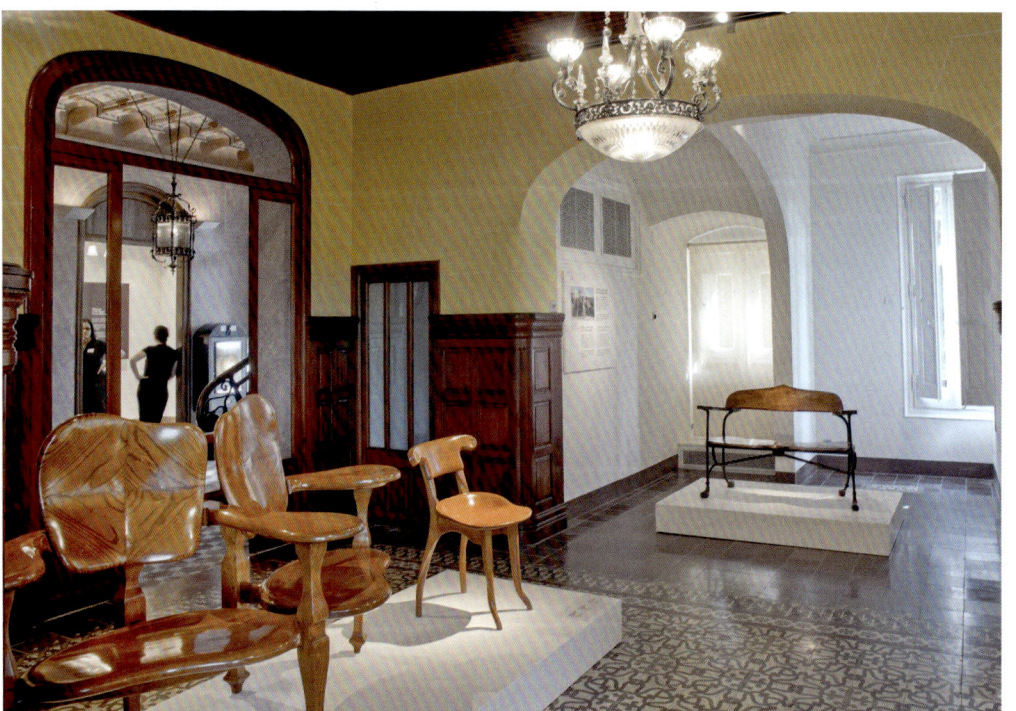

16 **Plafones originales de trencadís, en la Casa-Museo Gaudí**

17 **Sala de la Casa-Museo Gaudí con los famosos bancos y sillas de la Casa Batlló**

18 **Casa-Museo Gaudí**

16

17

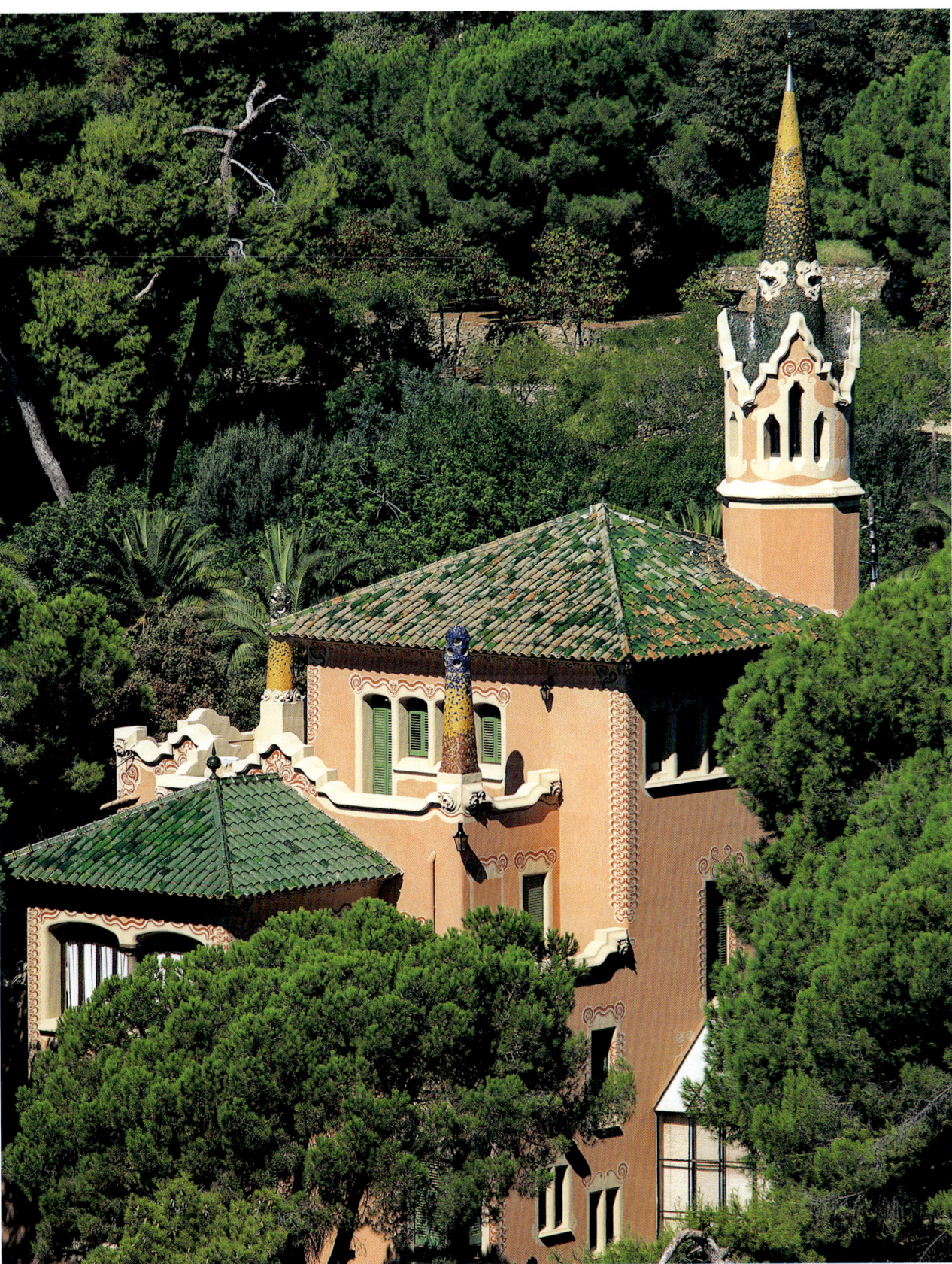

18

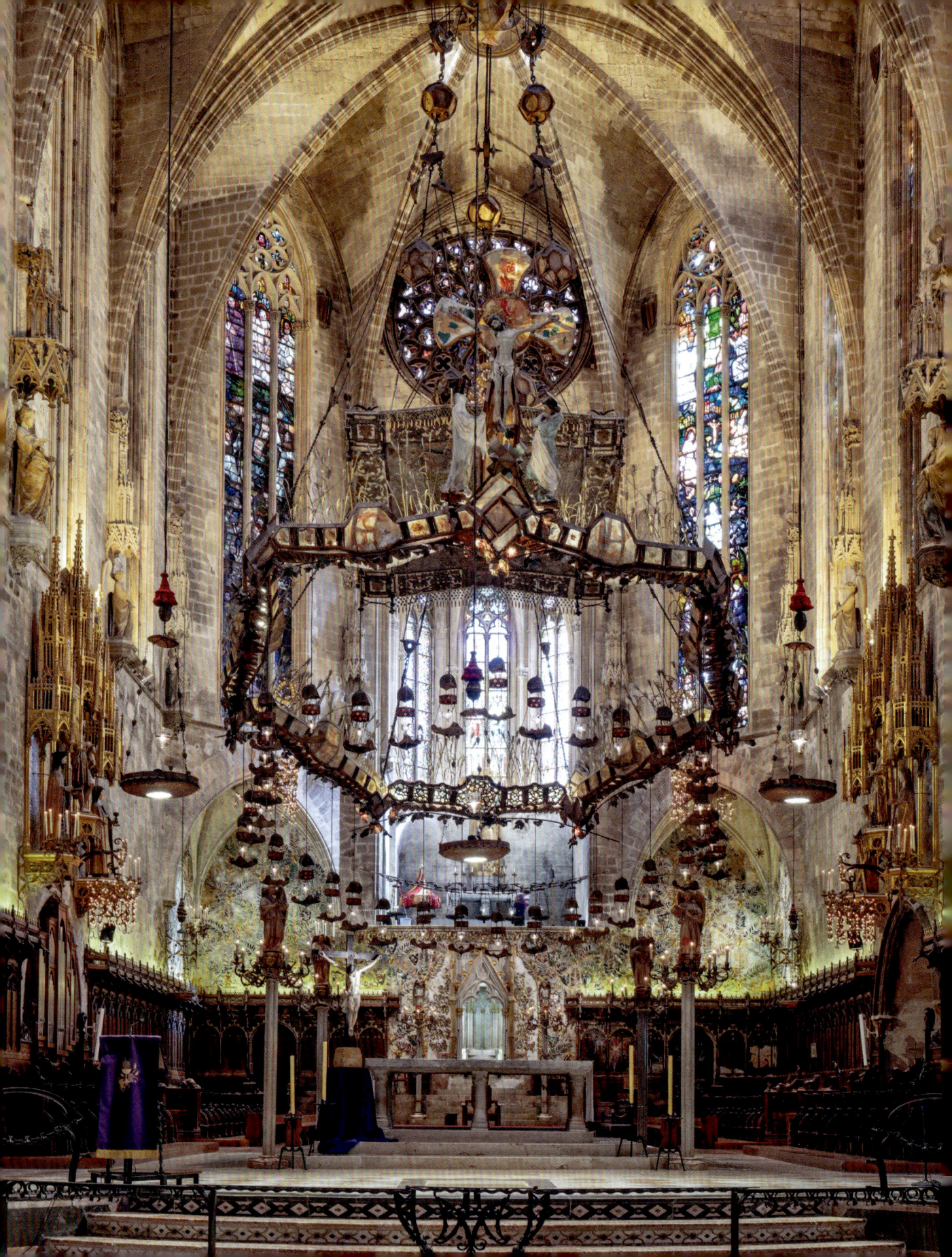

Catedral Palma

Se tiene por cronología exacta para la restauración de la Catedral de Mallorca los años 1904-1914. El entonces obispo de Mallorca, don Pere Campins Barceló (1859-1915), concibió la idea de restaurar su catedral y a su paso por Barcelona, el día 18 de agosto de 1901, visitó las obras del Templo de la Sagrada Familia y tuvo un extenso cambio de opiniones con Antoni Gaudí.

Gaudí preparó su proyecto que consistía, en líneas generales, en desmontar el retablo barroco del altar mayor, junto con los restos del gótico unido a su parte posterior, dejando vista la cátedra episcopal obra del obispo Berenguer de Balle que la inauguró el 1 de octubre de 1346, desplazar el coro del centro de la nave y situarlo en el presbiterio, dejar expedita la capilla de la Trinidad, colocar nuevas cantorías y púlpitos, decorar adecuadamente la catedral con iluminación eléctrica, descegar los ventanales góticos de la Capilla Real y dotarlos de vidrieras, situar un gran baldaquino sobre el altar mayor y completar la decoración con pinturas, cortinajes, etc. También se tenía prevista la instalación de las tumbas de los reyes de Mallorca Jaime II y Jaime III en la capilla de la Trinidad.

El 31 de octubre de 1903 Gaudí fue a Palma en compañía del arquitecto Joan Rubió Bellver (1870-1952), su principal colaborador en esta obra, varias muestras de los cristales para las vidrieras y el proyecto completo de la restauración.

La descripción cronológica de las obras va desde el 19 de junio de 1904, fecha de llegada de Rubió a Palma para comenzar los trabajos, hasta el día de la Inmaculada, 8 de diciembre, de 1914 en que se inauguró la primera fase de las obras.

Se había desplazado el coro, se retiró el altar barroco instalándolo en una iglesia del barrio de Santa Catarina, se colocó el retablo gótico encima de la puerta del Mirador y se revalorizó la cátedra episcopal rodeándola de frases del ritual de obispos, hechas con hierros dorados, además de colocar el airoso baldaquino, las cantorías y los púlpitos, aún no del todo terminados.

A Joan Rubió se unió como colaborador de Gaudí el pintor Jaume Llongueras en esta primera fase, que es la mejor documentada y conocida. A partir de 1905 fue decreciendo el entusiasmo restaurador del Cabildo, hasta que en la primavera de 1914 Gaudí abandonó la obra, que ha quedado inconclusa. Baste decir que el baldaquino es provisional y allí ha quedado esperando que se haga en hierro lo que ahora sólo es de madera y cartón.

Entre 1905 y 1914 Gaudí intentó la continuación de los trabajos y para ello consiguió la colaboración de tan importantes artistas como el escultor igualadino Vicenç Vilarrubias Valls, el pintor uruguayo Joaquín Torres García (1875-1949), el pintor Ivo Pascual Rodés (1883-1949), el ya mencionado Jaume Llongueras Badía y finalmente el personalísimo Josep Maria Jujol Gibert (1879-1949) arquitecto, pintor y cromatista insigne. Torres, Pascual y Llongueras entre 1907 y 1908 compusieron las vidrieras de Palma en el taller de la Sagrada Familia de Barcelona. Jujol pintó la sillería del coro a base de manchas y dorados con inscripciones casi ilegibles, de una fuerza que impresiona. El efecto es maravilloso, pero no convenció al cabildo que se espantó ante aquel desbordamiento del color y la forma acentuada por el dorado.

Los buenos canónigos de Mallorca se asustaron un tanto, temiendo que si dejaban actuar a Gaudí y Jujol con entera libertad, acabarían por policromar toda la catedral.

Gaudí no sólo se ocupó de la arquitectura y la decoración, sino también del moblaje y objetos litúrgicos. Diseñó el altar mayor aprovechando unos ángeles góticos. Hizo la barandilla del presbiterio y la escalera plegable de acceso al mismo. Proyectó el Conopeo, el Tintinábulo y otros objetos, muchos de los cuales se guardan en el Museo Diocesano.

1 **Baldaquino**

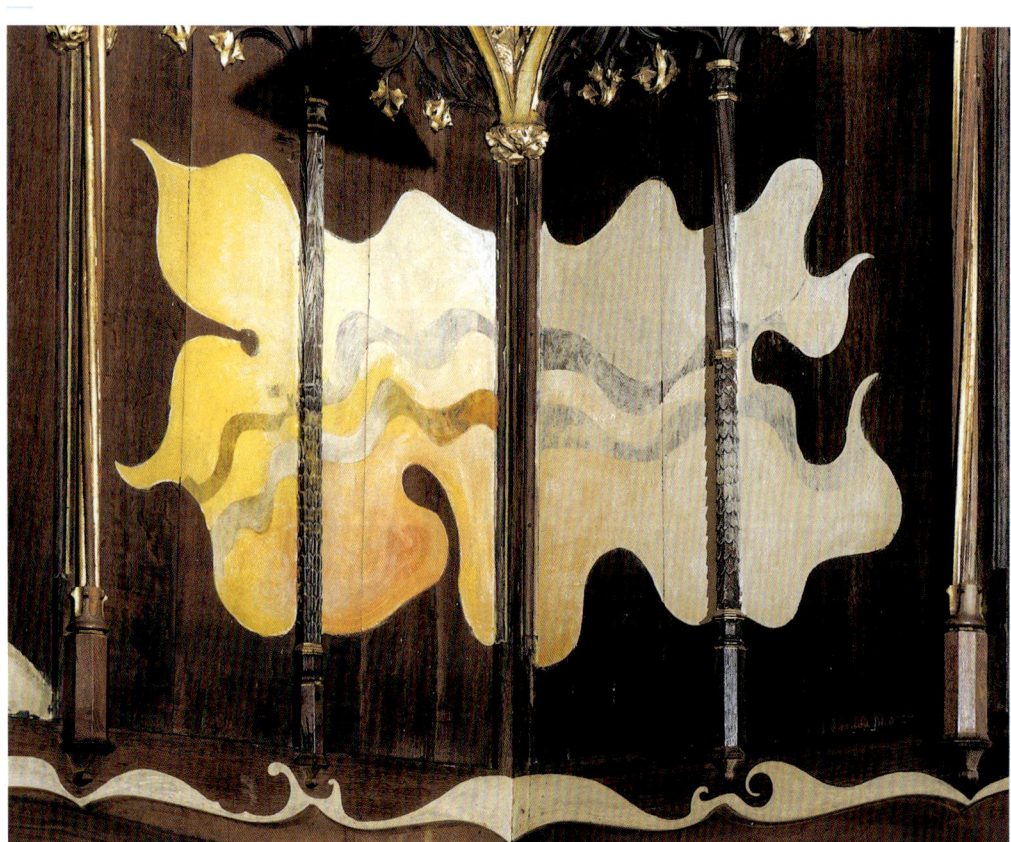

2

2 **Formas características del estilo de Jujol**

3 **Escalera plegable para la exposición del Santísimo Sacramento**

4 y 7 **Inscripciones de hierro forjado y dorado**

5 **Pintura gestual en la sillería del coro**

6 **Escudo episcopal**

3

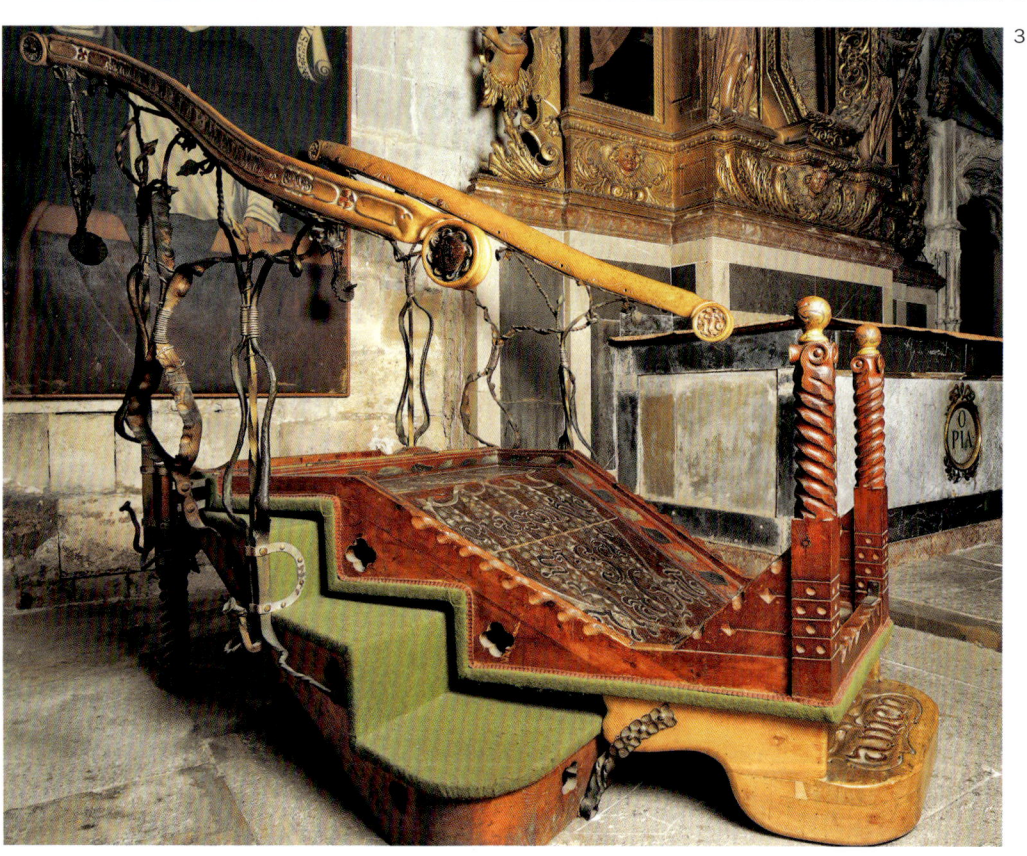

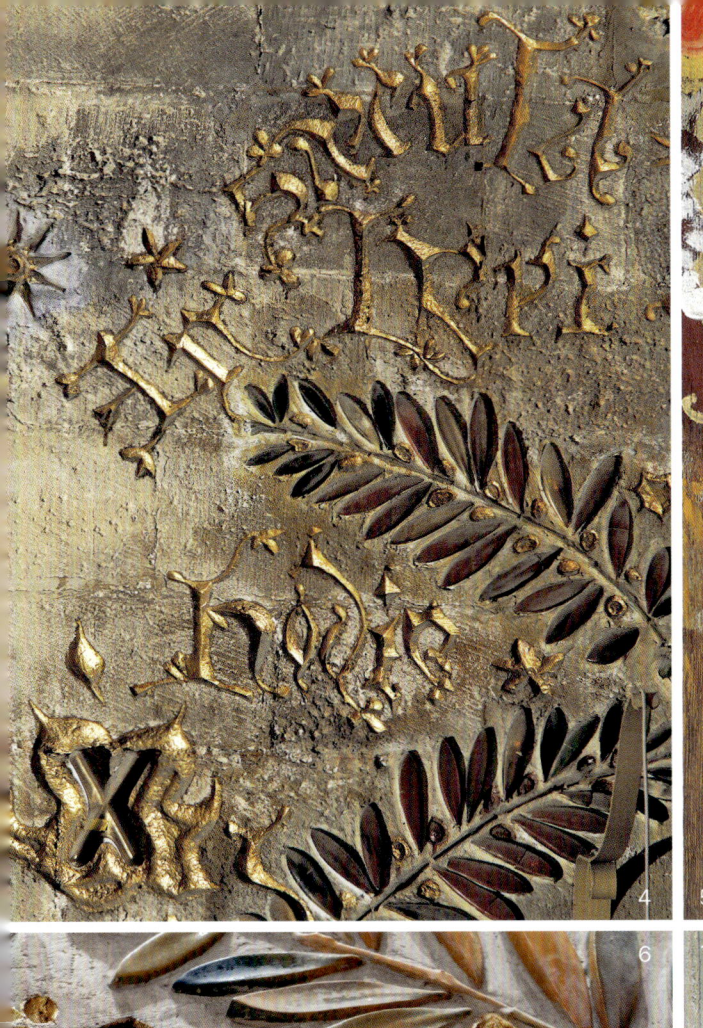

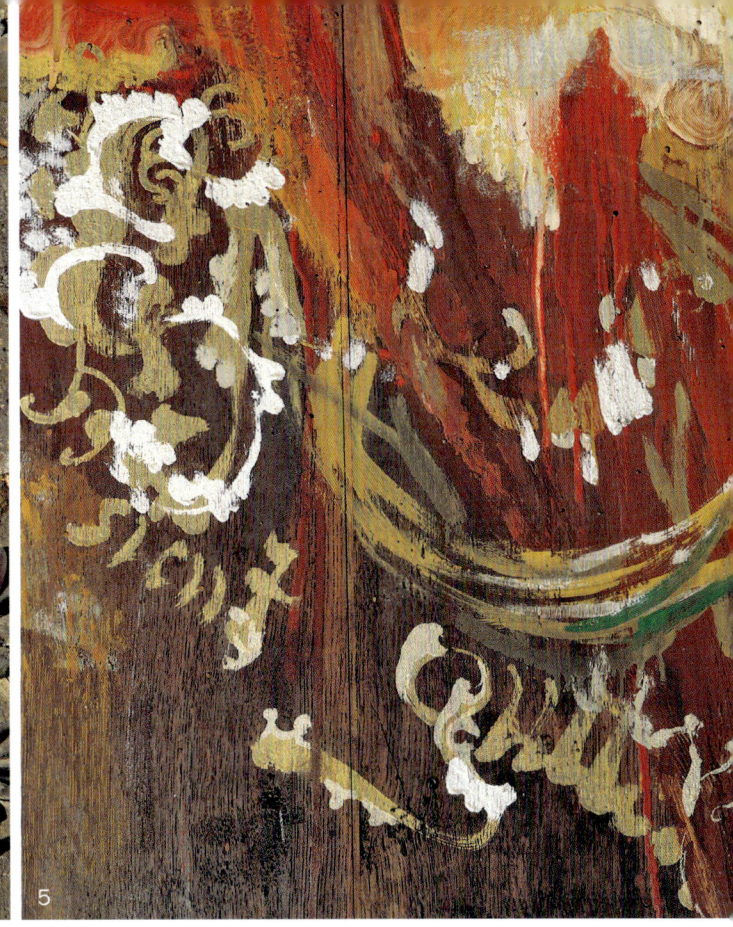

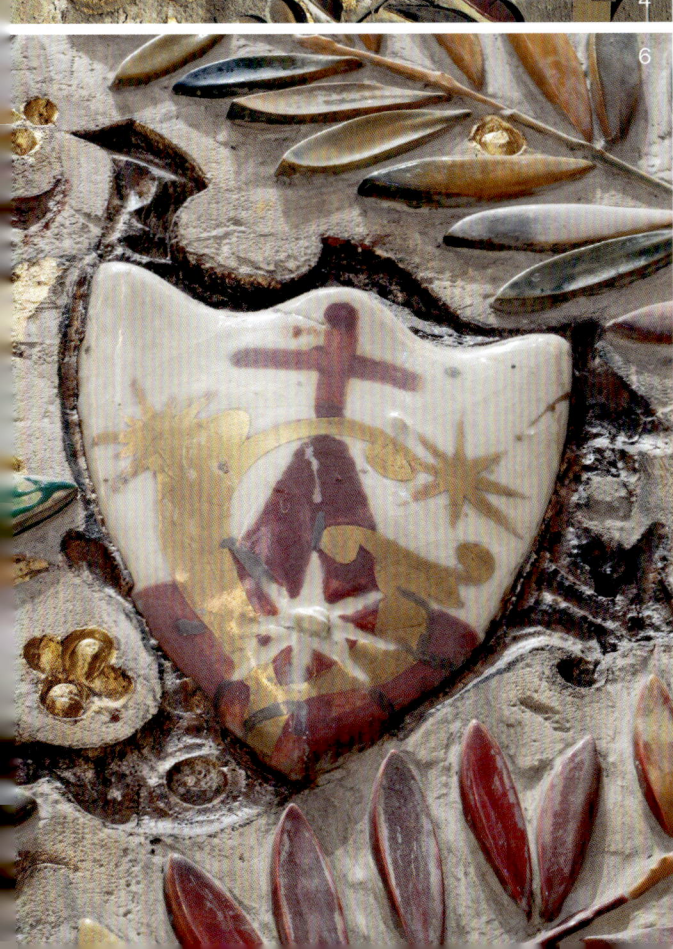

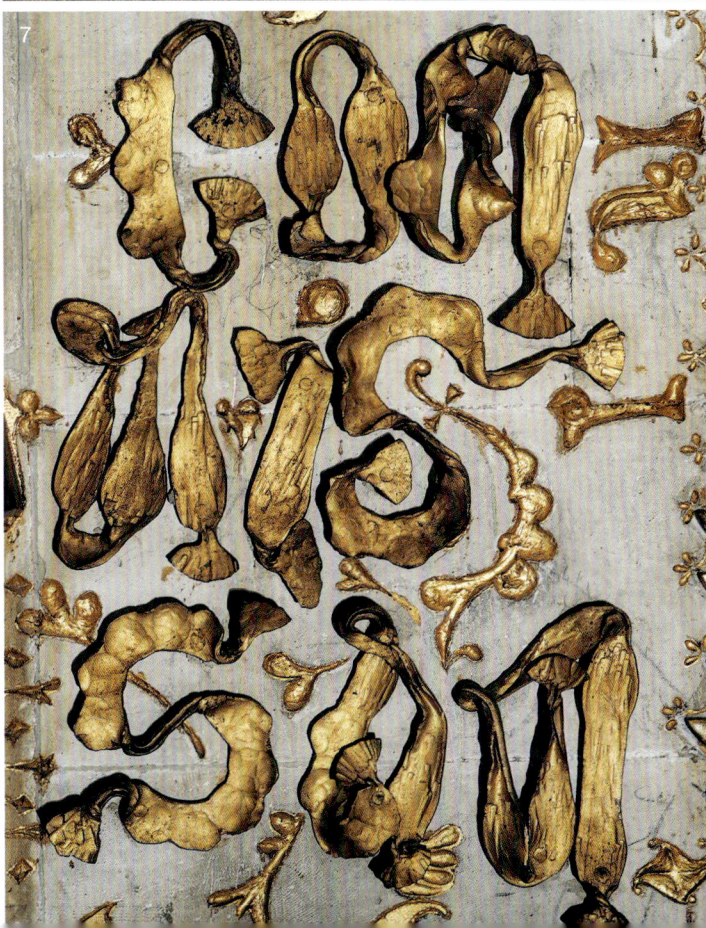

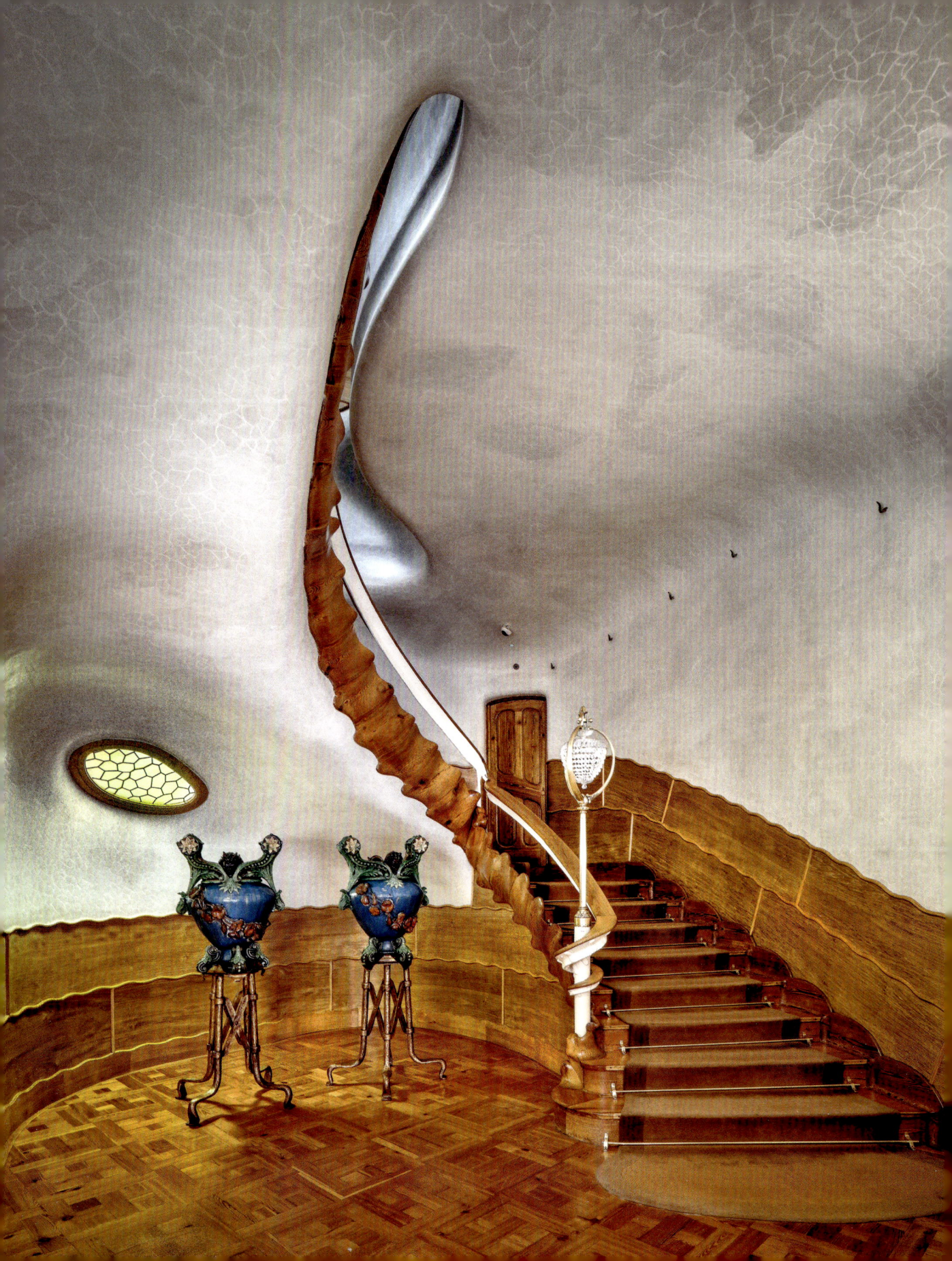

Casa Batlló Barcelona

Una simple reforma de fachada, distribución de tabiquería y ampliación del patio de luces de un edificio construido en 1875, dio ocasión a Gaudí para realizar una de sus más poéticas e inspiradas composiciones artísticas. Una piedra lanzada a un estanque lleno de nenúfares florecidos produciría el mismo efecto que la fachada principal de la Casa Batlló, de ondulada superficie recubierta de círculos policromos de cerámica vidriada y fragmentos de cristales rotos de distintos colores, cuya exacta colocación dirigió Gaudí personalmente desde la calle.

El doble desván que culmina la fachada tiene a la vez carácter animalístico y legendario, habiendo proporcionado a la imaginación de las gentes las más descabelladas interpretaciones sobre un supuesto dragón en lucha contra San Jorge, aunque al santo no se le ve por ninguna parte, en tanto que en una torrecita cilíndrica que esconde una escalera de caracol, aparecen bien claros los anagramas de Jesús, María y José, en cerámica vidriada de color marfileño, con la especial caligrafía gaudiniana, dispuestos helicoidalmente debajo de una cruz de cuatro brazos de cerámica mallorquina. Símbolo por tanto de la Sagrada Familia y no de San Jorge.

La fachada del piso principal, que fue la vivienda de la familia Batlló, es de piedra arenisca labrada con movidas formas, sostenidas por delgadas columnas de motivos vegetales y cuenta además con la elegante carpintería de los ventanales y las vidrieras emplomadas de vivos colores, dispuestas de forma alabeada. La alegría que trasciende este proyecto tiene también clara expresión en la brillante y polícroma fachada posterior adornada con múltiples flores de cerámica troceada, que le confieren un aire ingenuo y alegre lo mismo que en las chimeneas de la azotea y en la armonía cromática del patio de luces, revestido de azulejos de tonos distintos más oscuros cuanto más arriba están. Si de alguna manera hubiera que definir la Casa Batlló, sería diciendo que se trata de una sonrisa arquitectónica, de una explosión de placer

compositivo de quien se halla en pleno dominio de su propio y personal estilo, que le permite desligarse de esquemas preexistentes.

Las obras realizadas entre 1904 y 1906 consistieron en ensanchar el patio interior, cambiar totalmente la parte baja de la fachada principal, reformar el aspecto de las fachadas principal y posterior, coronar la principal con el doble desván de arcos catenáricos y tablero tabicado de ladrillo. El desván está recubierto en la parte del terrado con azulejo polícromo trocea-

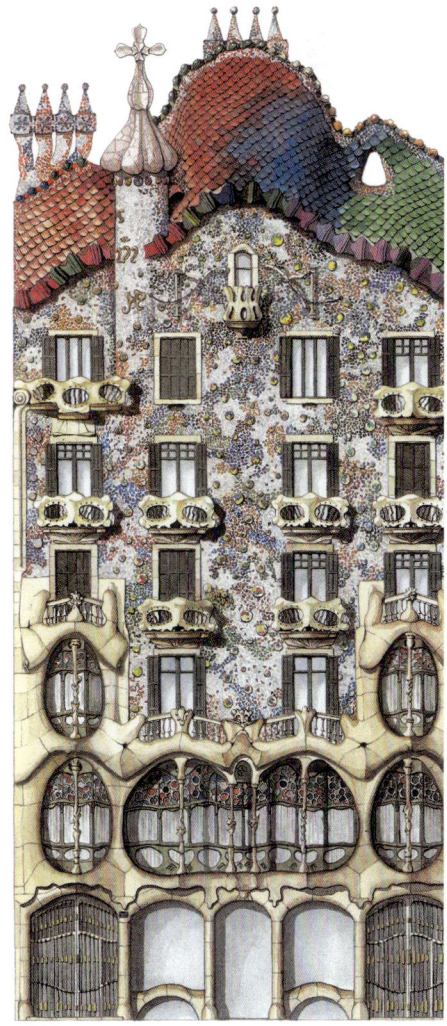

1 Escalera privada con forma de espinazo de un vertebrado

Passeig de Gràcia, 43

do y en la parte de la calle con tejas de escama de pez de cambiantes colores, coronadas por una especie de espinazo de piezas casi esféricas y otras de forma de media caña de distintos colores que, de una punta a la otra de la cumbrera, presenta tonos amarillos, verdes y azules. Para las barandillas de los balcones de hierro colado, se hizo un modelo a tamaño natural de yeso en los talleres de la Sagrada Familia, que pasó luego al fundidor. Este antepecho repetido siete veces, más otro de mayor tamaño en la terracita del cuarto piso, se fijan en el muro mediante tan solo dos anclajes, estando toda la barandilla en voladizo sin apoyar en la losa del balcón, que es de piedra arenisca esculturada. En las terrazas hay balaustres de mármol blanco de Carrara, de forma también helicoidal. Las columnas de piedra de Montjuïc de la planta baja, las del piso principal y las de las dos tribunas del piso primero, fueron objeto de estudio sobre maquetas de yeso para perfilar las esbeltas formas óseas decoradas con elementos vegetales. El resultado fue de cinco huecos que semejan bocas, que determinó el calificativo popular de «Casa de los bostezos» al edificio.

El patio se cubre con una claraboya a dos vertientes sostenida con arcos parabólicos de hierro laminado. Esta última planta fue inicialmente para servicios y lavaderos pero, en 1983, se restauró el desván inferior convirtiéndolo en un pequeño museo. El resto de la planta es accesible desde 1998 al prolongar el ascensor situado en el patio y es visitable turísticamente, como antesala del recorrido por la azotea donde se pueden ver las policromas chimeneas.

En la restauración de 1991 el comedor recuperó su aspecto original, a falta de la mesa, sillas y bancos que fueron adquiridos por Amigos de Gaudí y están ahora en la Casa Museo Gaudí del Park Güell.

2

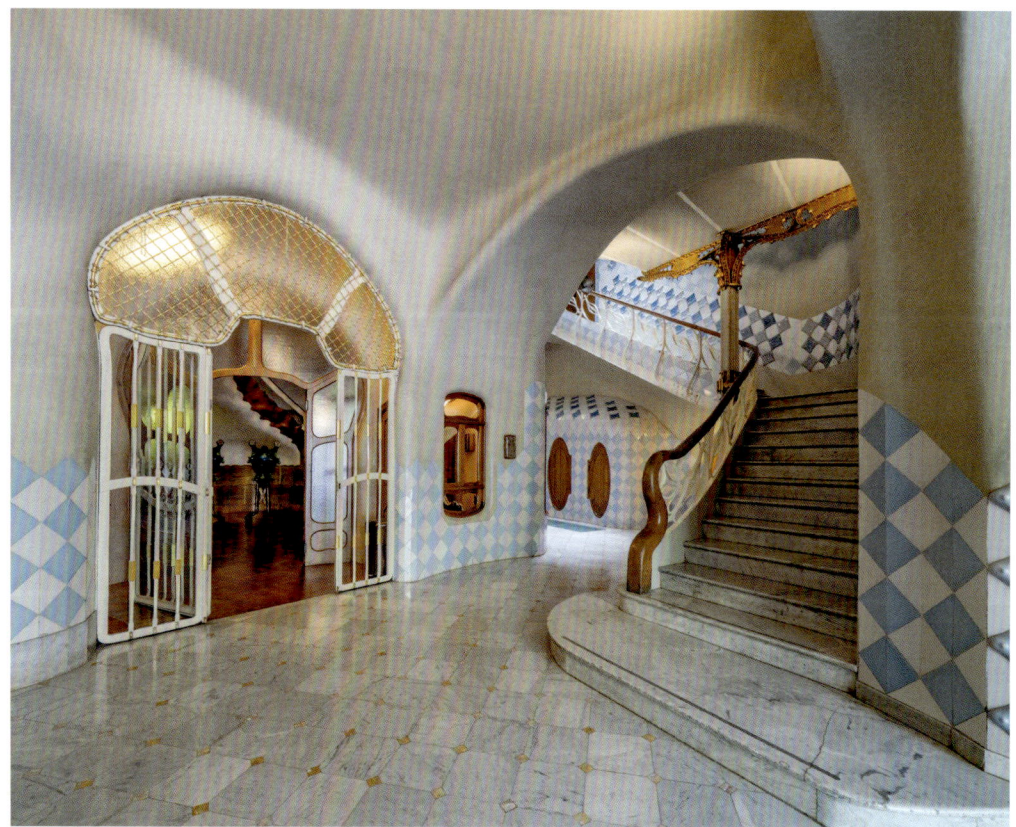

2 **Vestíbulo**

3 **Parte superior de la fachada**

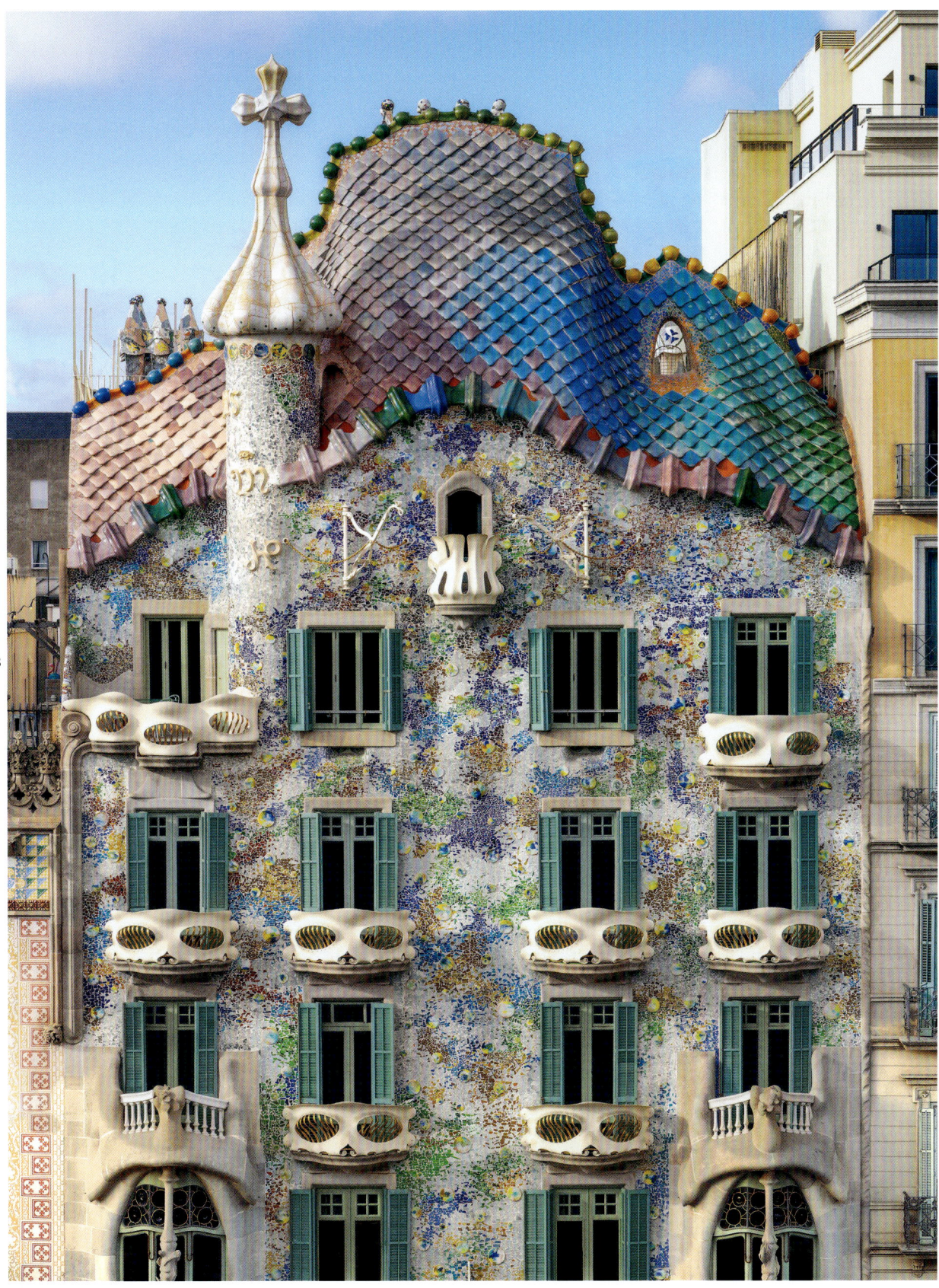

3

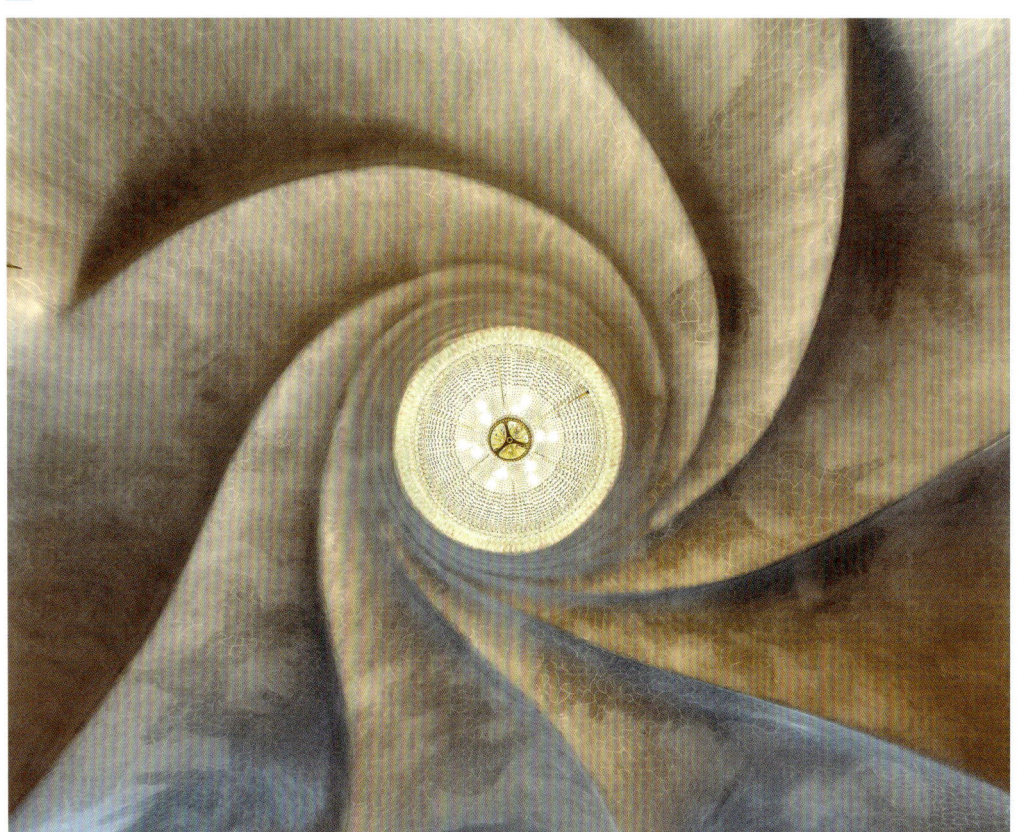

4 **Remolino del techo
en el salón principal**

5 **Chimenea
en la planta noble**

6 **Tribuna**

7 **Salón principal**

4

5

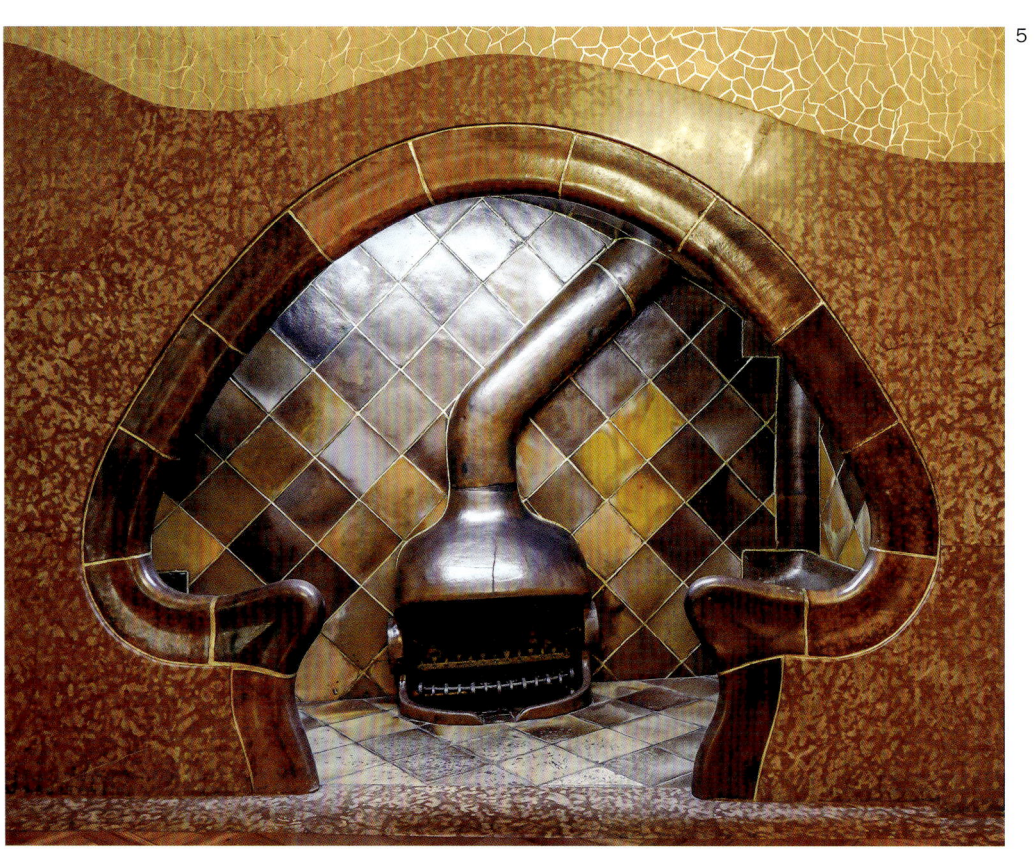

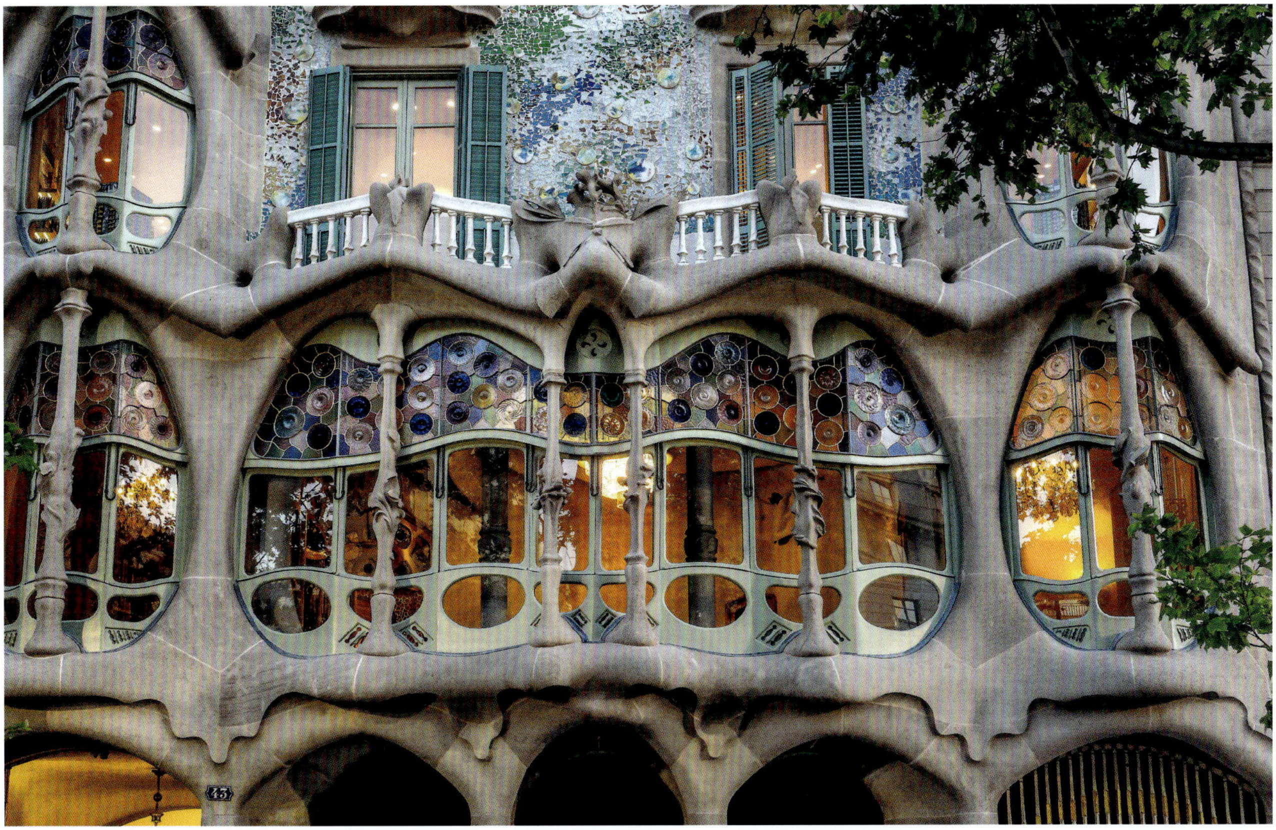

6

7

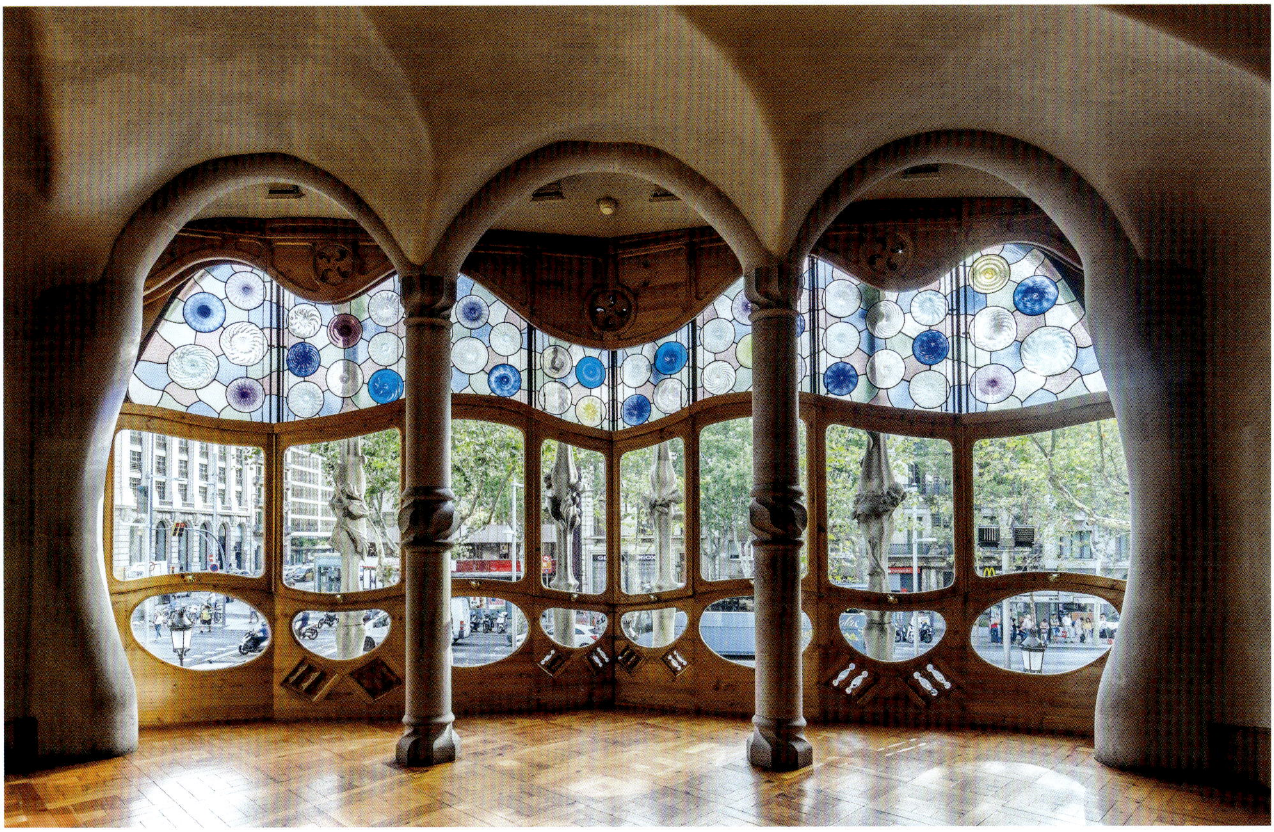

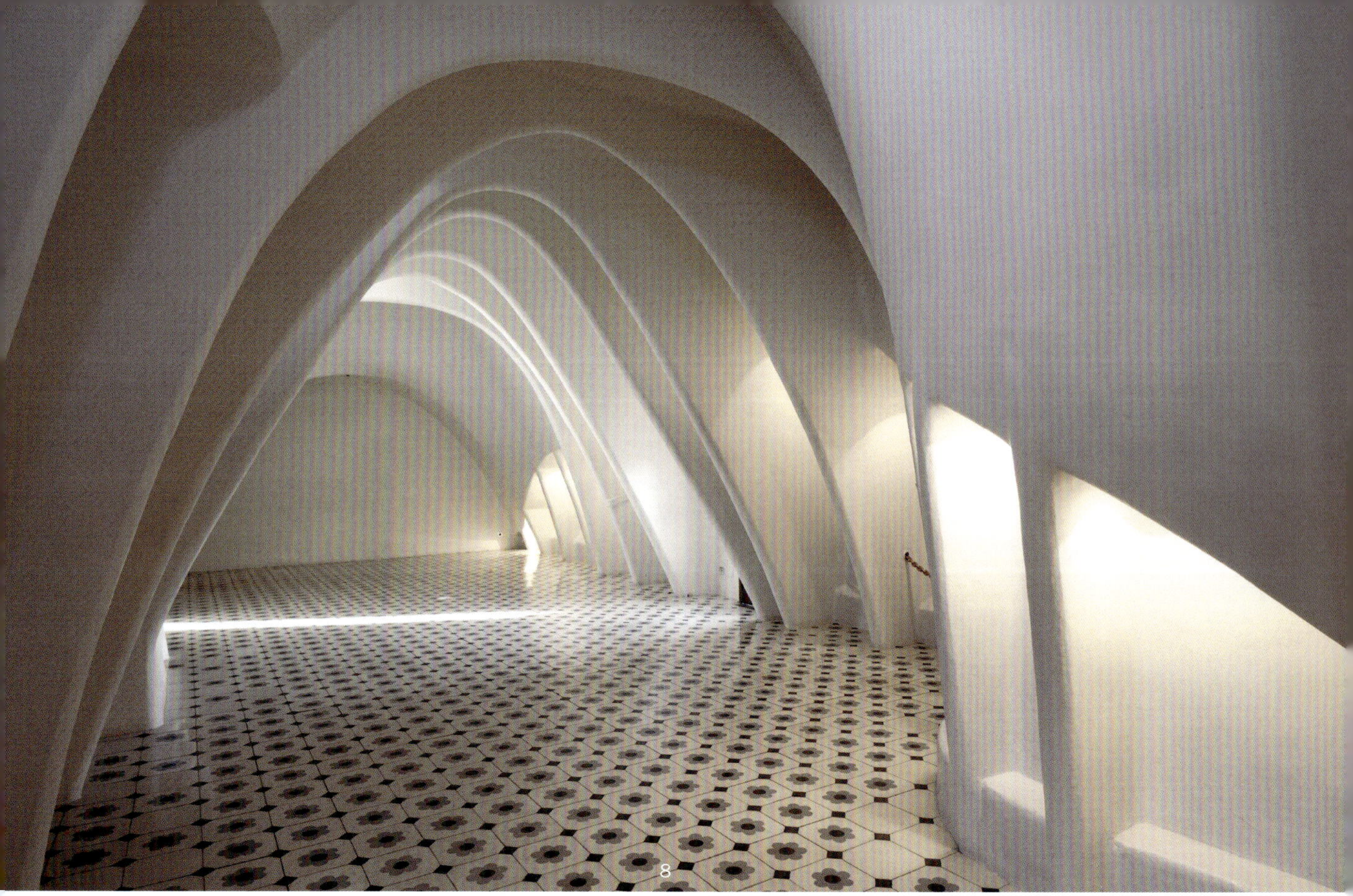

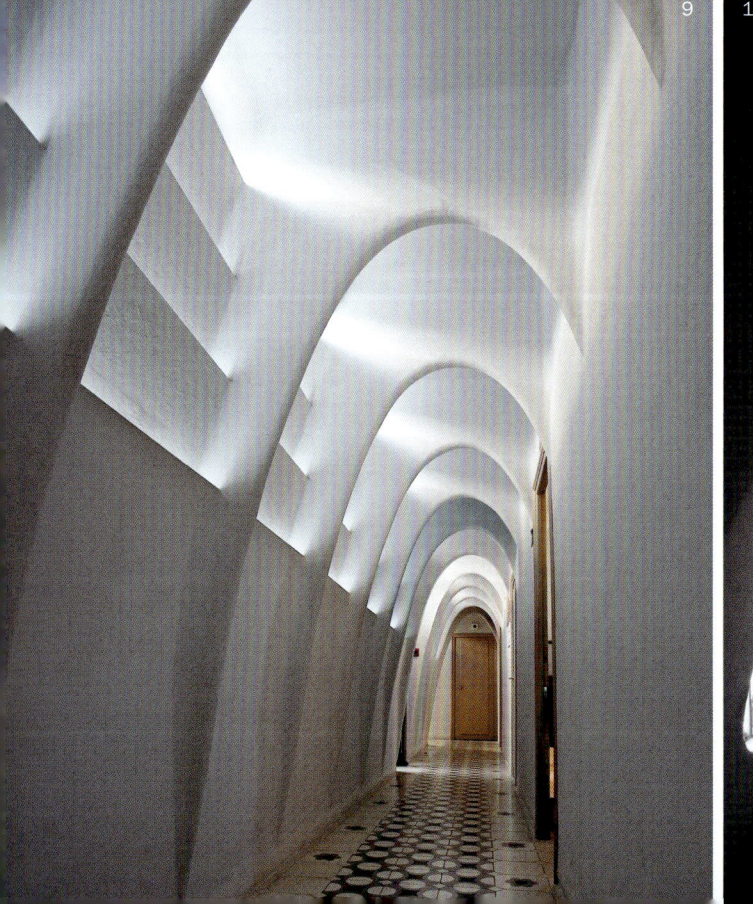

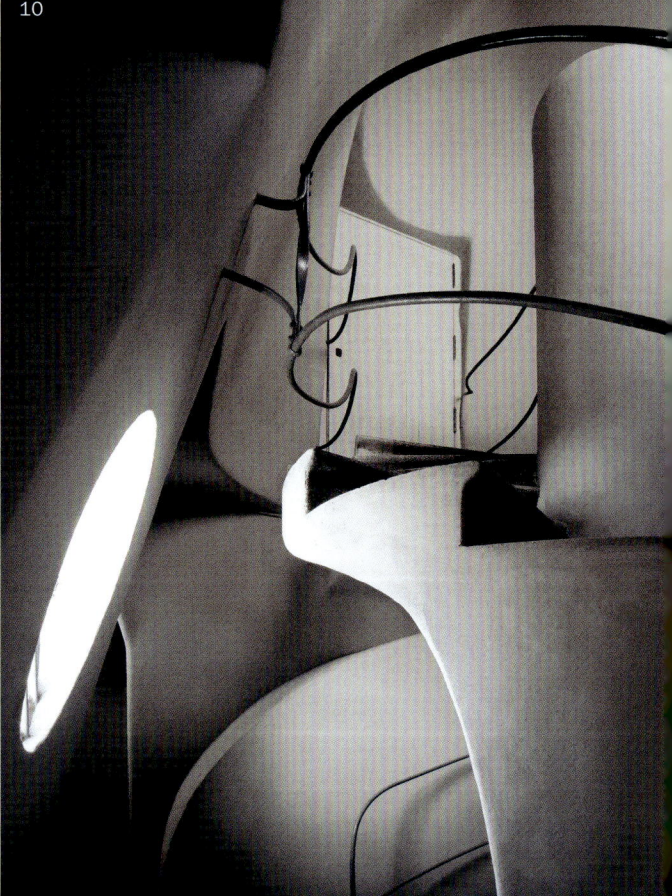

8 **Desván**

9 **Pasillo del desván**

10 **Escalera de acceso a la azotea**

11 **El azul de la parte superior
del patio de luces es más intenso**

11

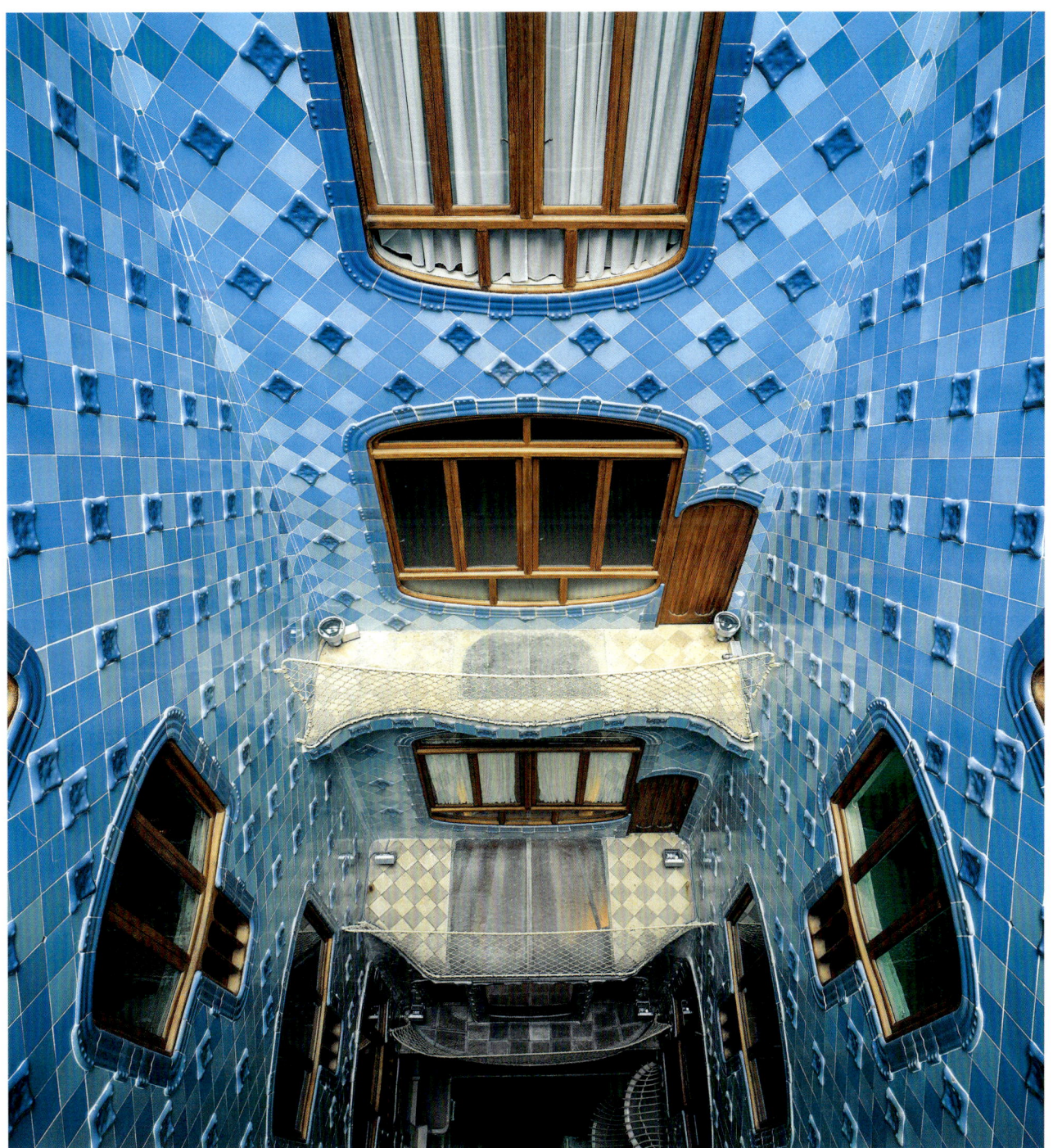

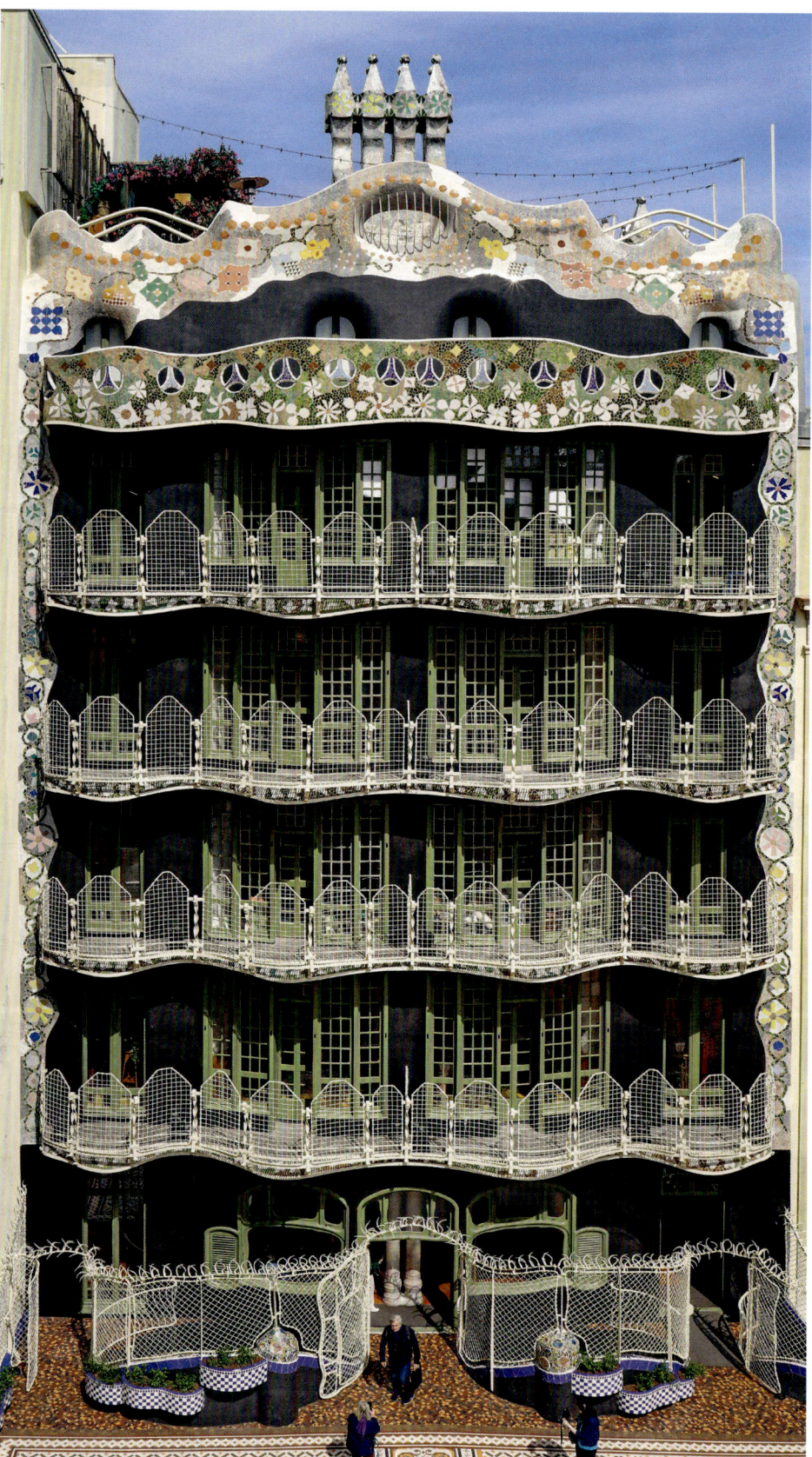

12 **Fachada posterior**

13 **Cubierta**

12

13

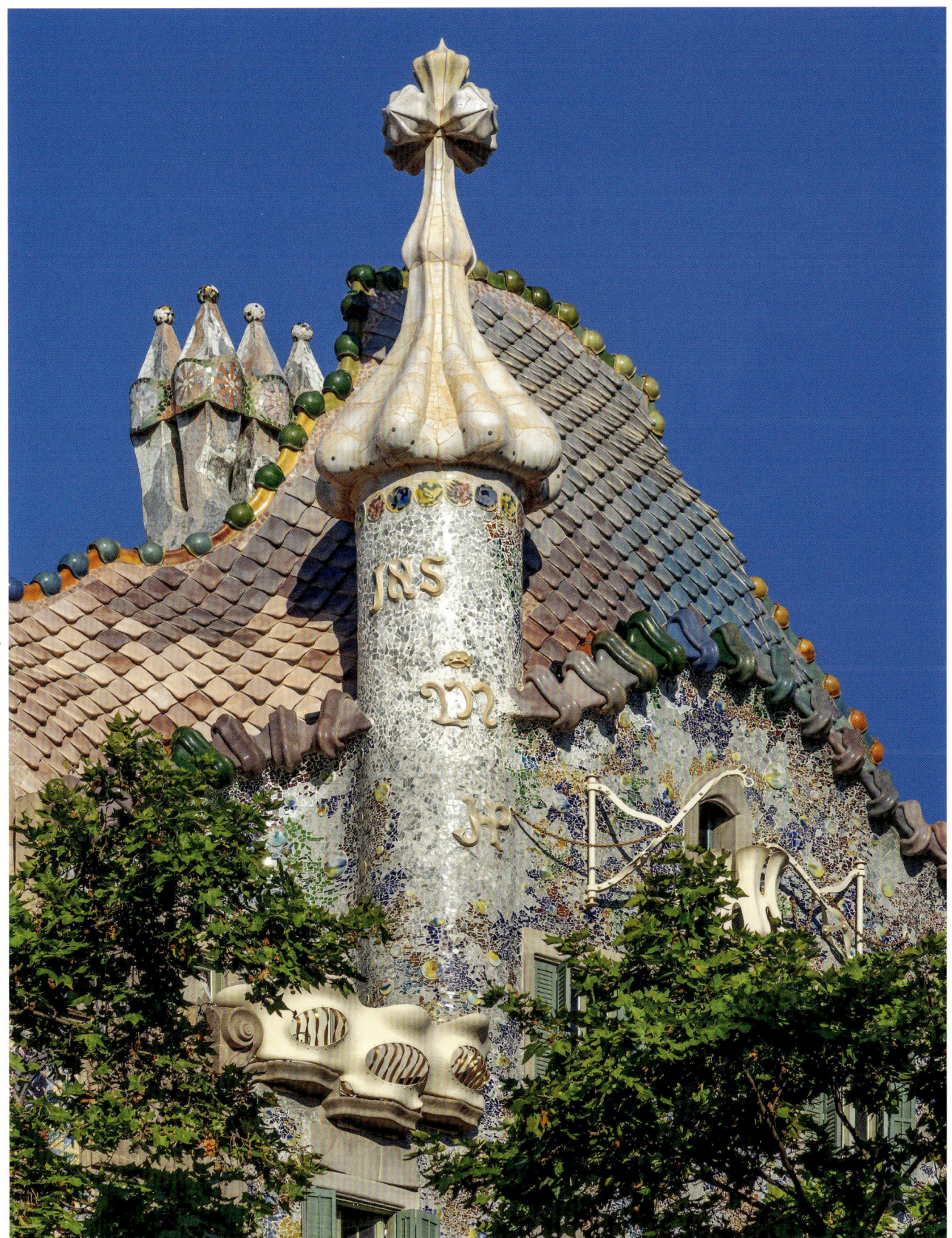

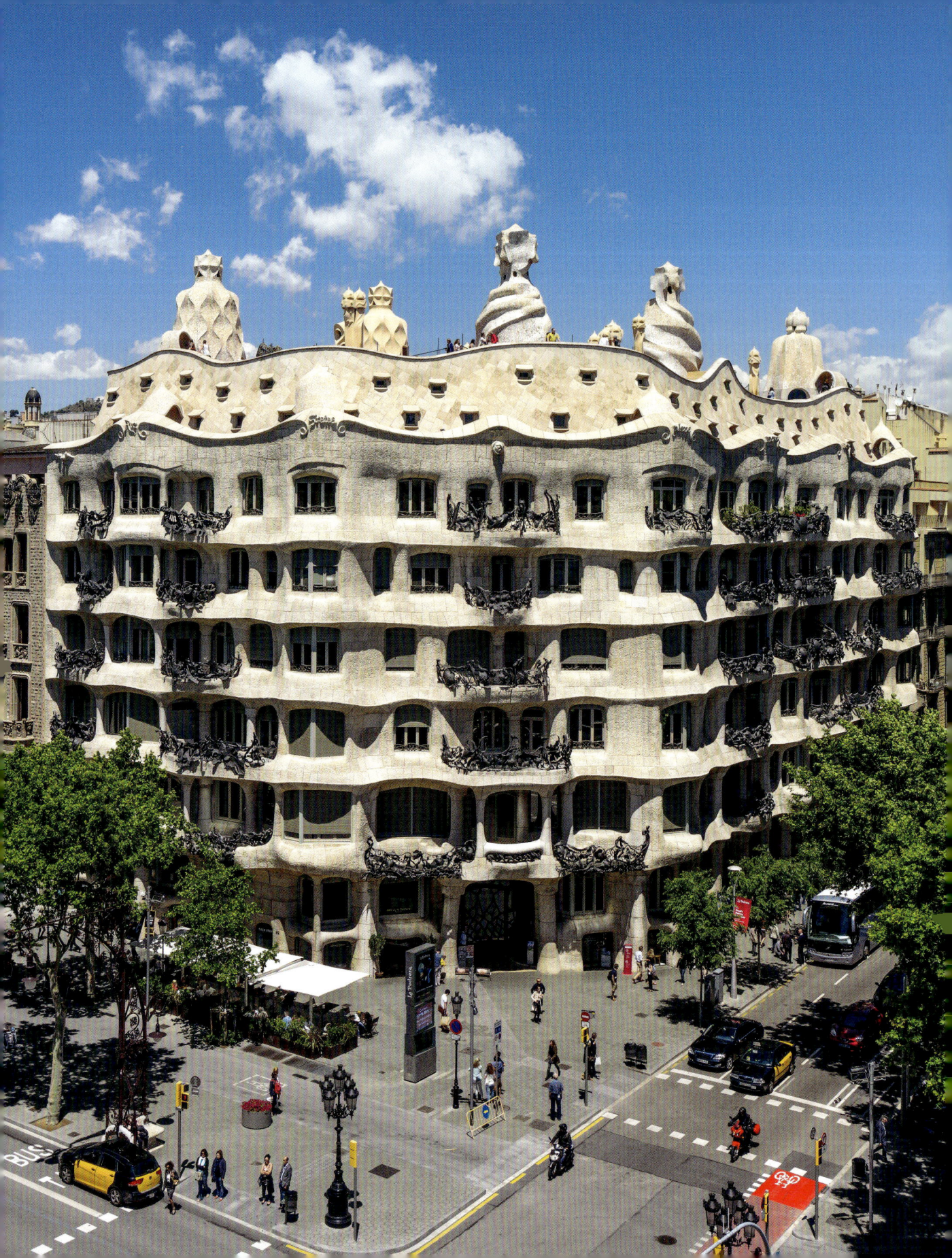

La Pedrera Barcelona

Cuando a finales de 1905 Josep Bayó Font estaba terminando para Gaudí la decoración del piso de la familia Batlló, recibió la visita de don Pere Milà Camps. Bayó le enseñó el piso y al despedirse, Milà le dio una golpecito en la espalda diciéndole: «Ahora hemos de comenzar mi casa del Passeig de Gràcia y la quiero de piedra pero con las juntas doradas, cosa que no se ha hecho nunca». Es verdad que Gaudí construyó con piedra la Casa Milà, llamada La Pedrera, pero lo de las juntas doradas no pasó de ser una frivolidad del atildado cliente.

El 2 de febrero de 1906 Gaudí firmó el proyecto de la casa para su nuevo cliente e inició su segunda gran obra civil en el señorial paseo barcelonés. Según Josep Bayó, testigo ocular, Gaudí puso los dedos en la pieza de cera del modelo hexagonal de las losetas del pavimento, que se elaboró en la propia Casa Batlló en obras. La pieza de mosaico hidráulico en relieve y color verde pálido dibuja, cuando se unen siete unidades, un triple dibujo con representación de una alga (género Sargassum), una caracola (cefalópodo de la clase Ammonites) y una estrella (Equinodermus,

de la clase Ophiroideus). Pere Milà Camps se casó con Pilar Segimon Artells, una dama nacida en Reus y viuda de un rico indiano. La señora no gustaba de las ideas de Gaudí, pero por complacer a su marido, habitó sin rechistar el primer piso de La Pedrera pero, a la muerte de Gaudí, cambió la decoración por otra estilo Luis XVI, más de su gusto.

La Casa Milà ocupa parte del Passeig de Gràcia, el chaflán y un trozo mayor de la calle Provença. Se trata de una casa de renta con un semisótano destinado a almacenes y cocheras, un entresuelo para oficinas, la planta noble dedicada íntegramente a vivienda de los Milà, con escalera independiente por el patio de la calle Provença, cuatro plantas con dos viviendas por rellano, con acceso principal por un ascensor junto a la entrada del chaflán y escalera de servicio al fondo de este patio. Encima está el desván de arcos catenáricos tabicones destinado a lavaderos y trasteros, debajo de la azotea, con las ocho salidas de escalera, los ventiladores y las chimeneas que han hecho famosa la casa.

Las fachadas a Passeig de Gràcia y Provença son de piedra de Vilafranca, tallada en grandes bloques

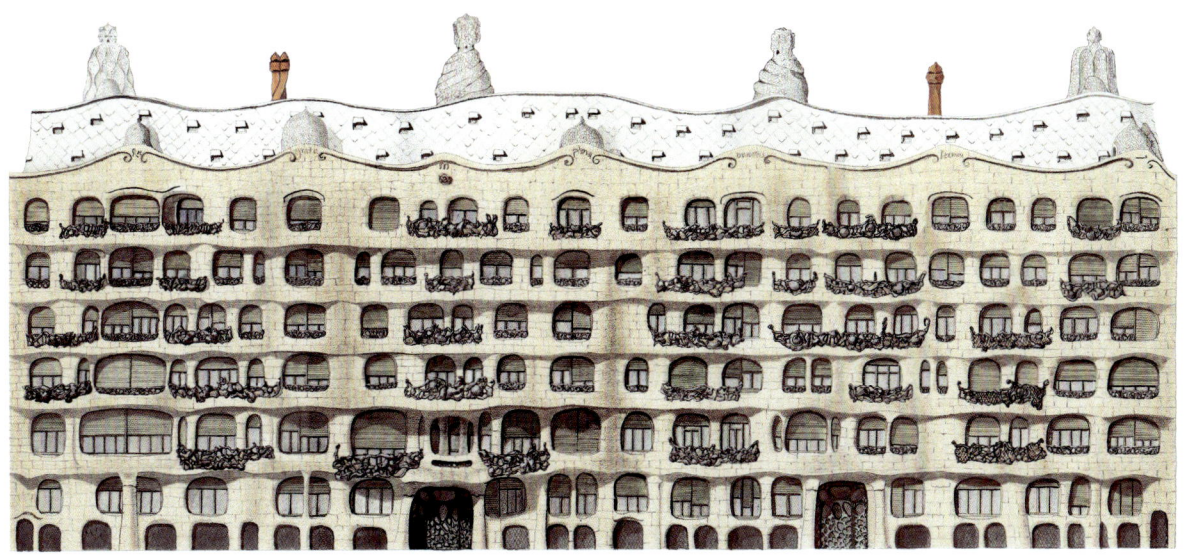

Passeig de Gràcia, 92

y unida a las jácenas y vigas de hierro que forman la estructura del edificio apoyadas en pilares de ladrillo, piedra o hierro colado.

Por lo que se refiere a las viviendas, Gaudí las concibió como una serie de espacios unidos entre sí por tabiques con amplias cristaleras que permiten contemplar todo el piso de un extremo a otro. La luz penetra libremente a través de grandes ventanas y balconeras que dan a las terrazas, donde están las barandillas de hierro de retorcido diseño de Jujol. Los cielos rasos de pasillos y habitaciones son de yeso en relieve, todos distintos y esculpidos con formas e inscripciones que producen una agradable sensación de armonía y suave movimiento.

Los Milà se negaron a coronar el edificio con un grupo escultórico de la Virgen y el Niño de más de cuatro metros. En la actualidad, bajo el monograma de María, encontramos una rosa de piedra, alegoría mariana.

Hoy en día el edificio es propiedad de Catalunya Caixa que, tras restaurarlo, ha instalado un espacio de exposiciones temporales y uno permanente: el Espai Gaudí.

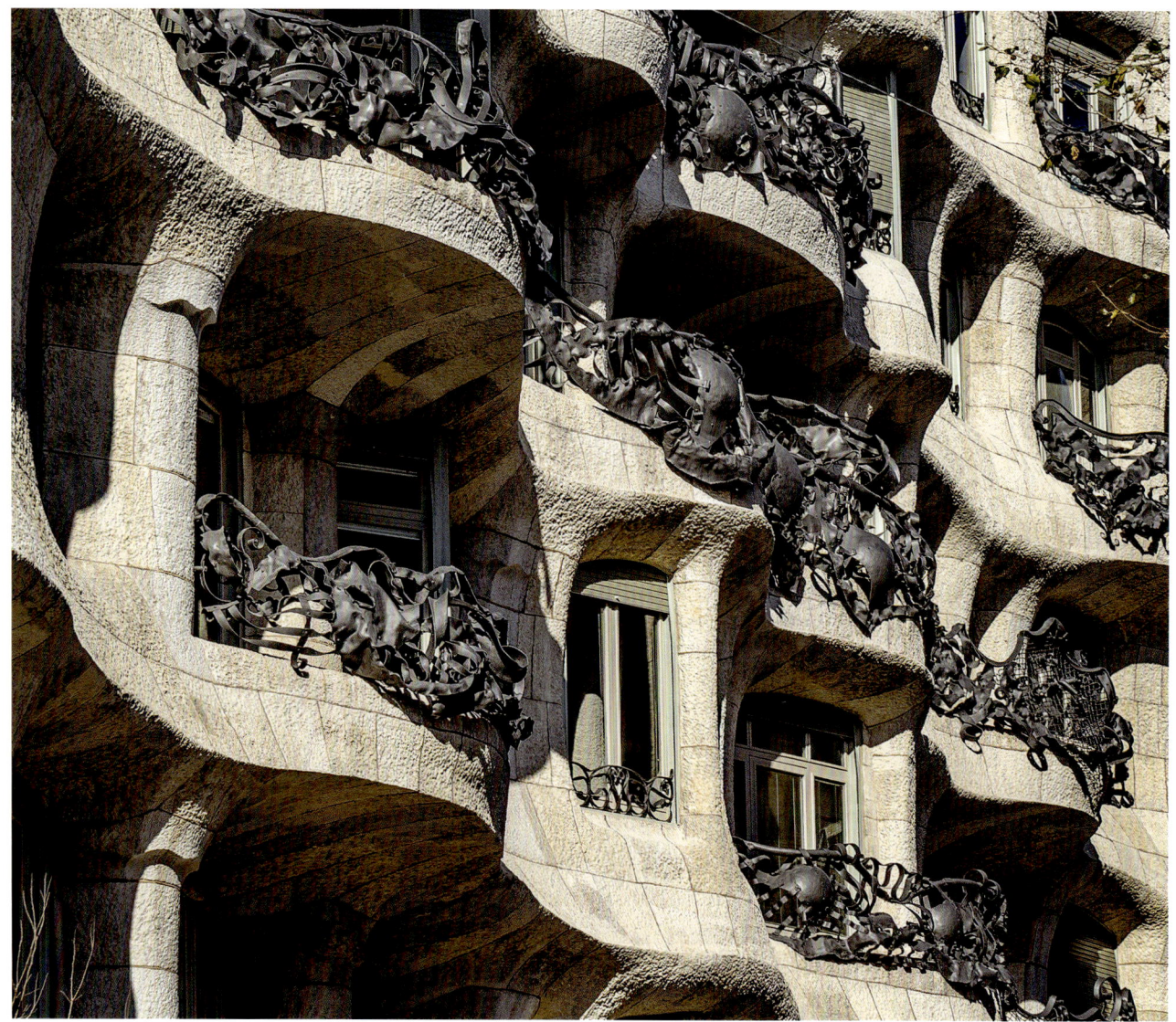

2

2 **Ondulaciones
de la fachada**

3 **Vestíbulo**

4 **Puerta del vestíbulo**

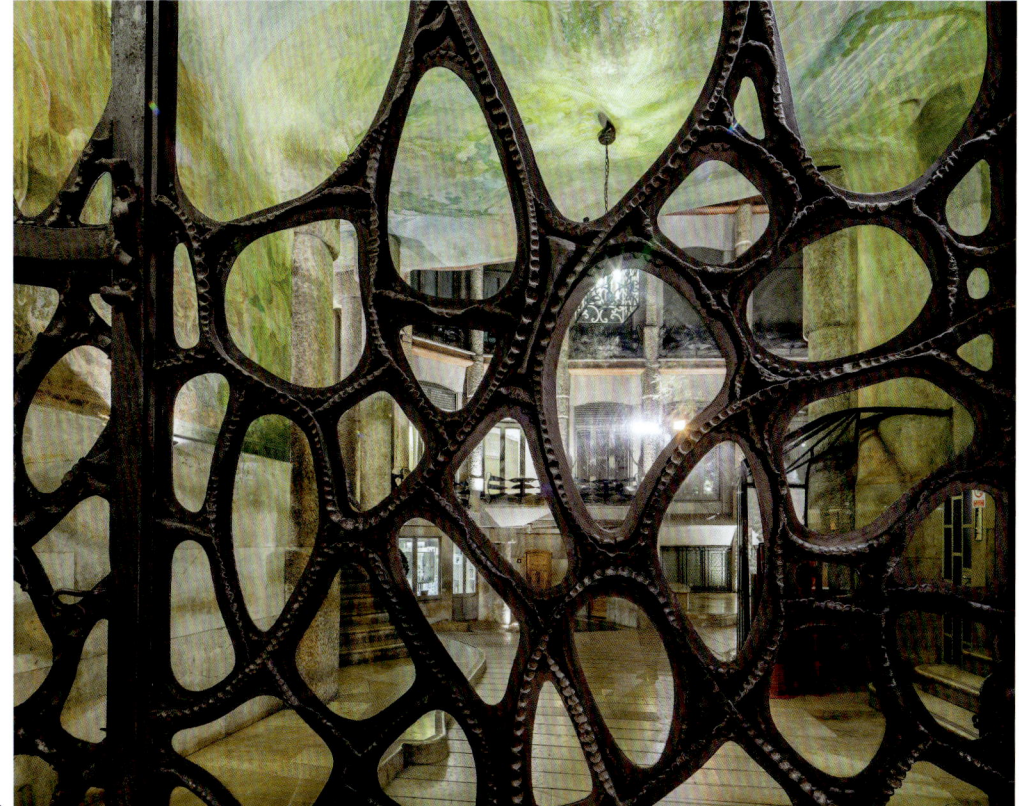

3

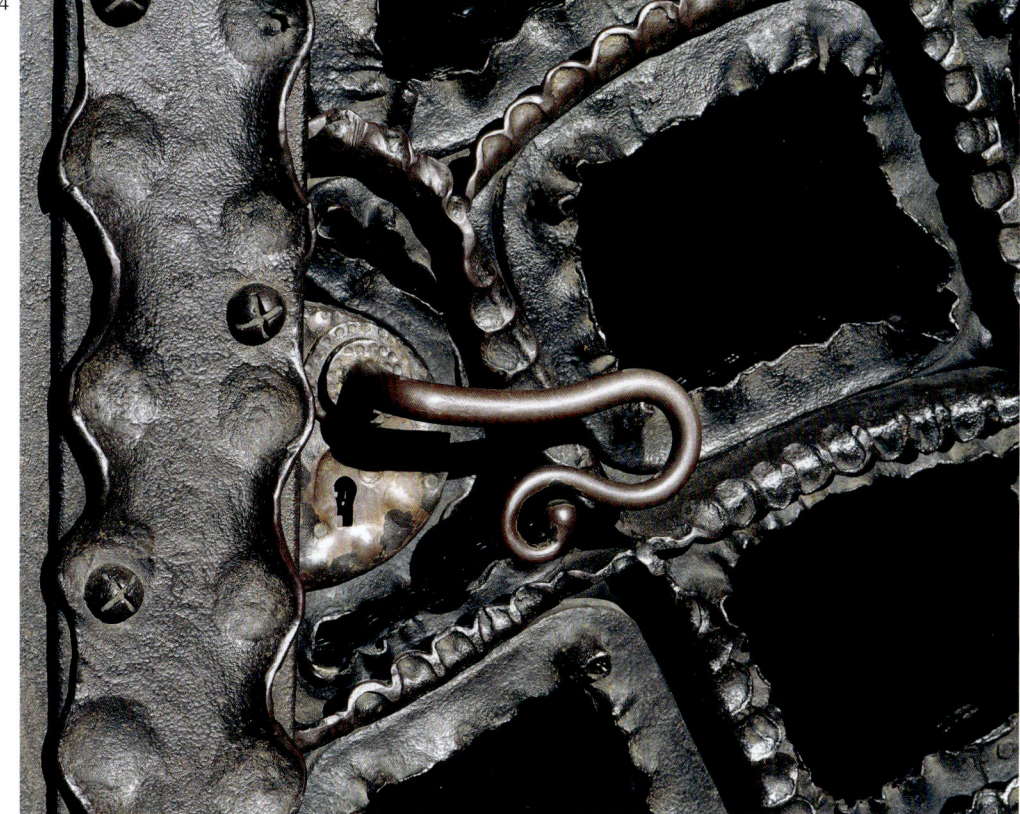

4

5 **La cubierta parece hundirse sobre el patio**

6 **Patio interior**

7 **Pinturas murales en los techos del vestíbulo**

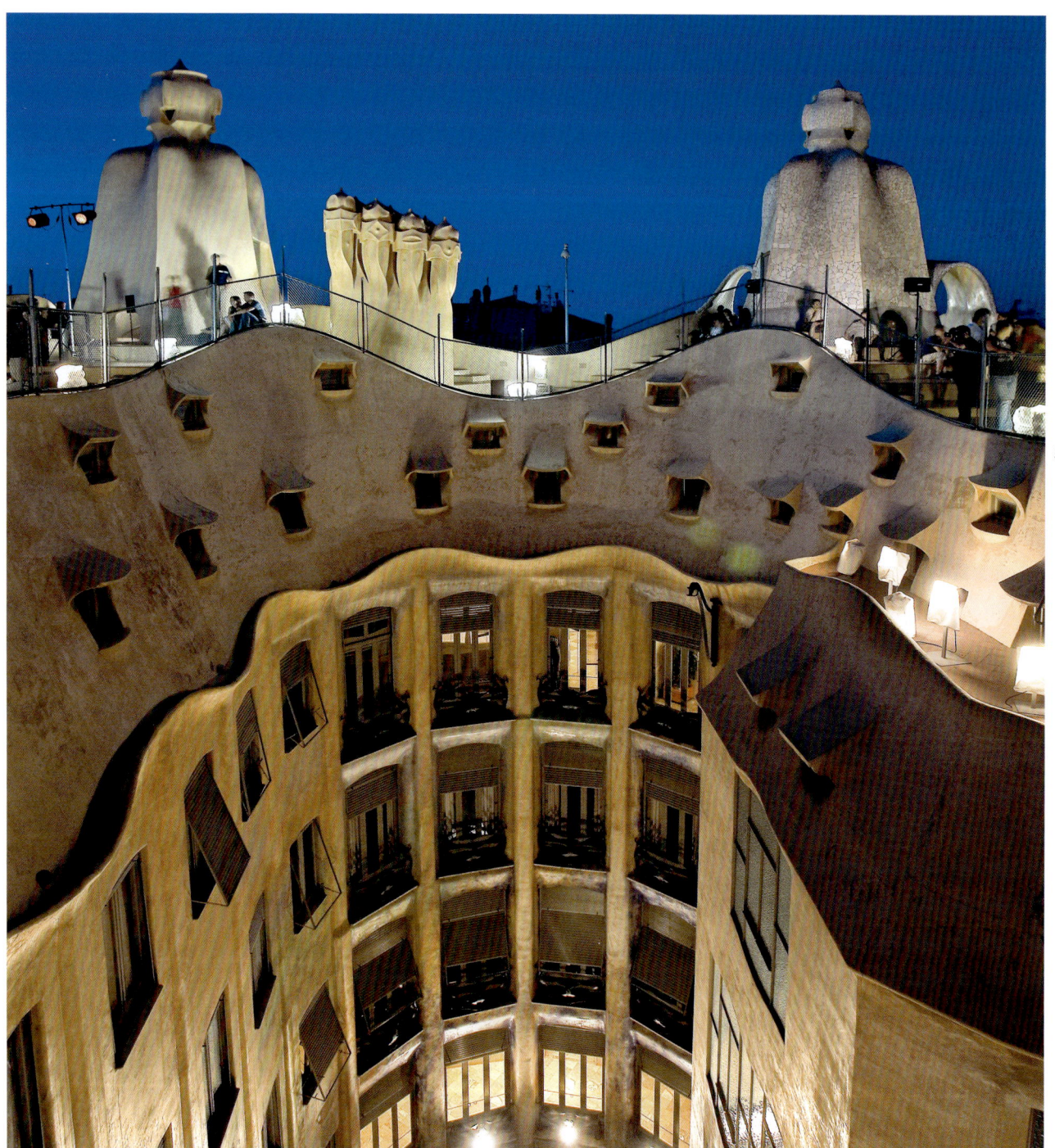

5

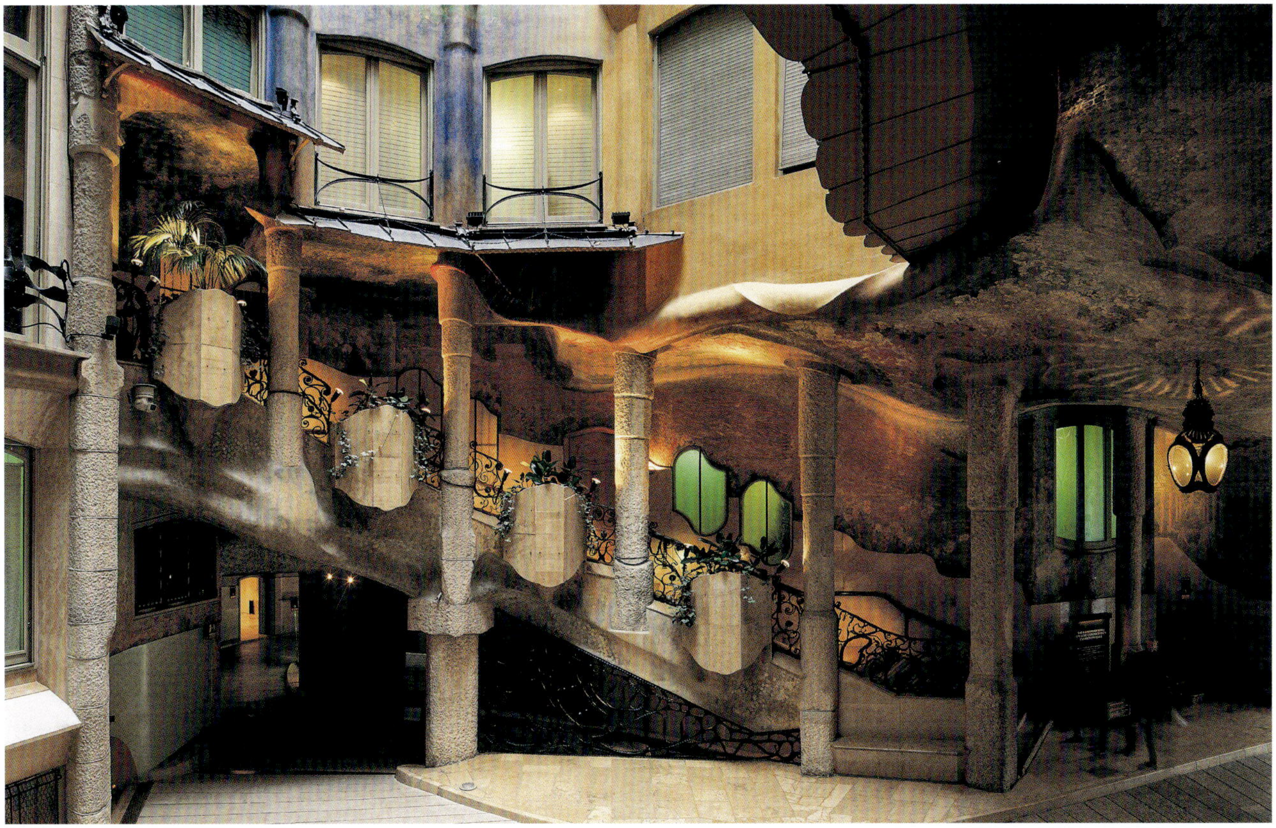

6

7

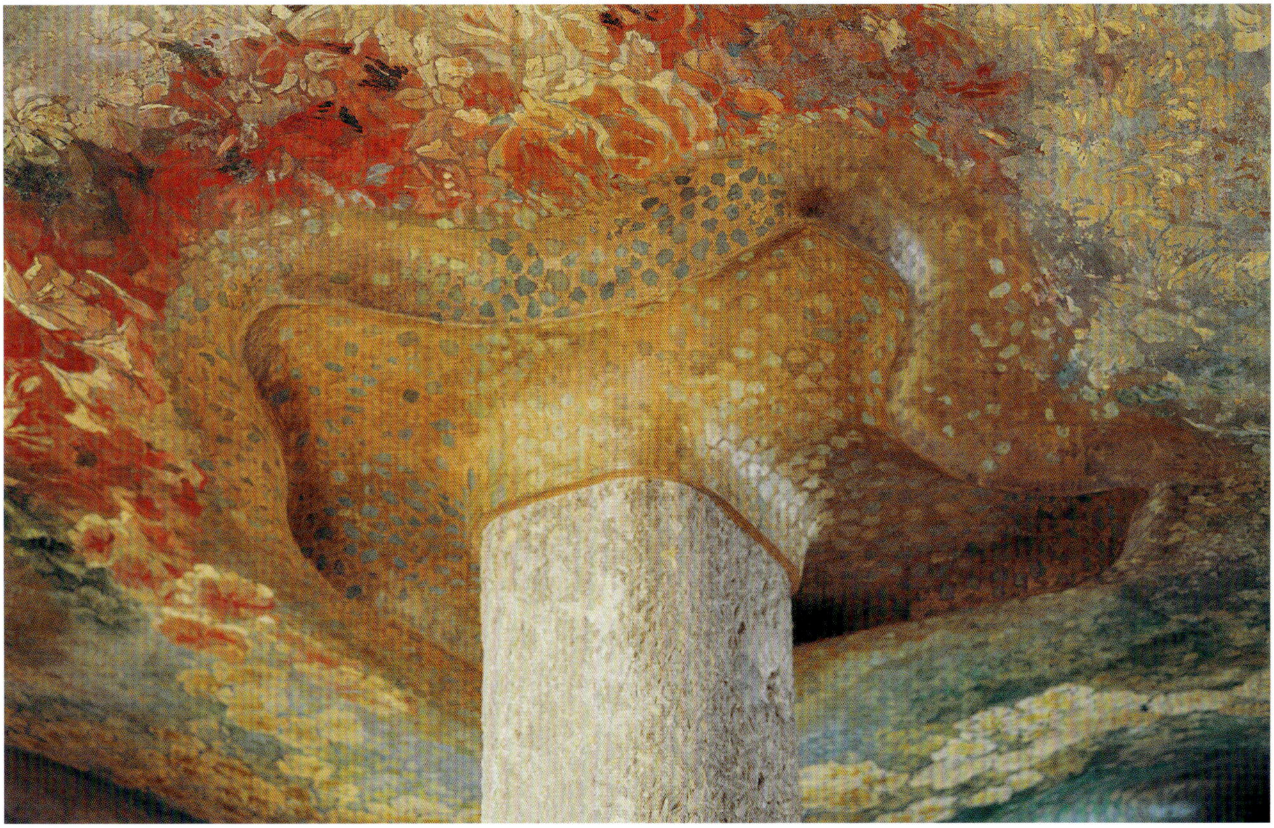

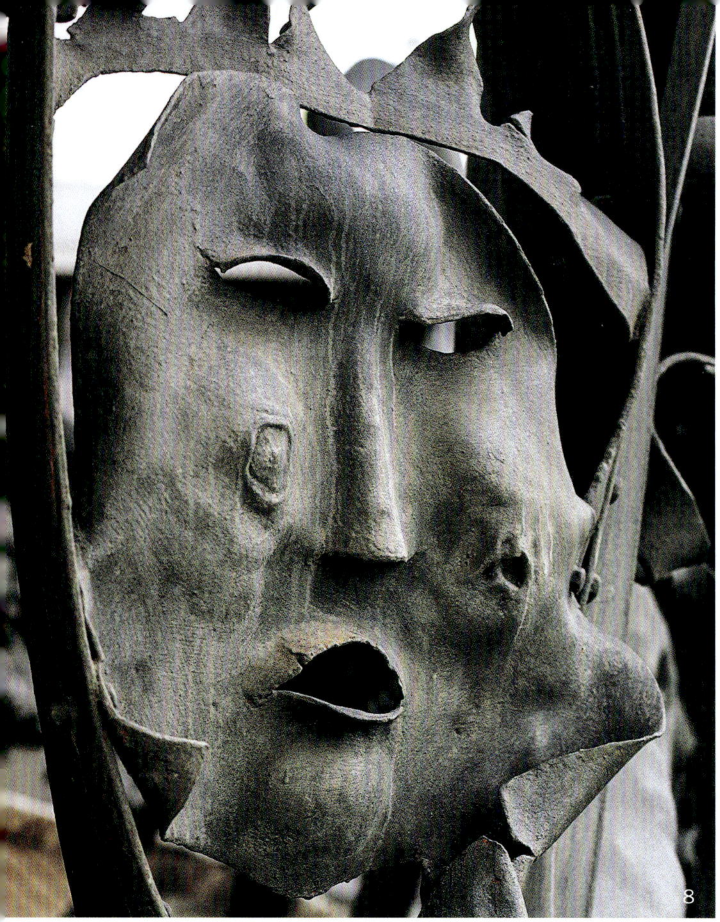

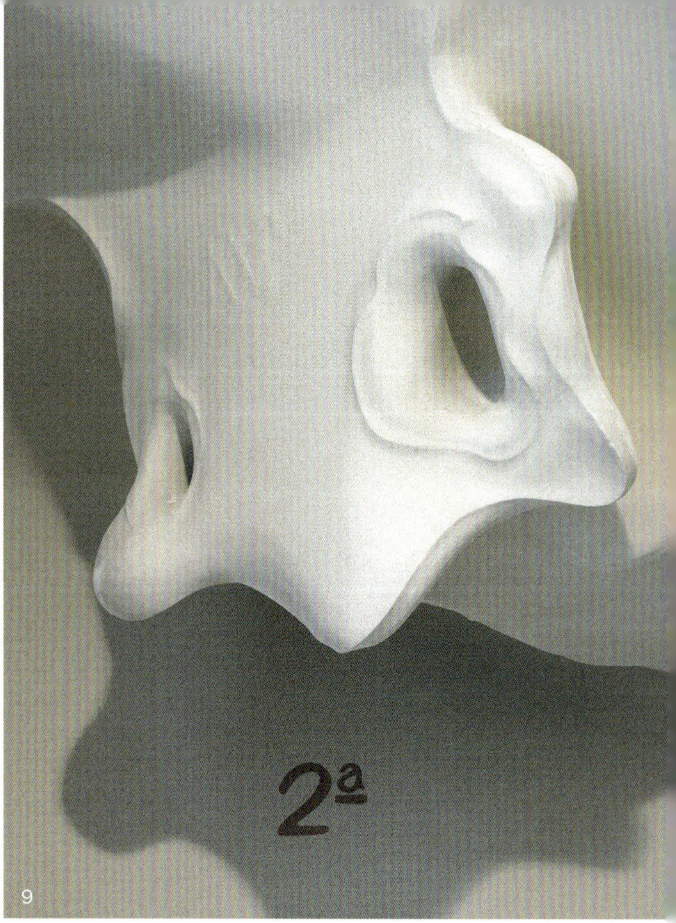

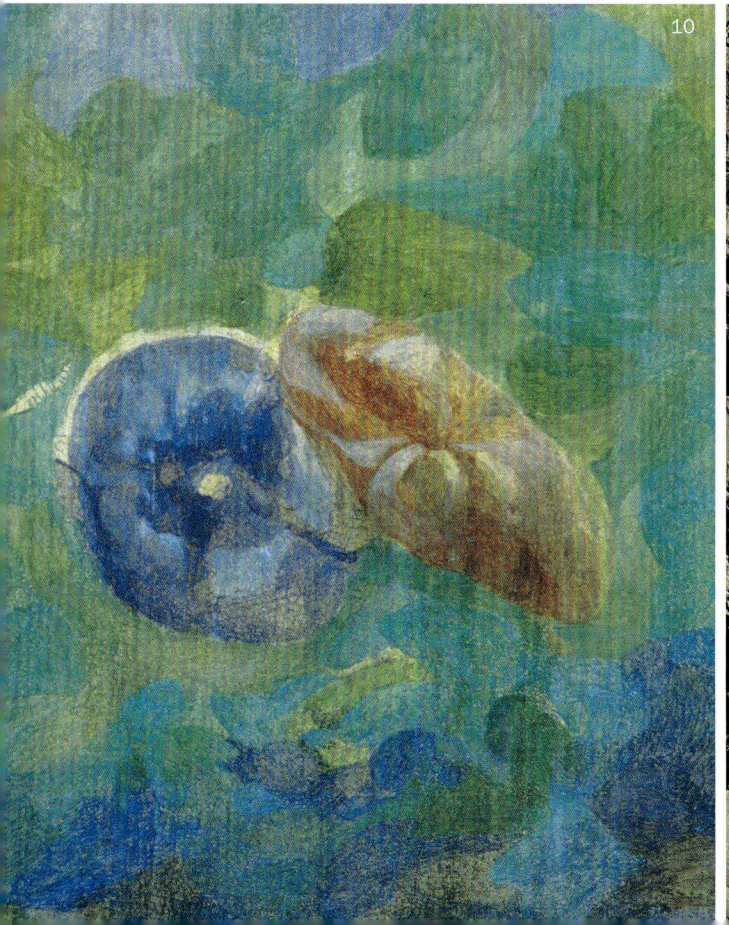

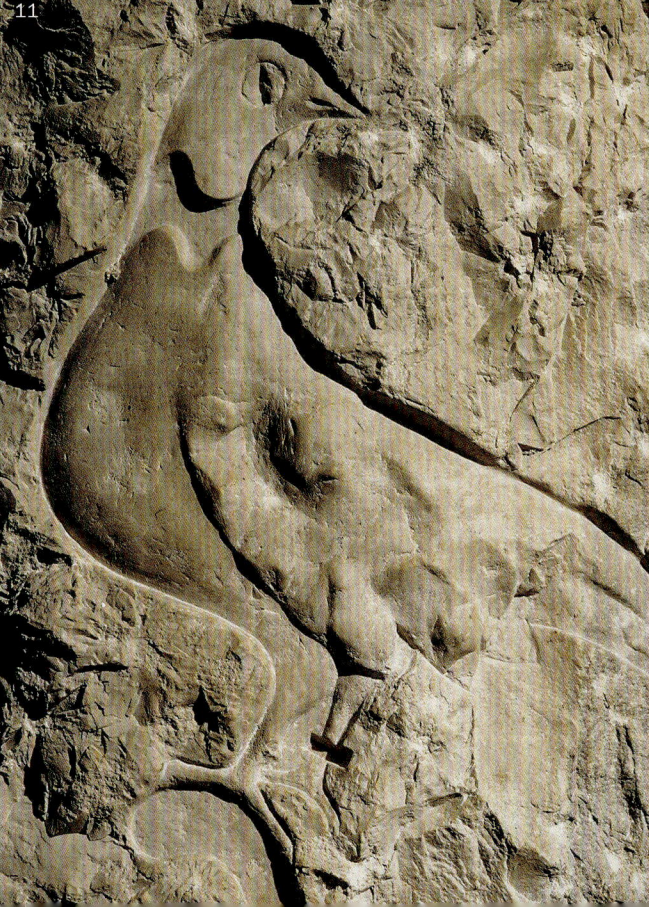

8   **Máscara en un balcón**

9   **Forma emergente en el dintel de una puerta con la inscripción «Ave»**

10 **Pintura mural**

11 **Columna de la planta noble**

12, 13 y 14 **Desván**

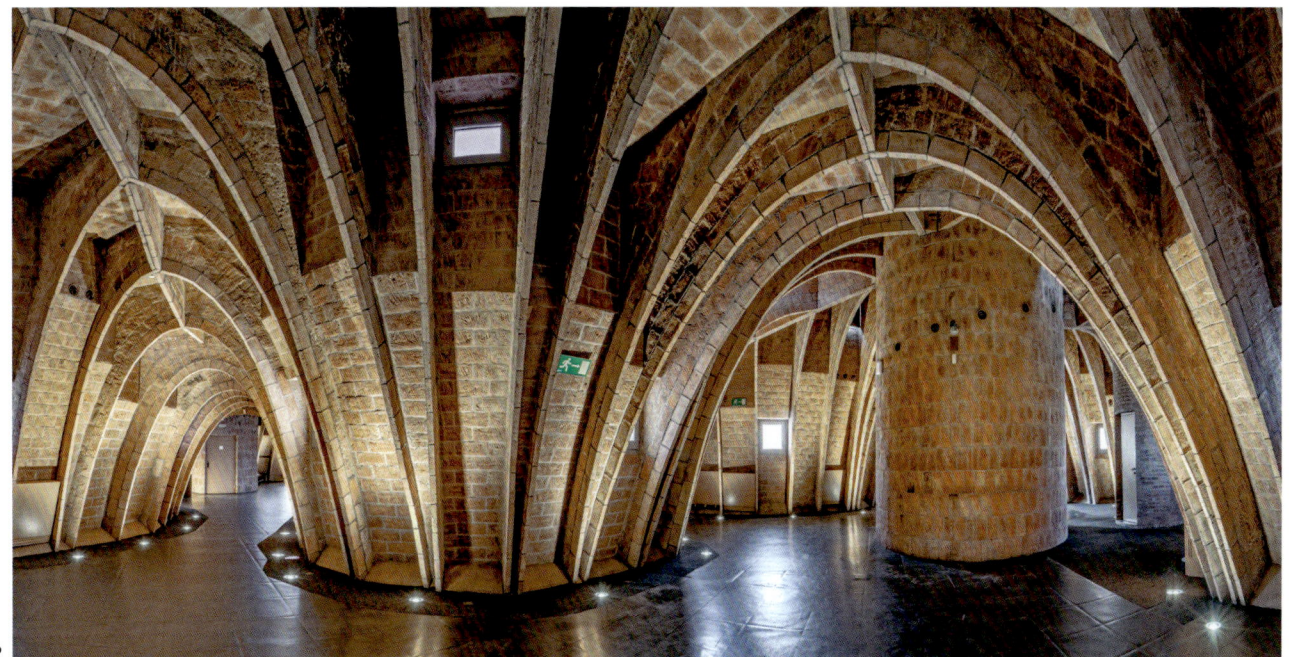

12

13

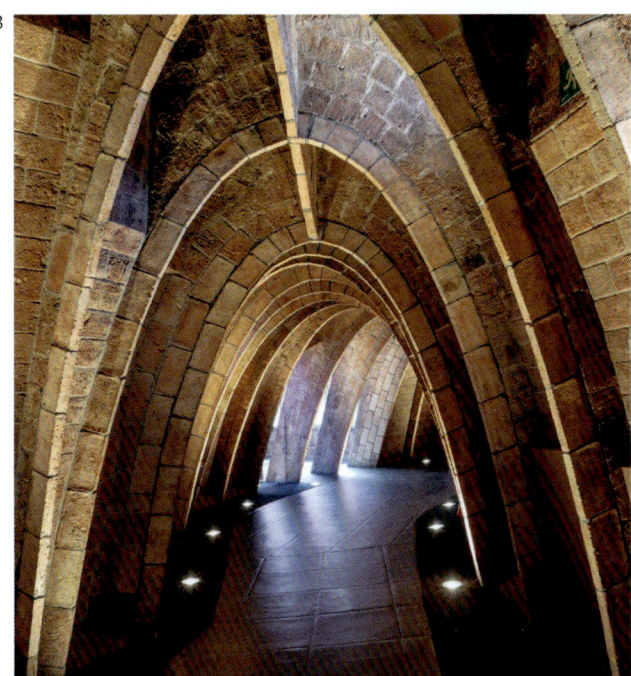

14

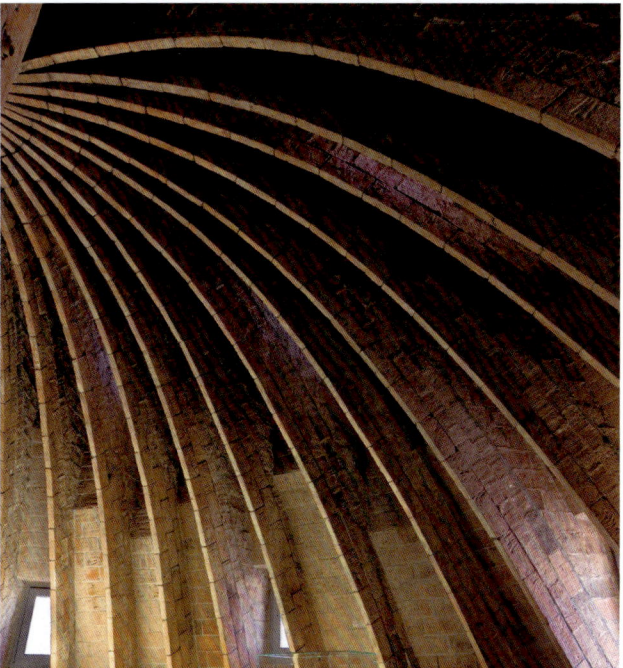

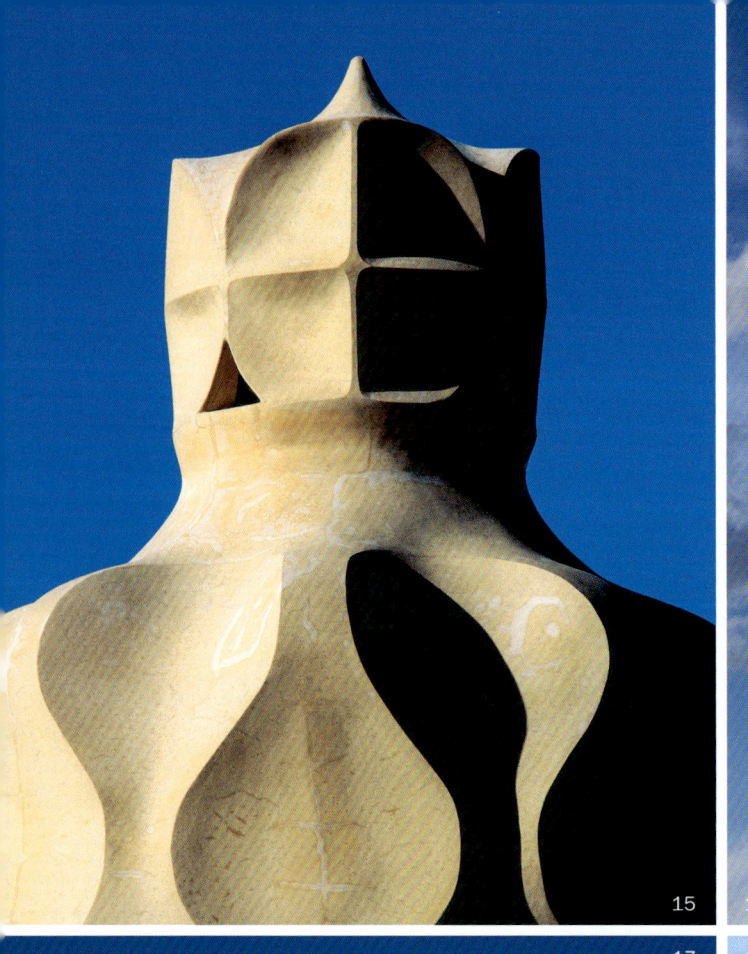

15

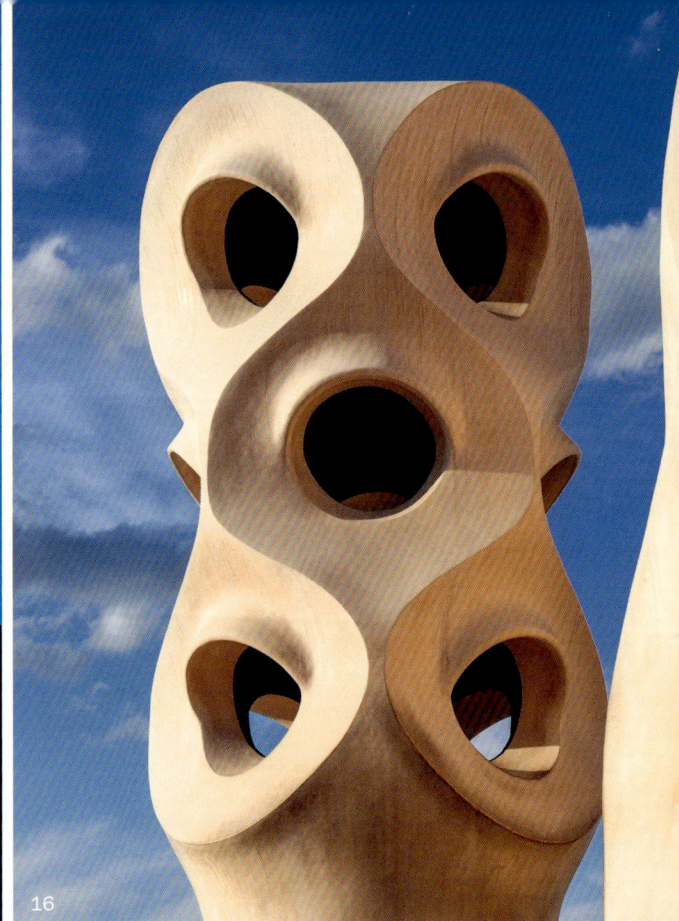

16

17

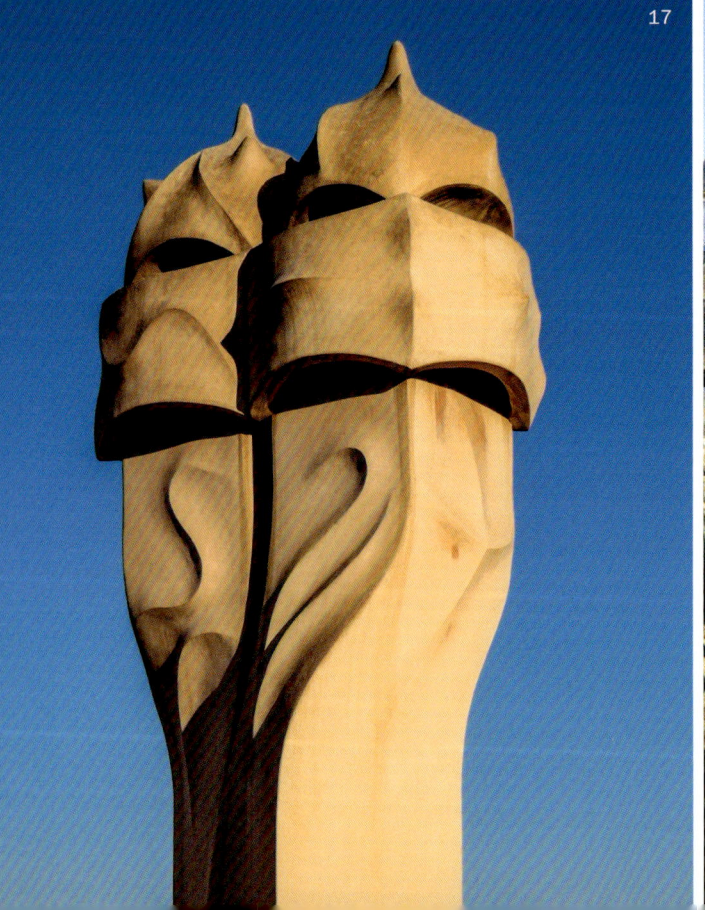

18

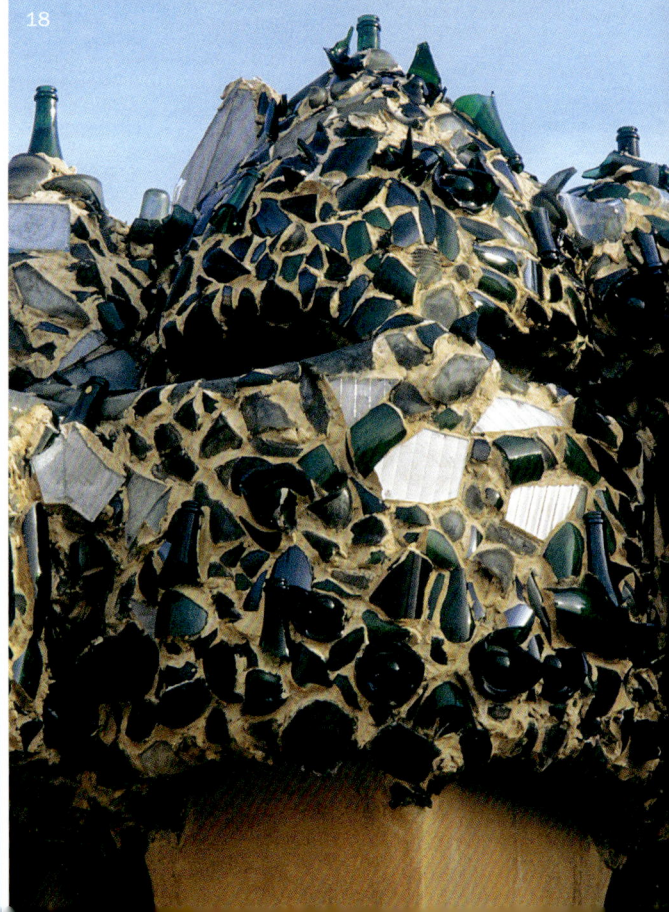

19

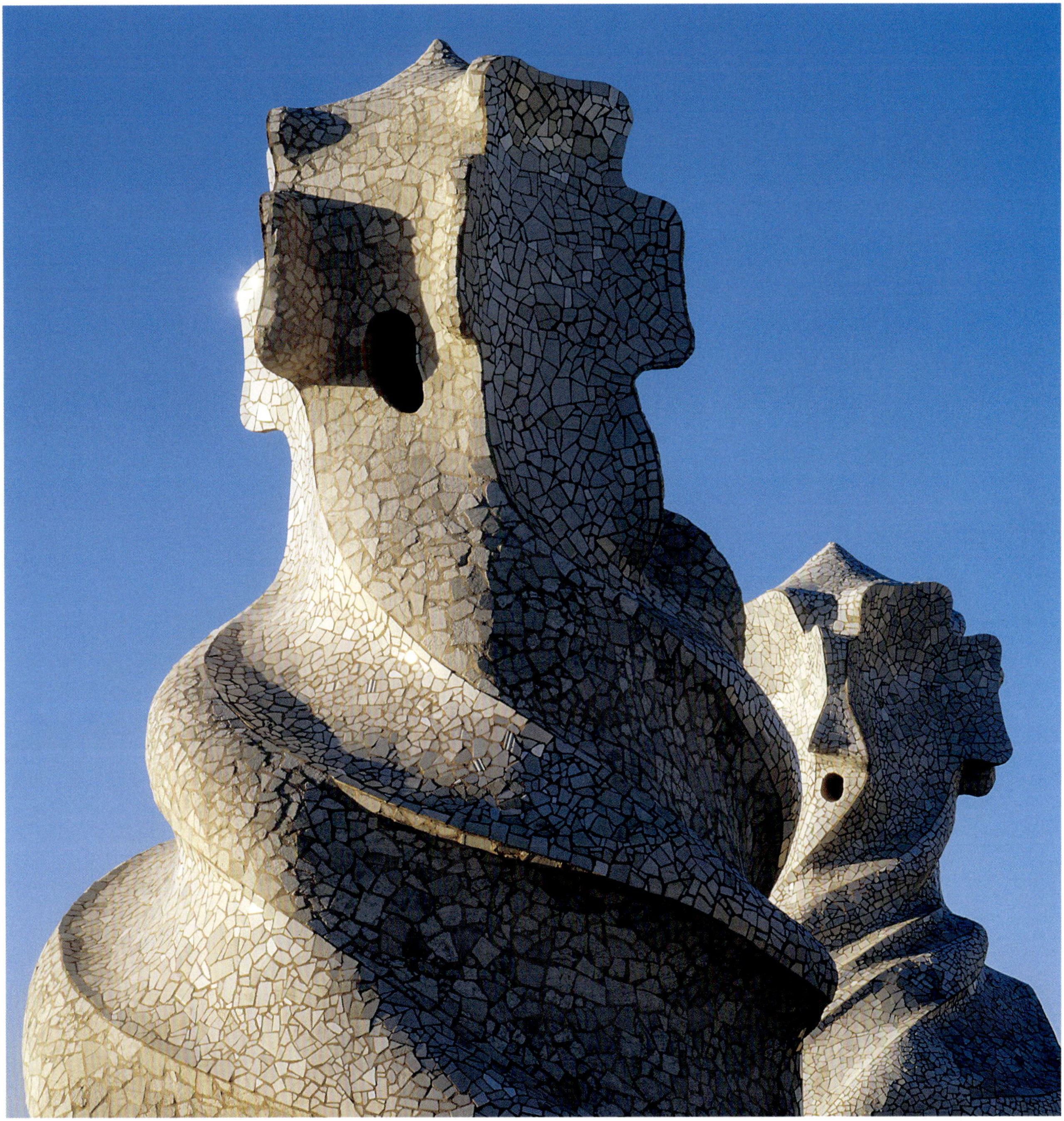

15 **Salida de la escalera**

16 **Conducto de ventilación**

17 **Chimeneas**

18 **Chimeneas con fragmentos de botellas**

19 **Salida de la escalera de forma helicoidal**

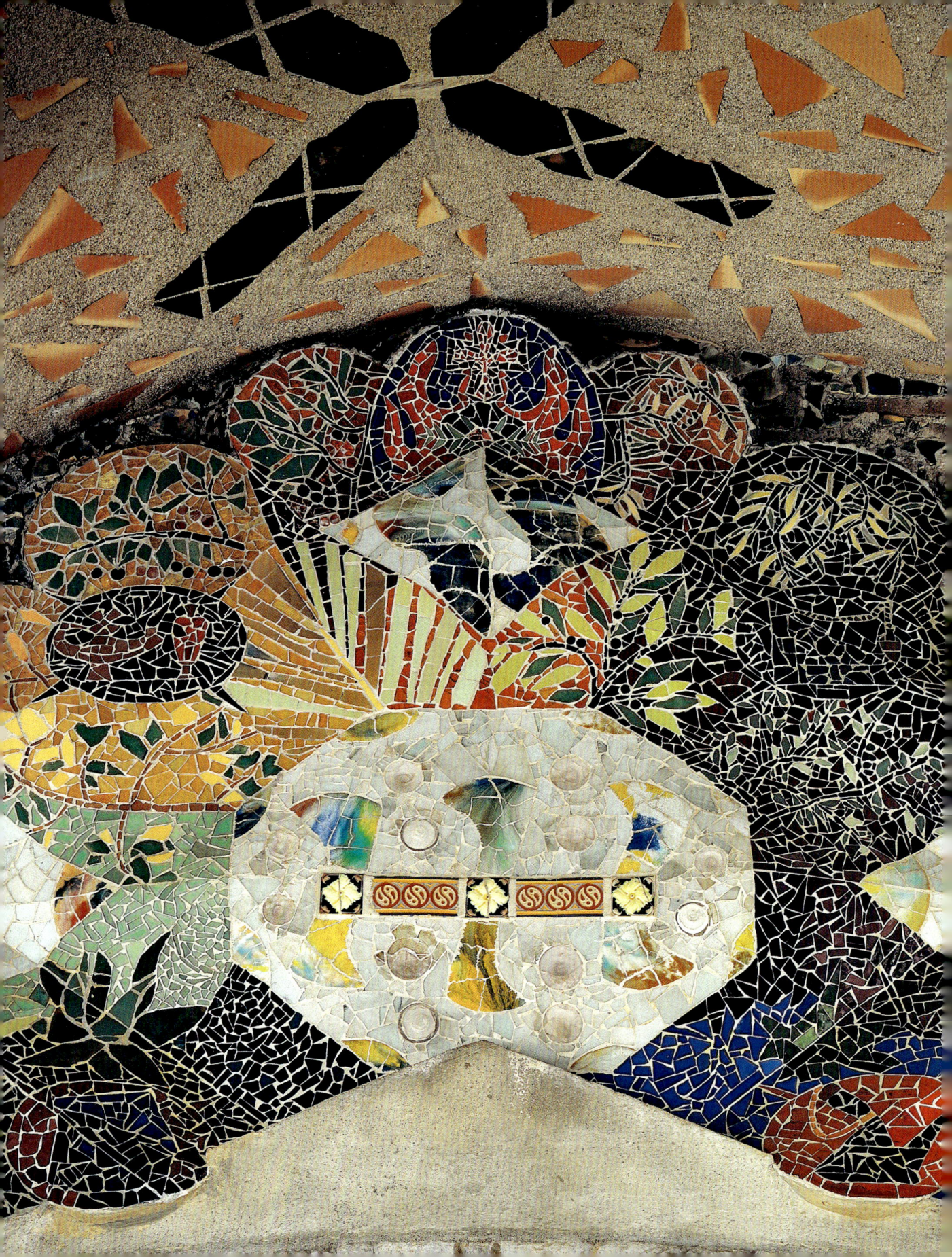

Cripta de la Colonia Güell
Santa Coloma de Cervelló

Edificio destinado al culto para uso de los trabajadores de la Colonia Güell (Santa Coloma de Cervelló, Barcelona), de la que toma el nombre.

La cripta de Santa Coloma se convirtió en el más querido de los proyectos de Gaudí y fue una especie de laboratorio de ensayos técnicos, de lo que más tarde se hizo en la Sagrada Familia.

La idea gaudiniana es extremadamente compleja, y estaba pensada y pormenorizada con sumo cuidado. Una vez más pensó el arquitecto en la necesidad de unir el monumento a su ambiente natural, y éste es el único elemento de composición utilizado en aquella obra. Según Ràfols el encargo se remonta a 1898, pero hasta 1908 no se colocó solemnemente la primera piedra. Las obras prosiguieron a ritmo muy lento hasta 1917, en que se pararon a causa de las dificultades surgidas con motivo de la Gran Guerra. En 1918 falleció don Eusebi Güell en su casa del Park Güell y con ello se concluyó el trabajo en la iglesia de la colonia, pues sus herederos, en especial don Santiago Güell, no se sentían muy inclinados a terminar el edificio. Por entonces estaba cubierta la cripta y colocadas las puertas de piedra de la iglesia superior. La concepción de esta iglesia siguió derroteros desconocidos hasta entonces por el oficio de los arquitectos.

Gaudí no se limitó a dibujar y croquizar, sino que ensayó un procedimiento completamente nuevo. En primer lugar trazaba la forma ideal de la iglesia, que debía tener planta concentrada y agudas torres; sobre este primer bosquejo Gaudí componía una estructura por un procedimiento de extrema simplicidad, pero de gran ingenio. Deducía las cargas que debían gravitar sobre los arcos y pilares y hacía unas pequeñas bolsas de lona rellenas de perdigones, con peso diez mil veces menor a la carga calculada. Estas bolsas las suspendía de los cordeles que describían las formas de los arcos a escala 1:10. Con ello, y aprovechando una propiedad geométrica de este tipo de curvas, hallaba una forma llamada catenaria. Obtenía una fotografía, que al invertirla encontraba la adecuada y funcional forma de los arcos. Es decir, que se construía el arco precisamente con la forma de la curva de presiones.

La cripta de la Colonia Güell reúne los requisitos de la plenitud artística de Gaudí. Un pórtico con bóvedas paraboloidales antecede a la iglesia y a un nivel inferior sitúa otro, a modo de gruta, elemento constante en la arquitectura de Gaudí. Las ventanas, que semejan las bocas abiertas de unos enormes peces, son hiperboloides, y en el interior se alternan pilares de ladrillo de sección circular con columnas inclinadas

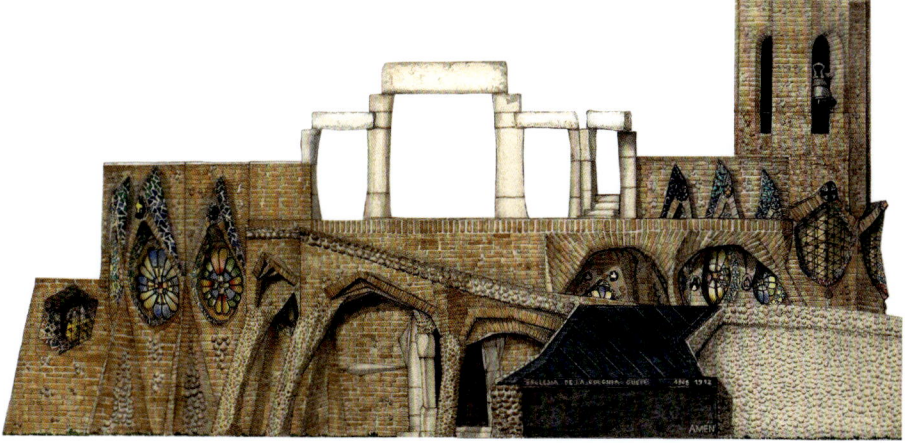

1 **Mosaico de las Virtudes Cardinales**   Santa Coloma de Cervelló

de piedra del órgano basáltico de Castellfollit de la Roca (Garrotxa), sin apenas desbastar con un impresionante efecto expresionista. Gaudí explicó que en el libro del Éxodo Dios, desde la zarza ardiendo, le dijo a Moisés: «Si me haces un altar de piedra no lo trabajes a cincel porque el metal impurifica la piedra». Por esta razón las piezas de basalto fueron trabajadas con mazos de madera.

La techumbre se articula en una serie de nervios de ladrillo sobre los que apoya la solera del pavimento superior.

Los pilares de ladrillo están revocados hasta cierta altura y sobre ellos se dibujan formas catenáricas en relieve. Los nervios y el intradós de la solera debían ir enlucidos con cemento portland, pero sólo se hizo una pequeña parte, quedando el resto con el ladrillo visto.

Otro aspecto remarcable de la cripta es la abundante iconografía cristiana que contiene: peces, las letras alfa y omega, que significan principio y fin, cruces, crismones, cruces-aspa, etc.

La cripta de la Colonia Güell parece más una escultura que una obra arquitectónica y aún más que una escultura, parece un ser vivo, con sus músculos en tensión, trabajando para sostener su propio peso y su propia energía.

La cripta de la Colonia Güell es un monumento que es imprescindible ver para comprender, no sólo la figura de Gaudí, sino también la historia de la arquitectura.

2 **Vidrieras emplomadas**

3 **Ladrillos defectuosos y escoria de fundición combinados con mosaicos en trencadís**

4 **Vista general**

5 **Bóvedas del pórtico**

2   3

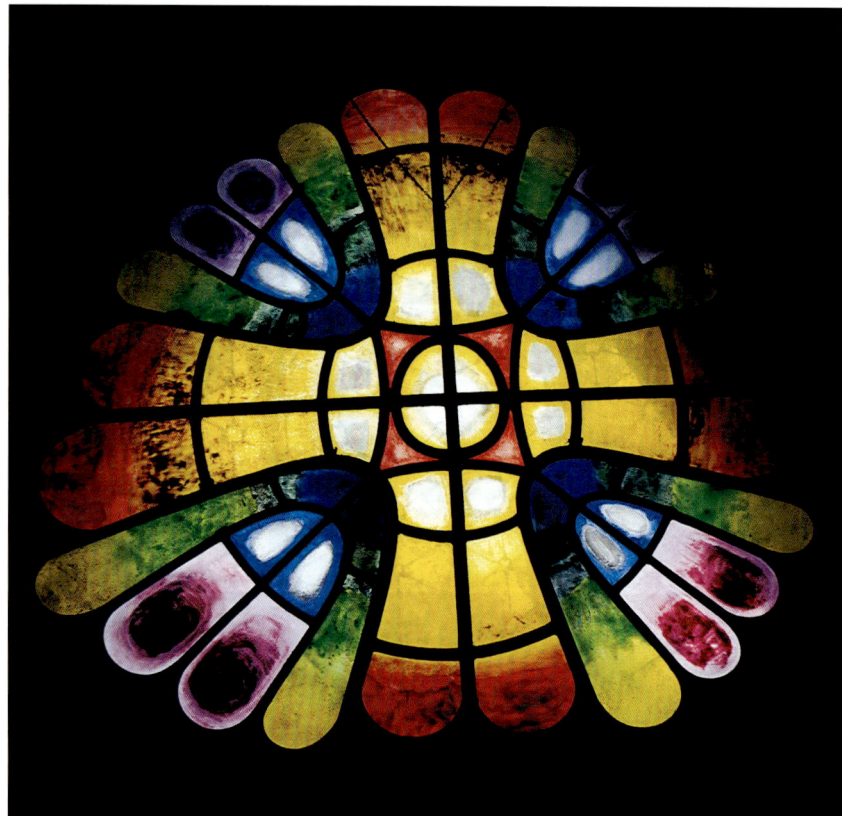

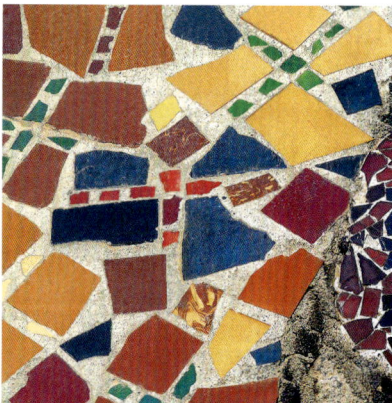

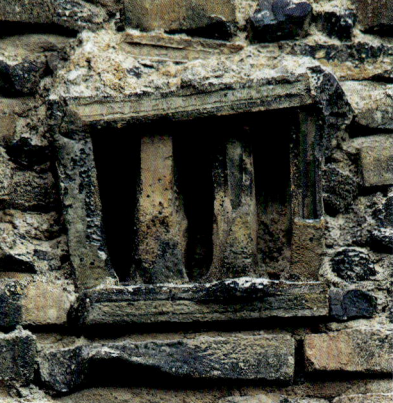

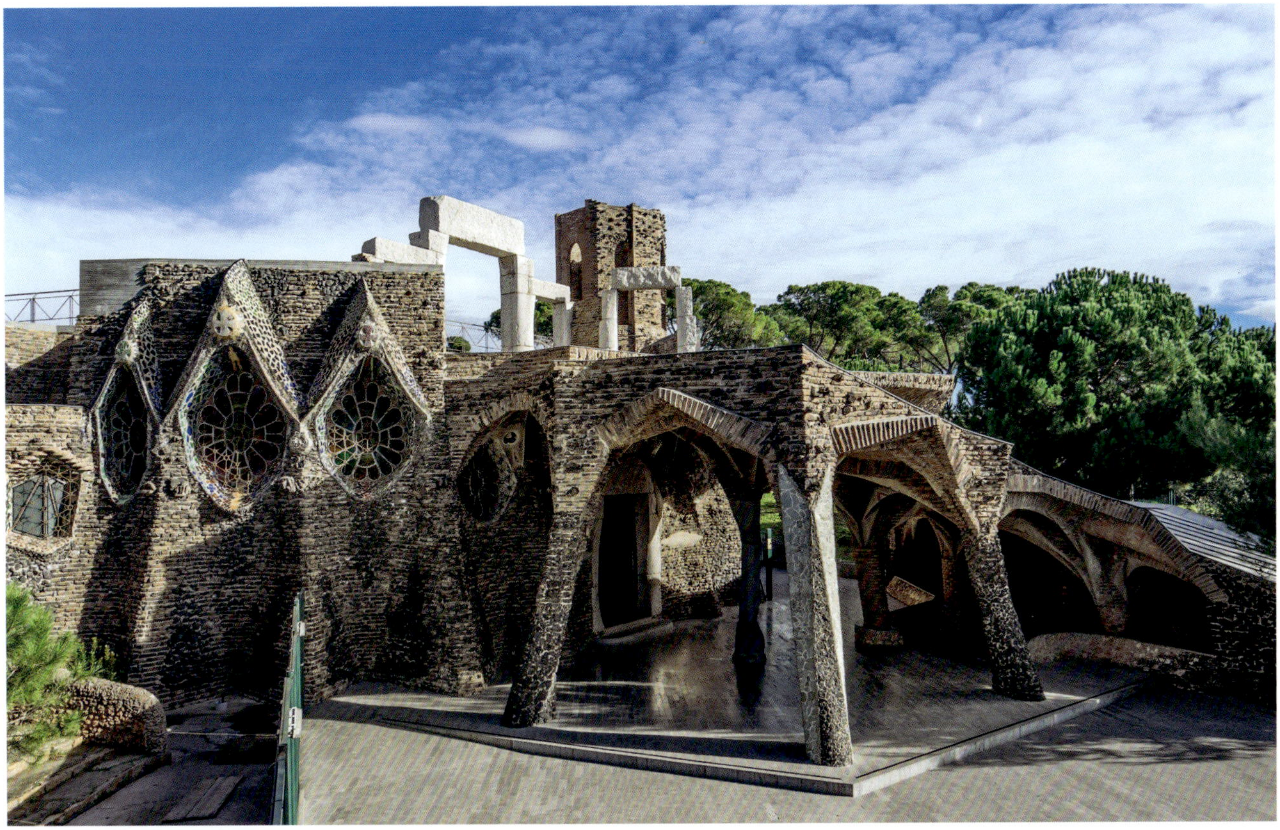

4

5

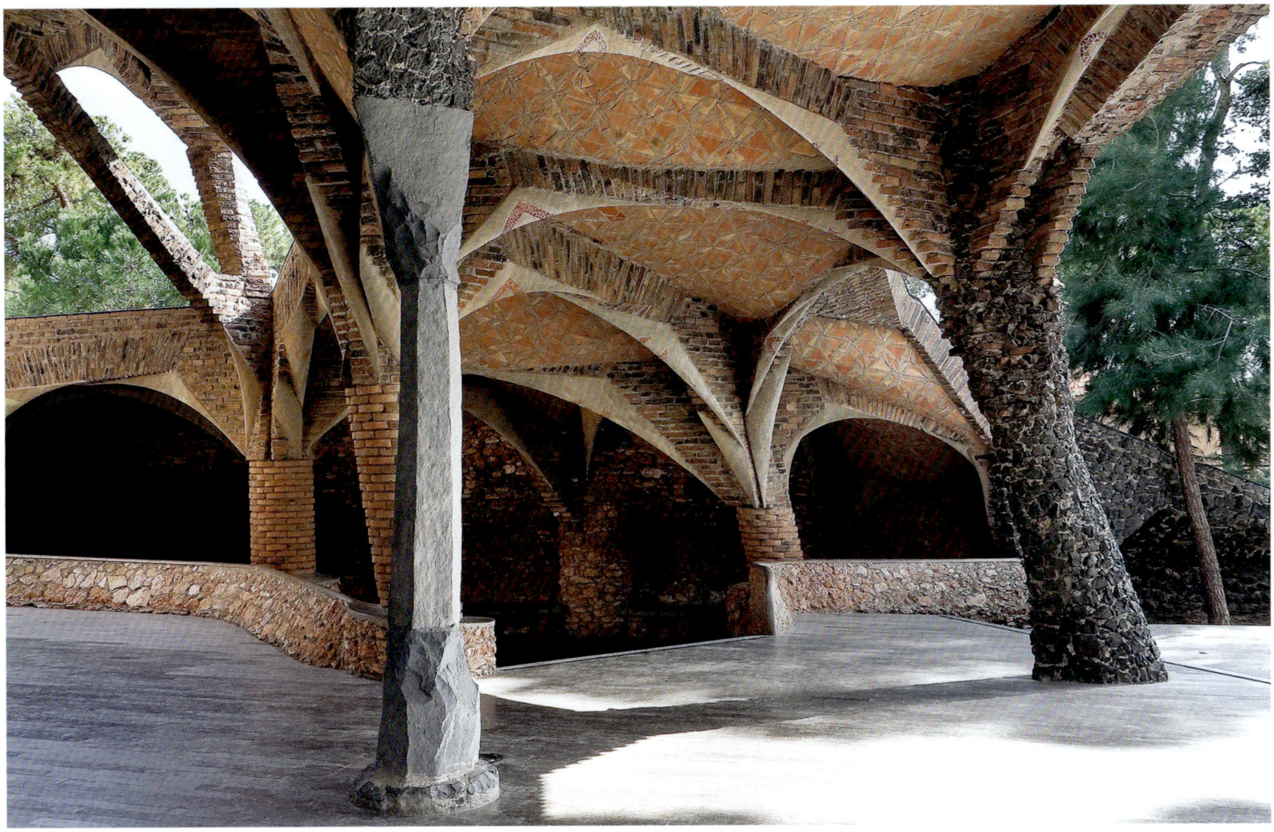

6 **Interior de la cripta**

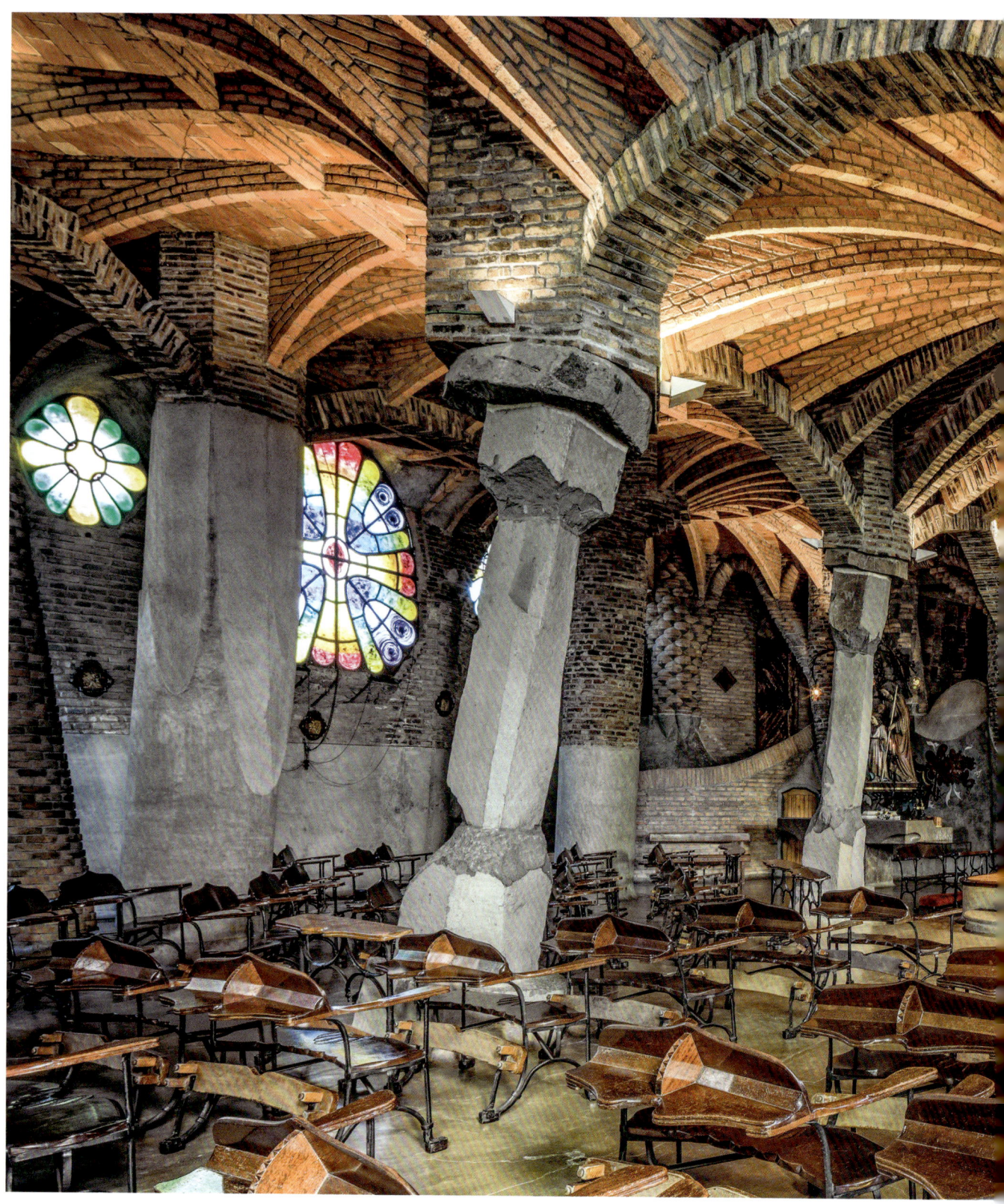

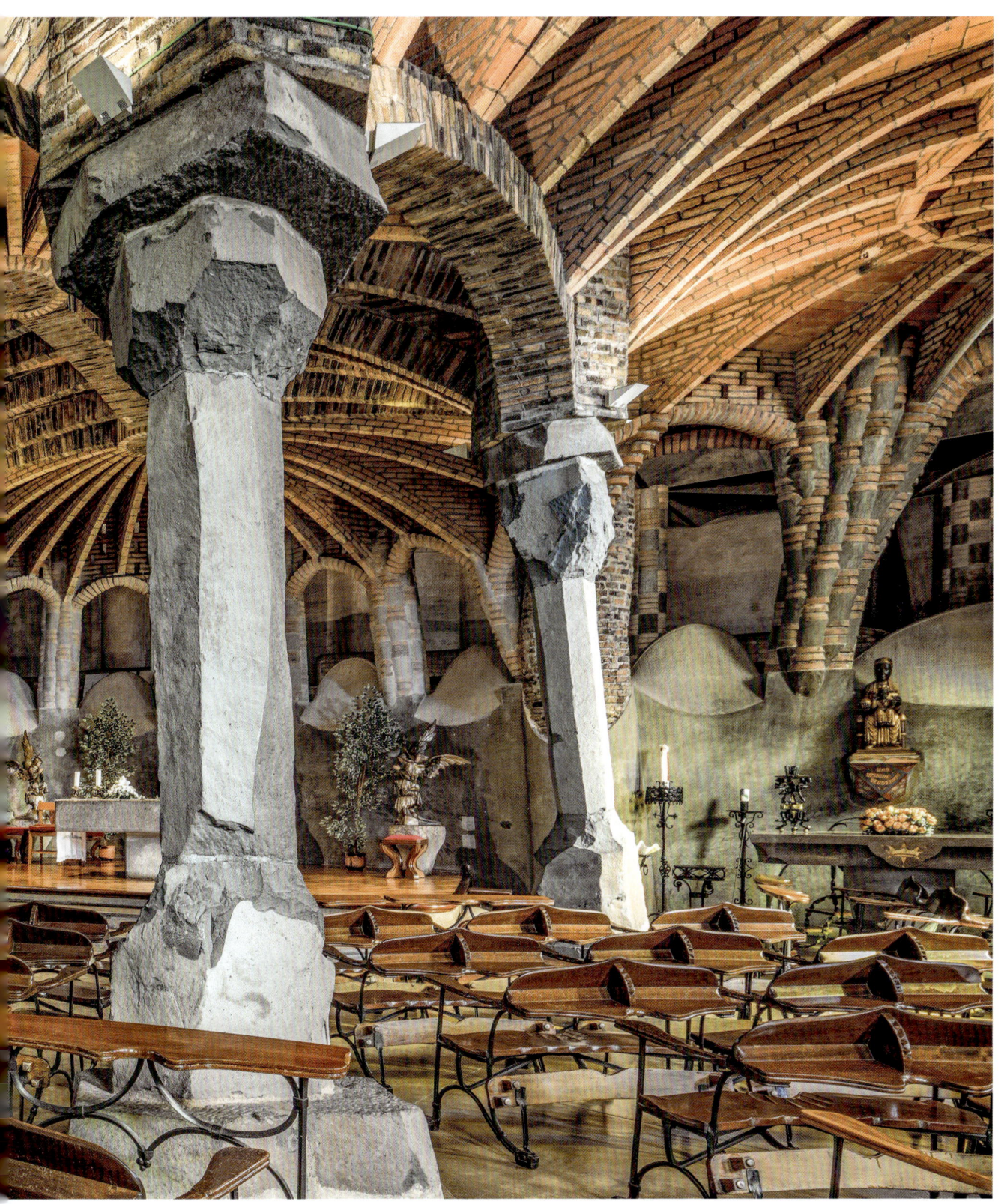

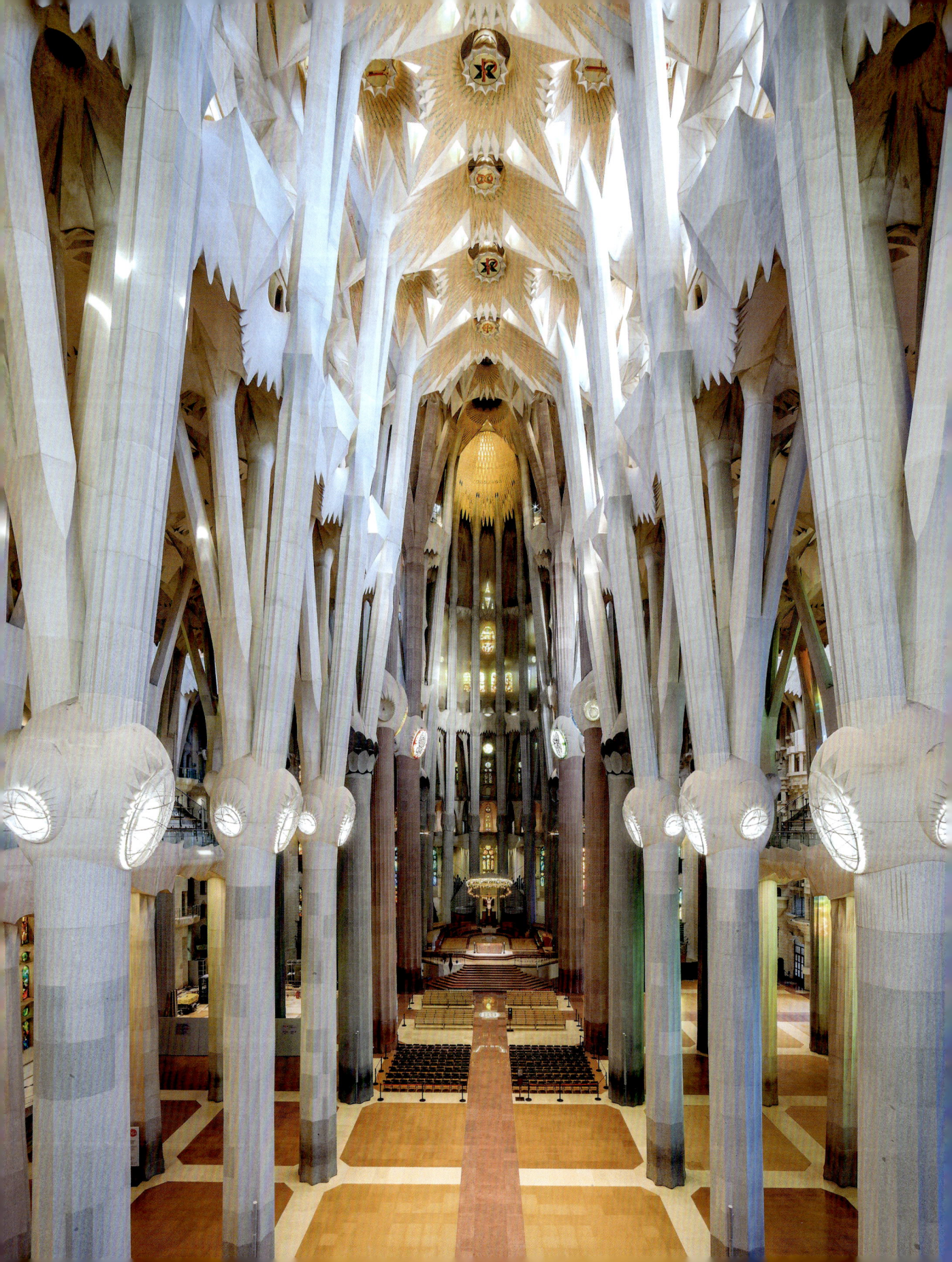

Basílica de la Sagrada Familia
Barcelona

Josep Maria Bocabella Verdaguer (1815-1892) fue un librero que, movido por su gran piedad, sintió la inspiración y el vehemente deseo de organizar la que bautizó con el nombre de Asociación Josefina.

En 1881 adquirió la Asociación una manzana entera del Eixample de Barcelona en el término municipal de Sant Martí de Provençals.

El primer proyecto del Templo Expiatorio de la Sagrada Familia fue realizado por el arquitecto Francesc de Paula del Villar i Lozano en 1882, proyecto que se interrumpió en 1883 después de las desavenencias de Villar con el arquitecto asesor de Bocabella, Joan Martorell Montells.

La dirección fue ofrecida a Martorell que por delicadeza no aceptó, pero propuso a su antiguo ayudante Antoni Gaudí. A partir de este momento el templo cobró forma y espíritu distintos, quedando relegado al olvido el proyecto que Villar redactara.

Gaudí, al hacerse cargo de las obras, lamentó la disposición de la cripta pues hubiera preferido orientar el edificio en el sentido diagonal de la manzana, al no poder llevar a cabo su idea se limitó a rodear de un amplio foso la cripta, que dejó de ser un sótano, y a terminarla sin introducir otras variantes que cambiar los motivos de los capiteles, que dejaron de tener su aire corintio para convertirse en interpretaciones naturalistas de la flora.

En el mes de mayo de 1885 Gaudí firmó un plano de la planta de la Sagrada Familia que sirvió para pedir el permiso de obra en el Ayuntamiento de Sant Martí. No consta que fuera aprobado por el Ayuntamiento.

En 1892 empezaron las obras de la fachada del Nacimiento. Dos años después se concluyó el ábside neogótico en el que las espigas de los pináculos y las gárgolas de anfibios y reptiles apuntaban la tendencia naturalista de la decoración que tendría la fachada del Nacimiento. En 1925 se terminó el primer campana-

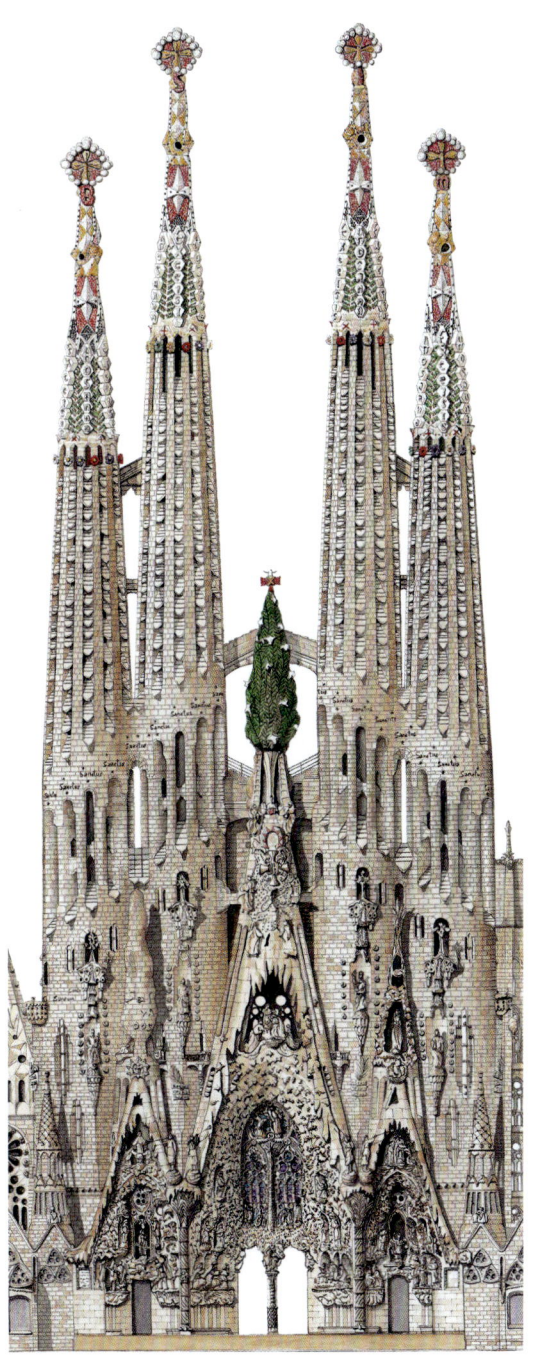

1 **Columnas arborescentes y bóvedas de la nave central**

Fachada del Nacimiento. Marina, 253

rio de esta fachada. Gaudí expresó su alegría al ver «cómo aquella lanza unía el cielo con la tierra». El arquitecto no pudo continuar su obra, puesto que murió al año siguiente. No obstante, en 1923, se alcanzó la solución definitiva de las naves y cubiertas en modelo de yeso a escala 1:10 y 1:25. Las maquetas que Gaudí legó, destruidas en parte durante la Guerra Civil, han permitido la continuación de las obras y pueden verse en el Museo de la Sagrada Familia.

La Basílica de la Sagrada Familia, cuya construcción continúa según el espíritu de Gaudí, es una iglesia de cinco naves, con tres fachadas, Nacimiento, Pasión y Gloria en los extremos del crucero y pie de la iglesia. Está rodeada por un claustro y tendrá en frente a la fachada de la Gloria una gran escalinata donde habrá un tedero y una fuente delante de las capillas del bautismo y de la comunión. Flanquean el ábside dos grandes sacristías, en medio de las cuales figurará la capilla de la Asunción. Dieciocho torres se levantan en honor de Jesucristo, la Virgen, los Apóstoles y los Evangelistas. Gaudí concibió este templo no solo como una expresión de su arquitectura naturalista, sino también como un texto bíblico en forma arquitectónica.

2 **Interior de la basílica, un bosque de columnas arborescentes**

3 **Fachada del Nacimiento**

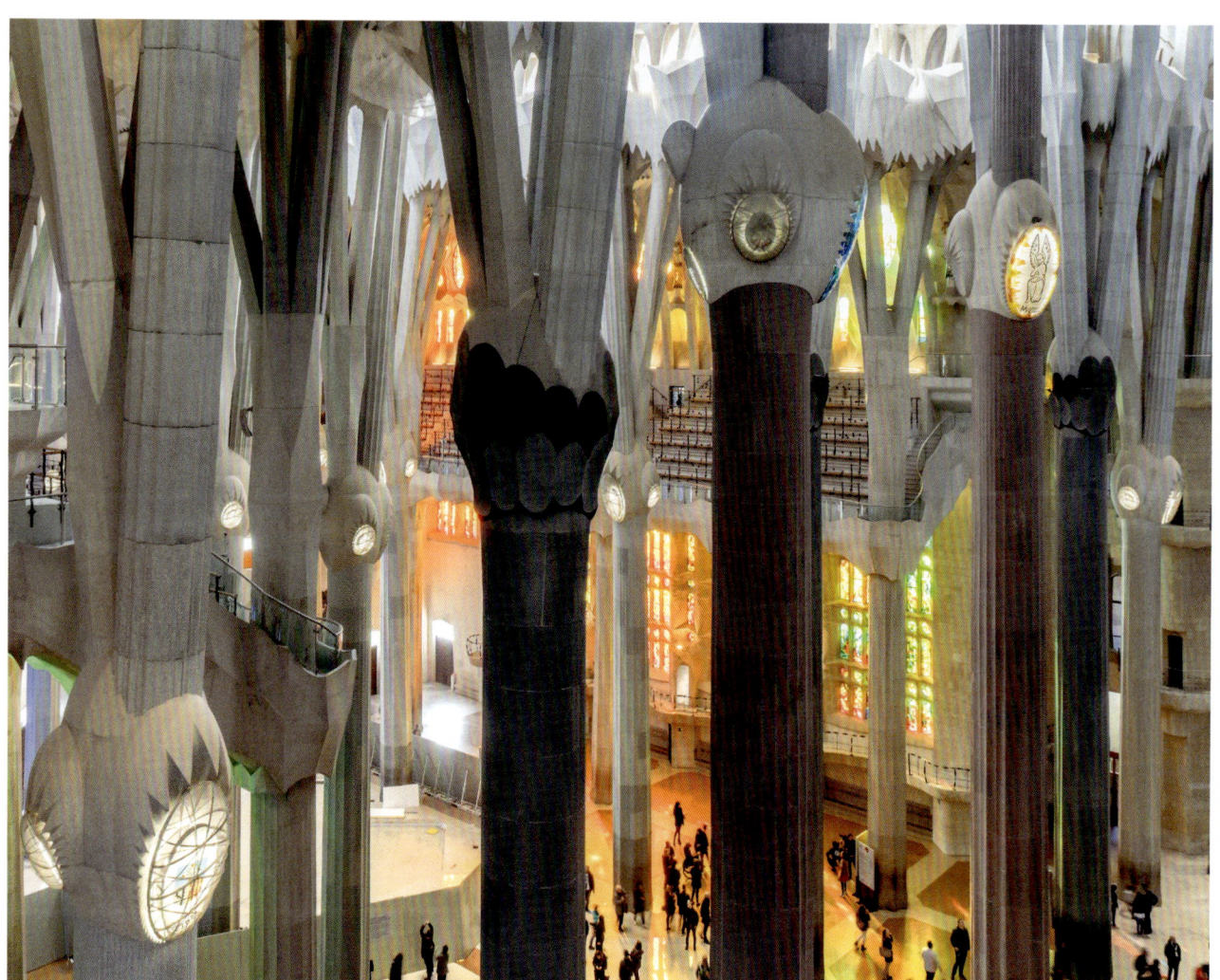

2

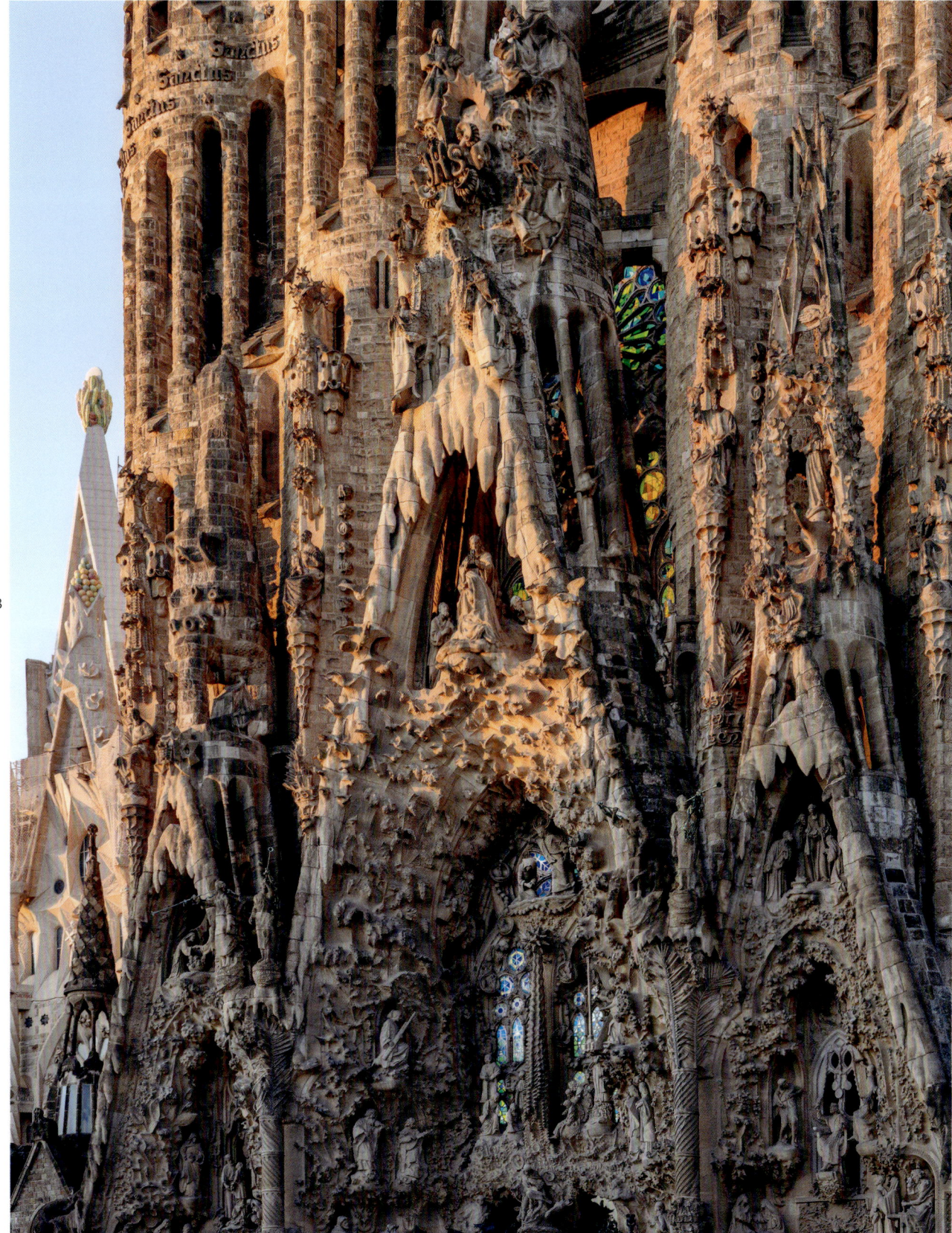

3

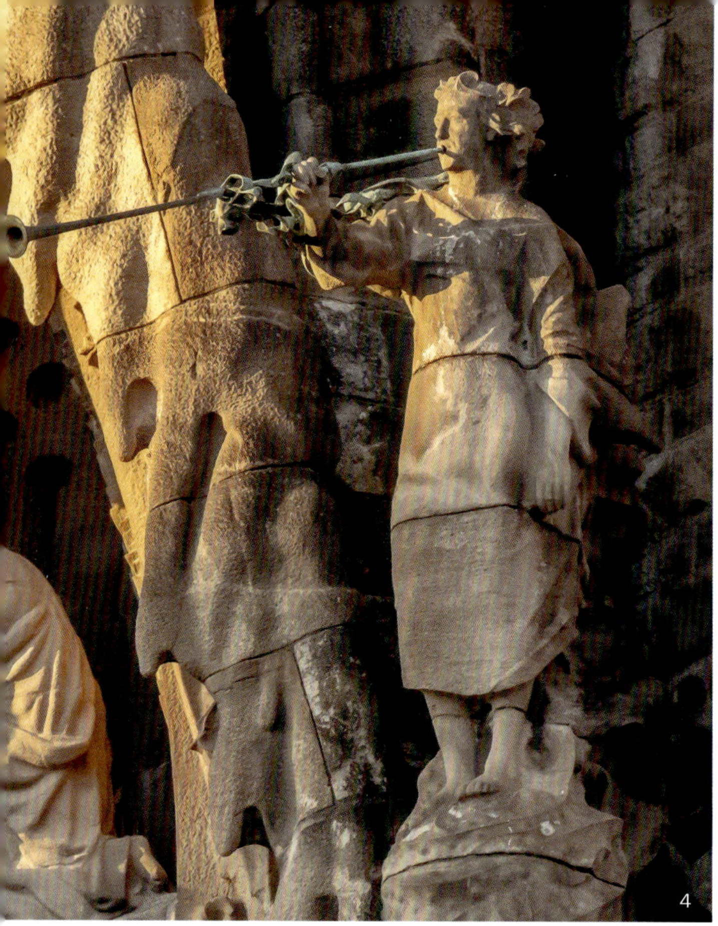

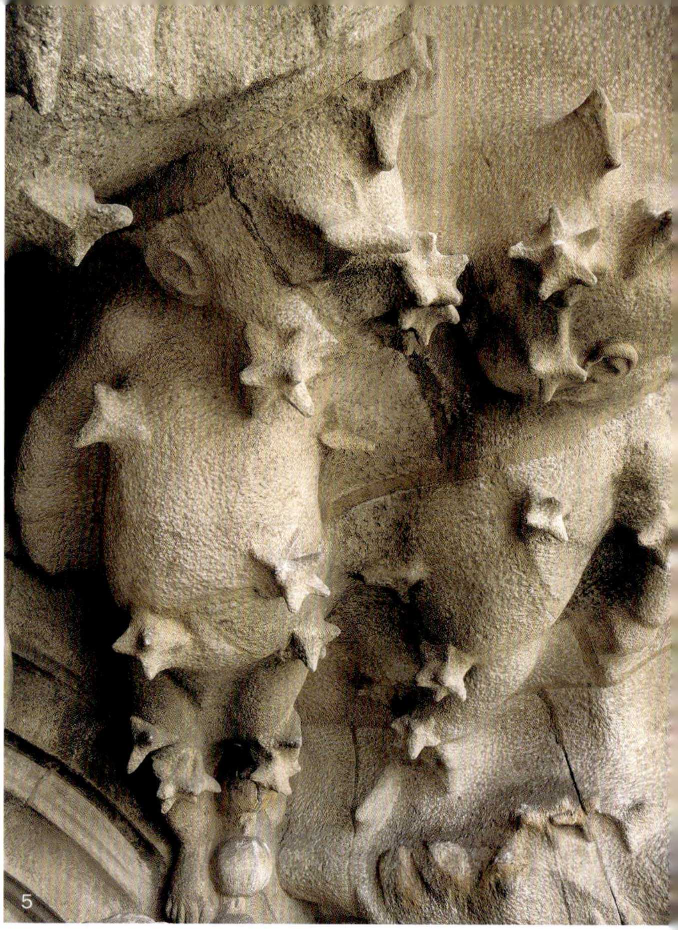

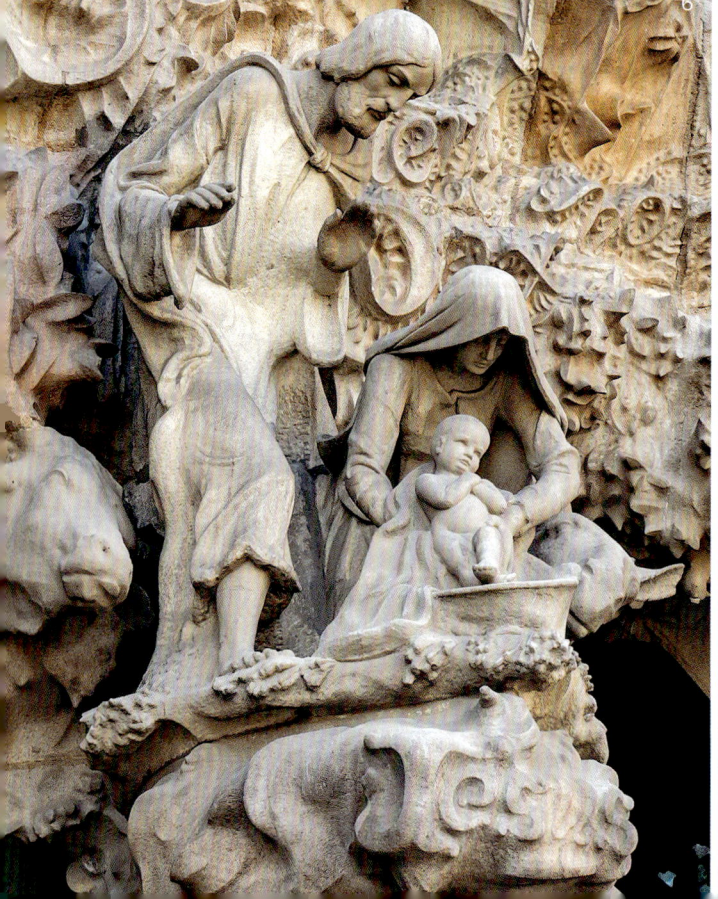

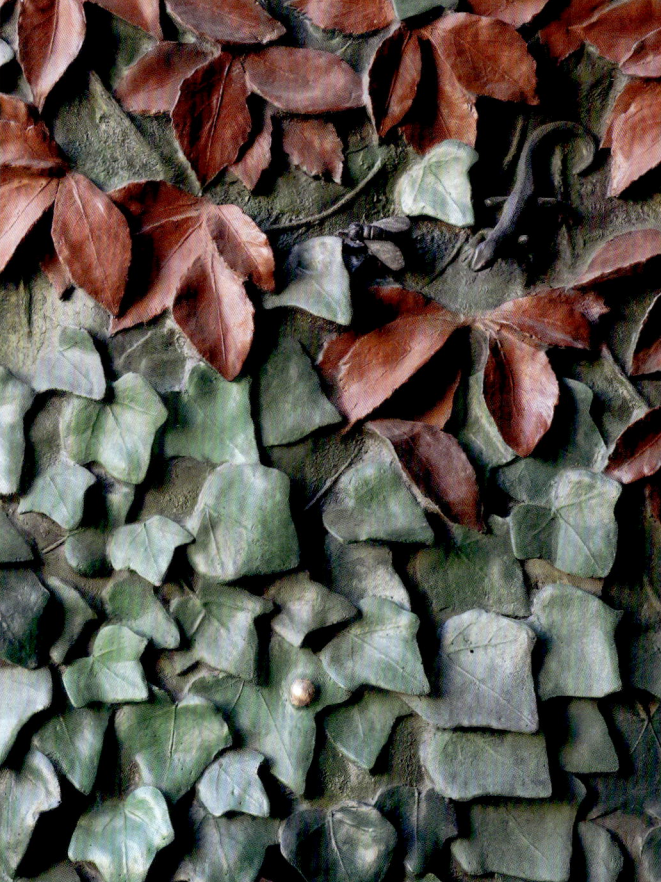

4 **Ángel trompetero**

5 **Constelación de Géminis en el grupo escultórico del zodíaco**

6 **Grupo escultórico del Nacimiento**

7 **Detalle de las puertas de la fachada del Nacimiento realizadas por Etsuro Sotoo**

8 **Portal de la Caridad**

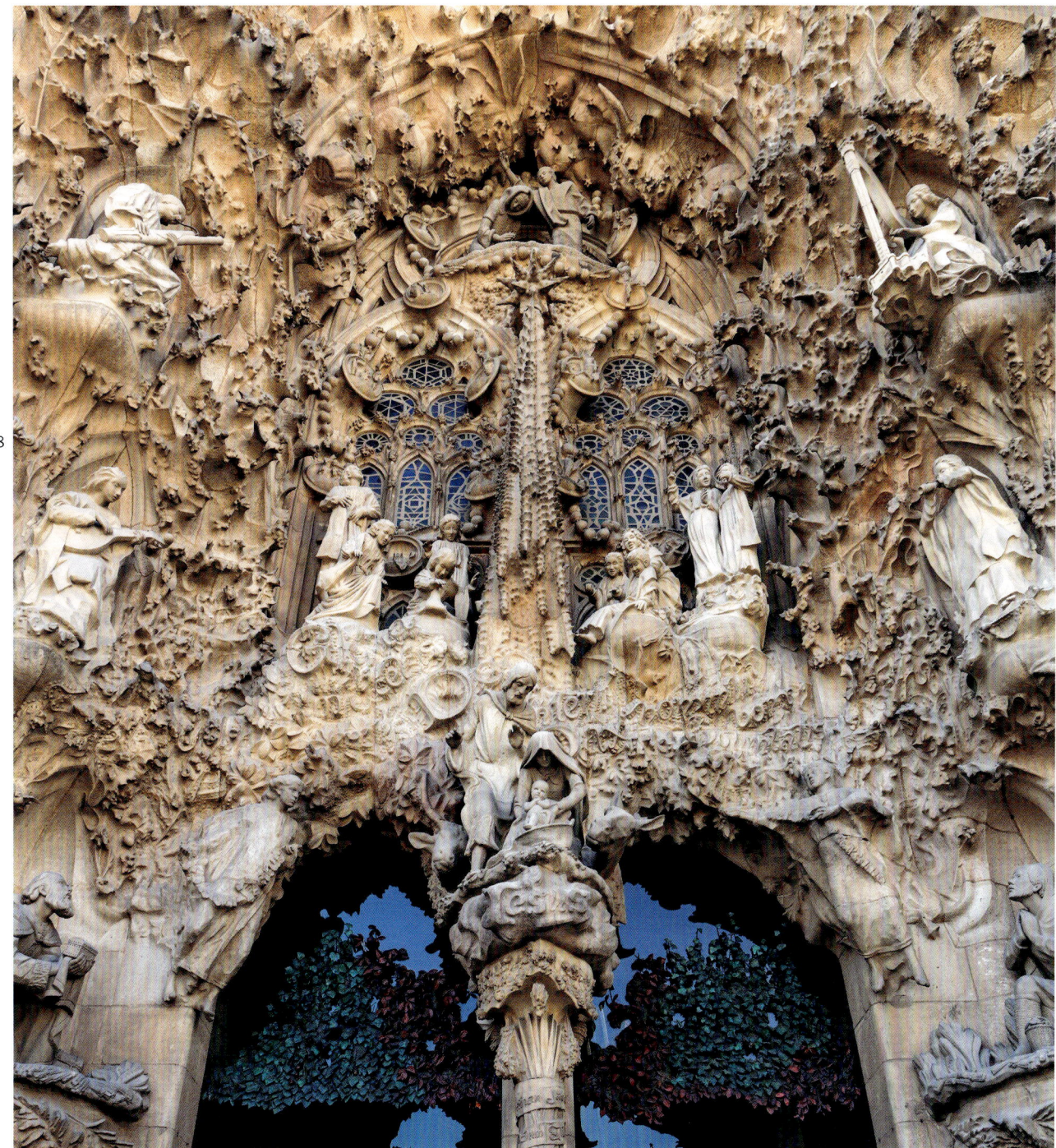

8

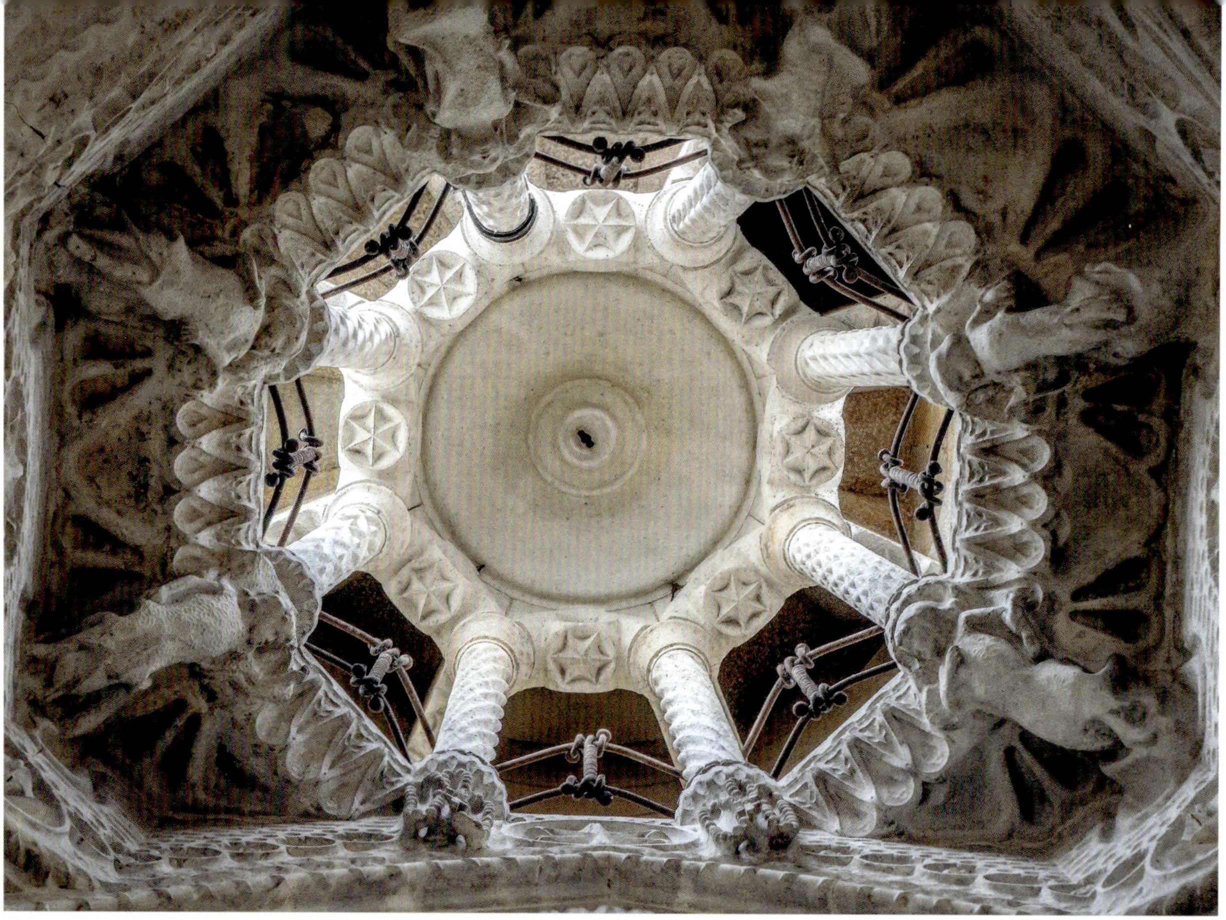

9

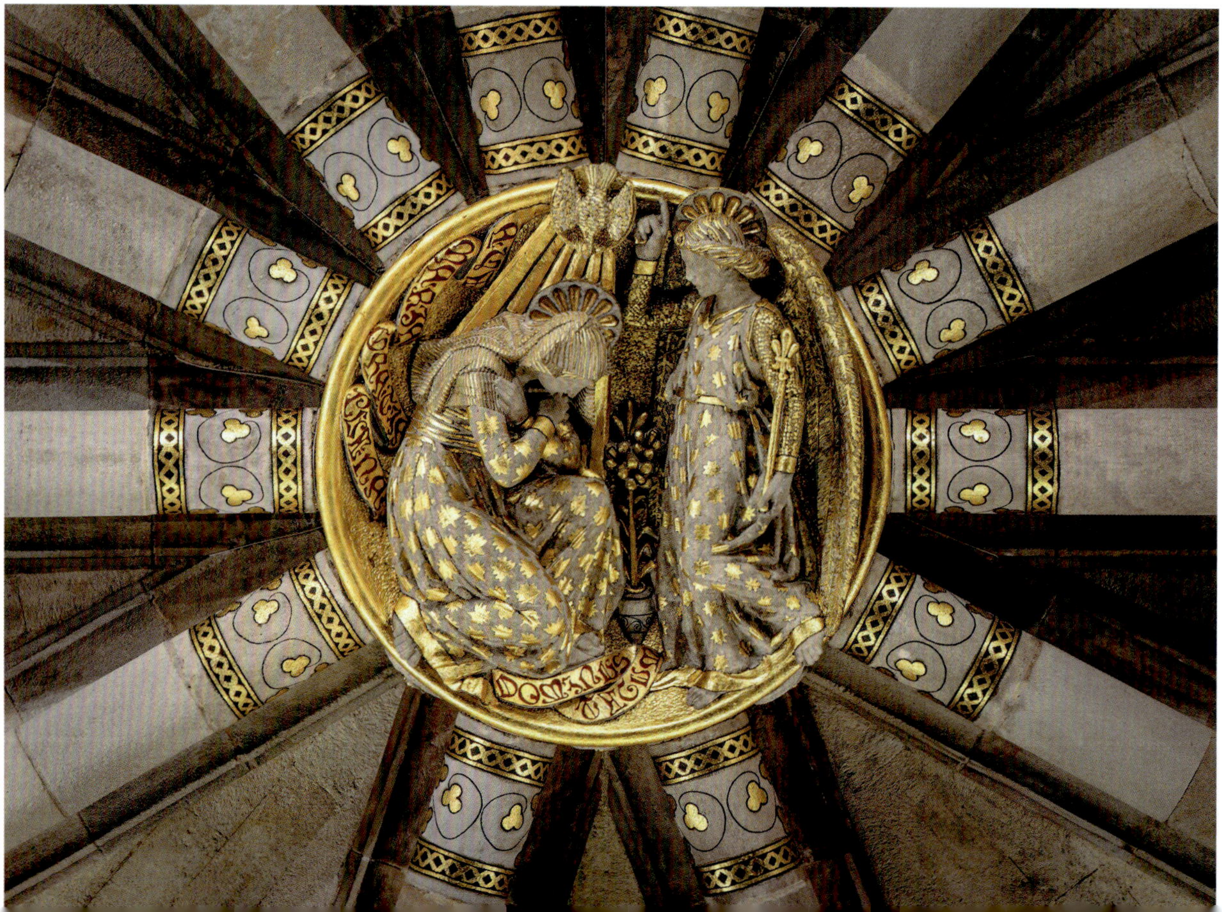

10

9 **Cúpula de la capilla del Rosario**

10 **Clave de J. M. Flotats
en la bóveda de la cripta**

11 **Lámparas en la cripta**

11

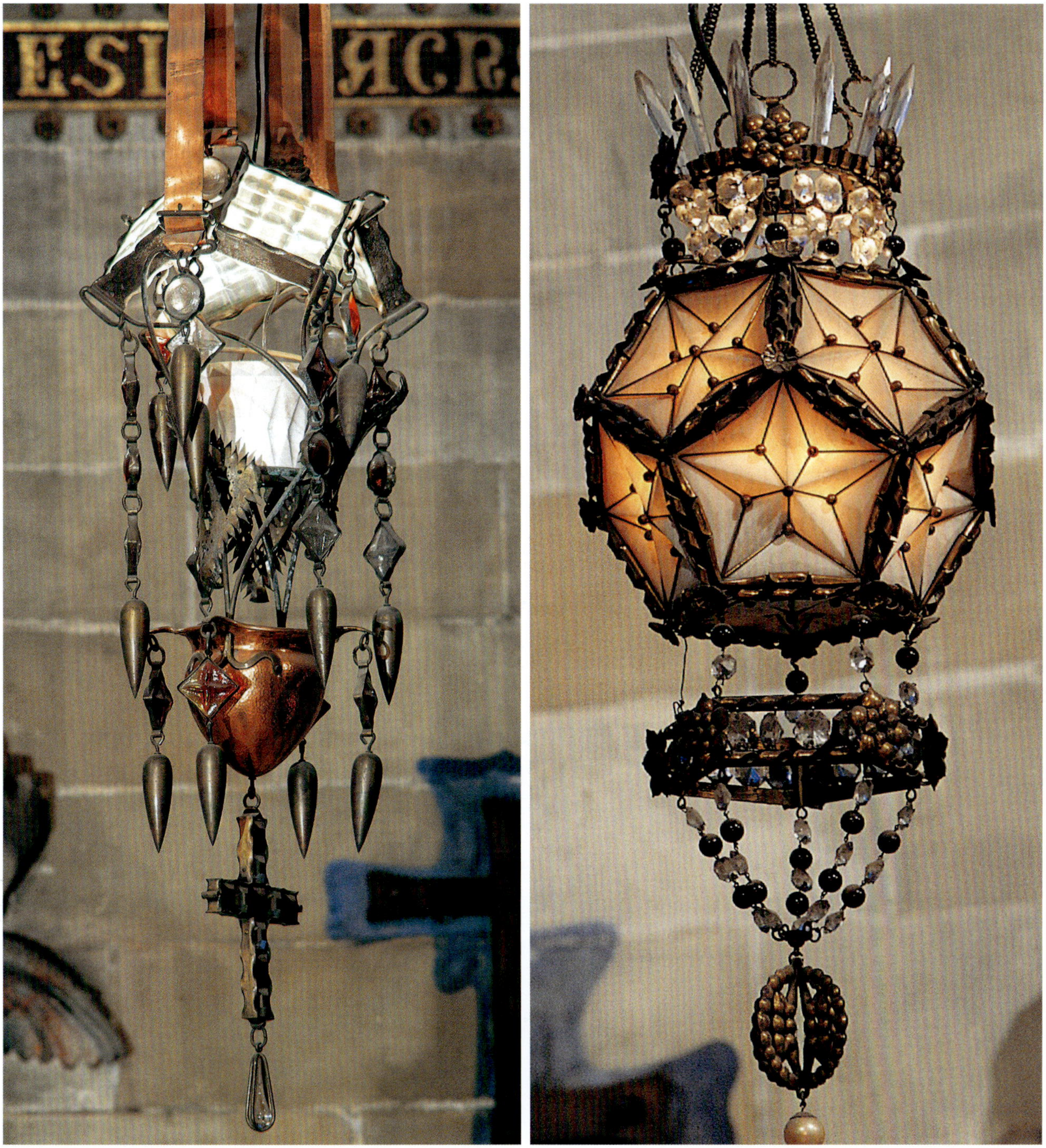

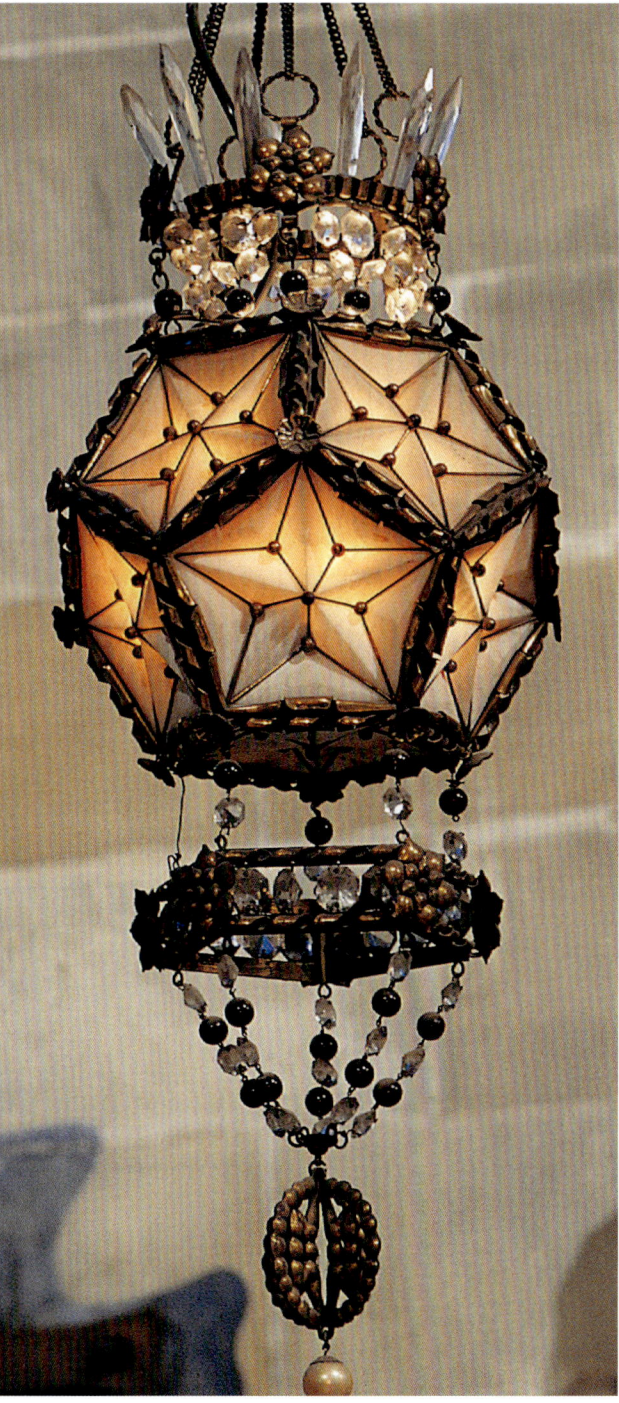

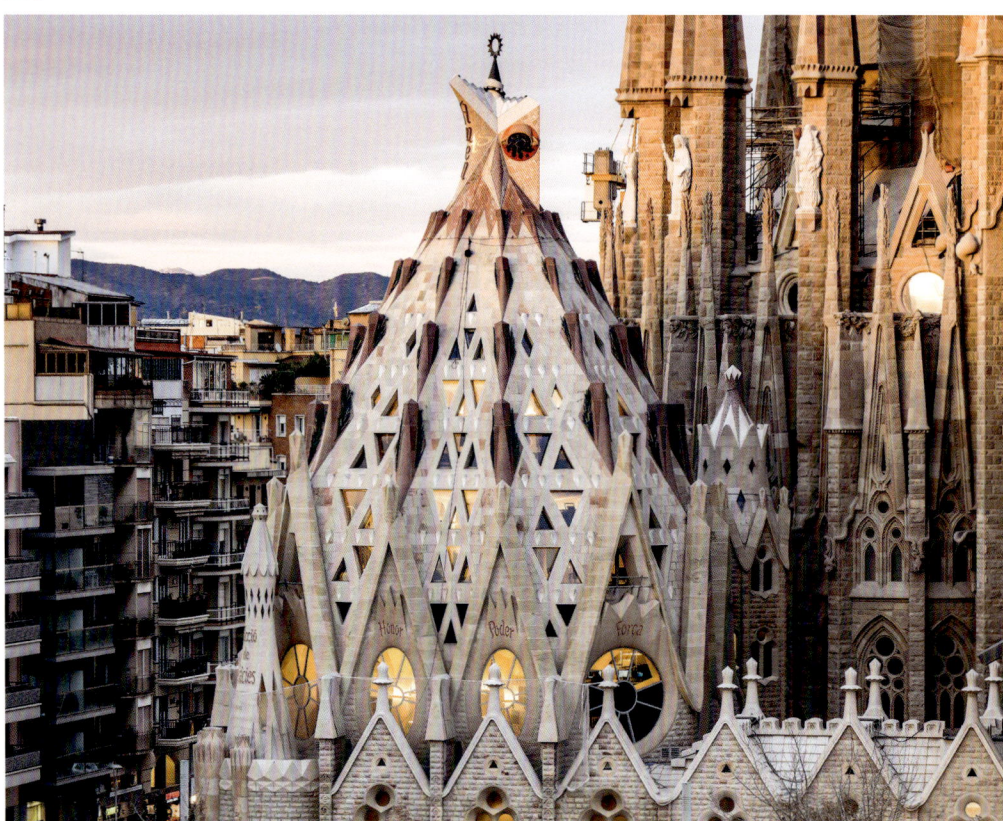

12 **Sacristía**

13 **Visión cenital de la escalera de caracol**

14 **Terminales de las torres de María, de los evangelistas y de los campanarios de la fachada de la Pasión**

12

13

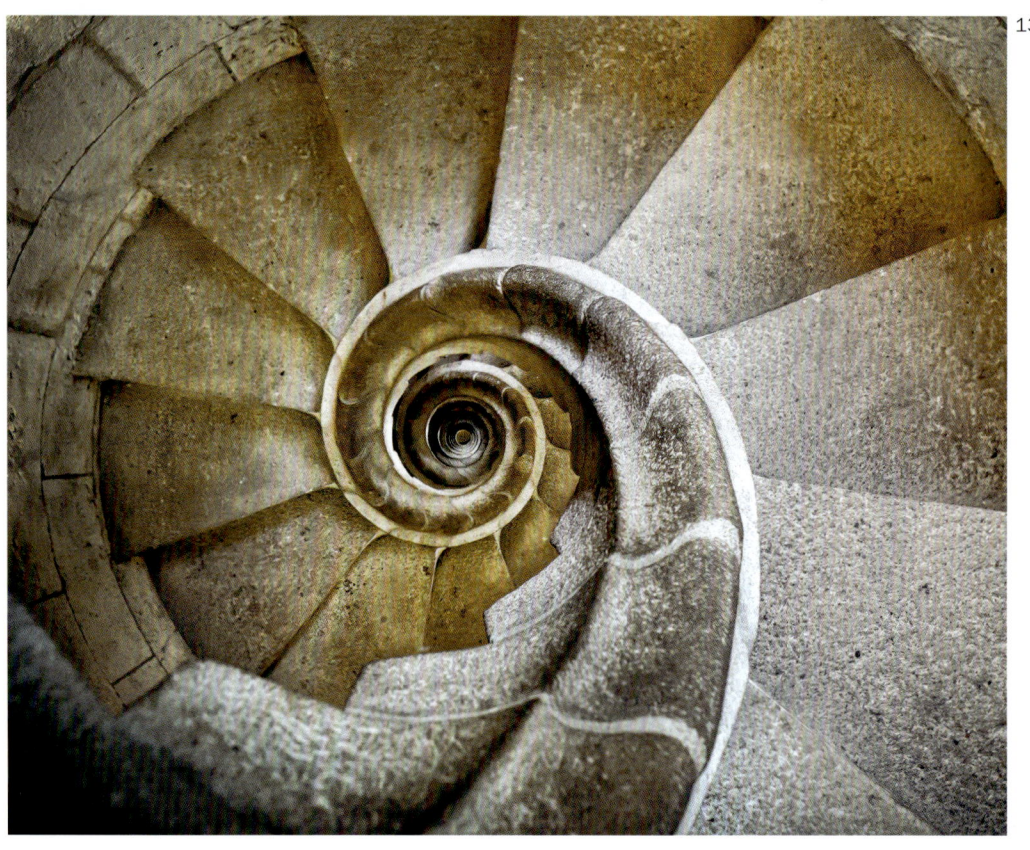

14

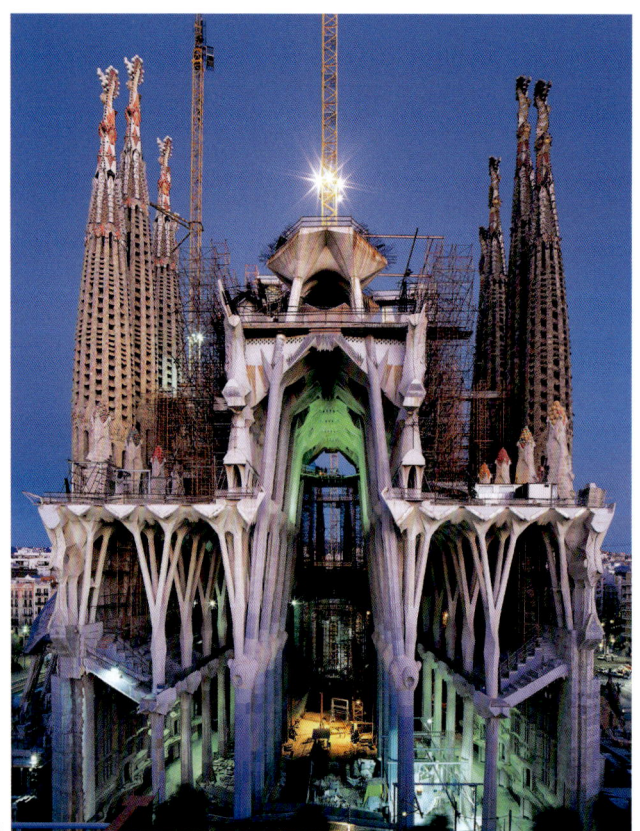

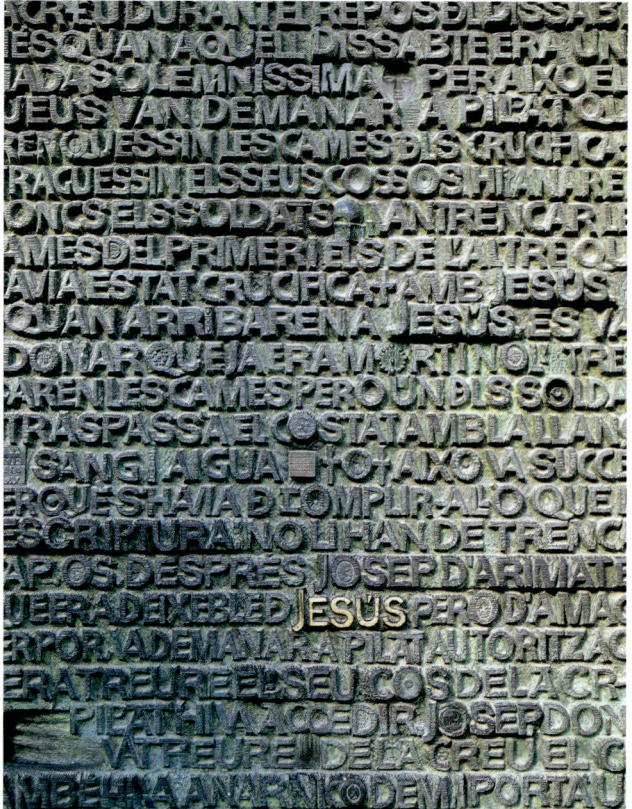

15

16

17

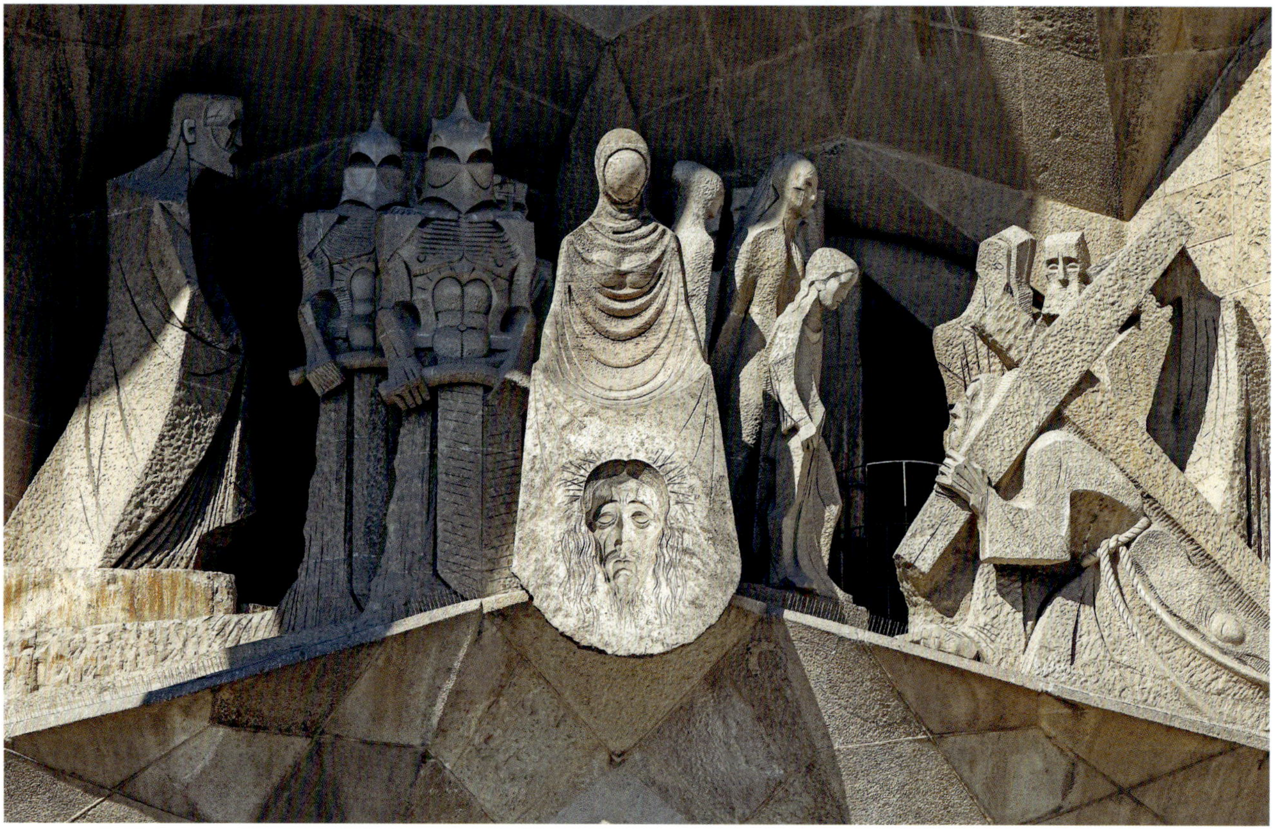

18

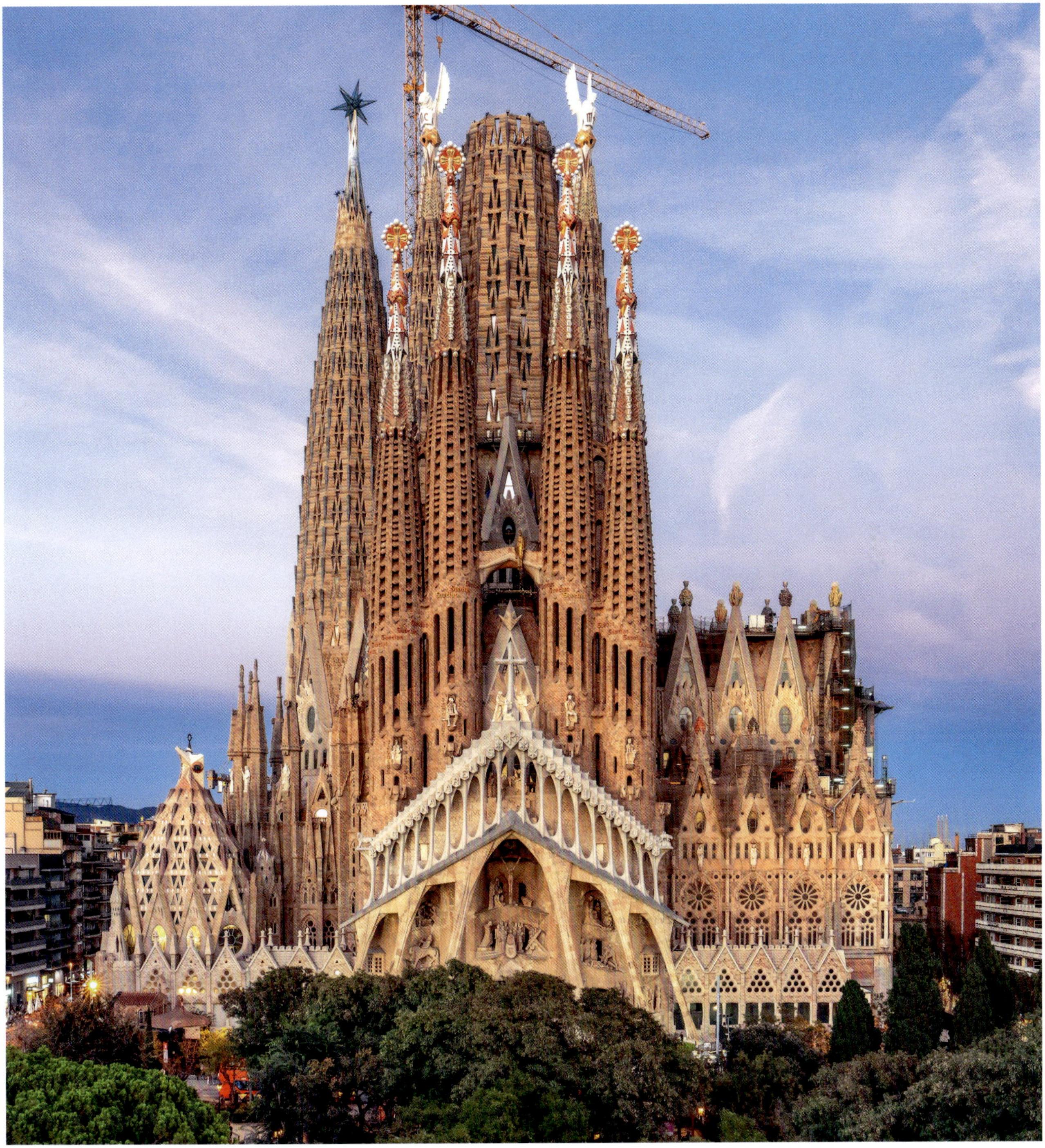

15 **Nave central y cantorías desde la futura fachada de la Gloria**

16 **Detalle de la puerta de la fachada de la Pasión**

17 **Grupo de la Verónica en la fachada de la Pasión, obra de J. M. Subirachs**

18 **Fachada de la Pasión**

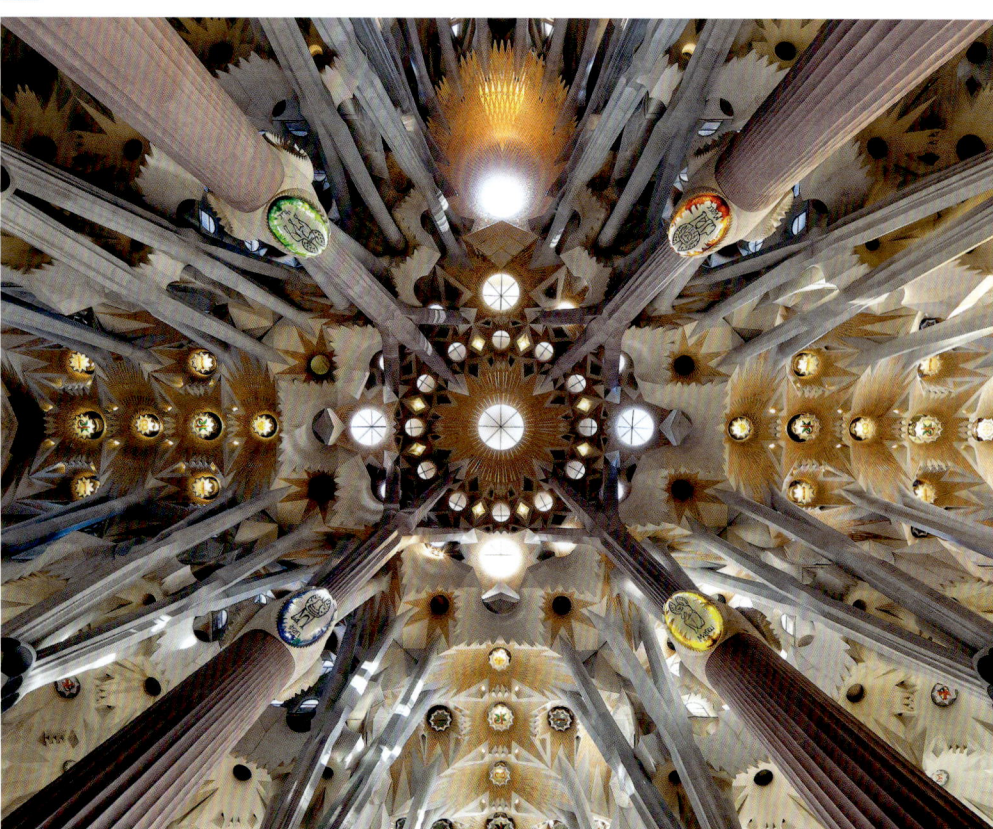

19 **Bóveda del crucero**

20 **Nudos
en las columnas
de la nave central**

21 **Cubierta ondulada
de las escuelas
que impresionaron
a Le Corbusier
y que, en su
aparente sencillez,
evidencian la
fuerza expresiva
y estructural
de la aplicación
de superficies
regladas, en este
caso conoides**

22 **Techo
de las escuelas**

19

20

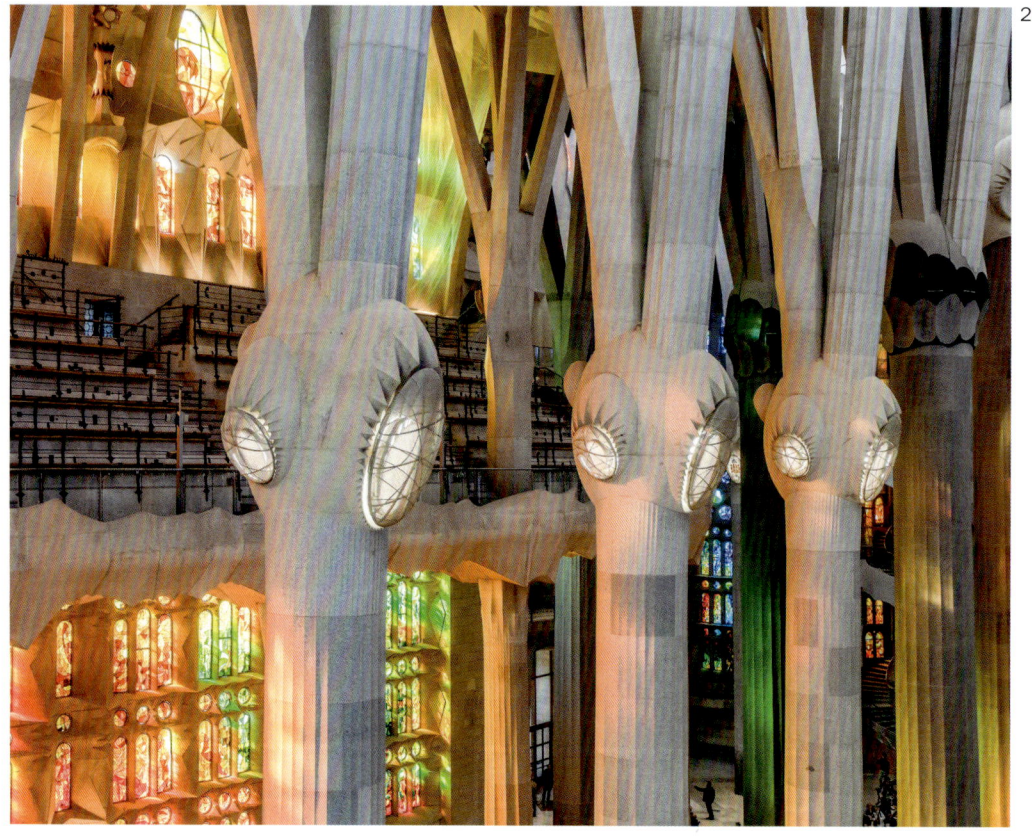

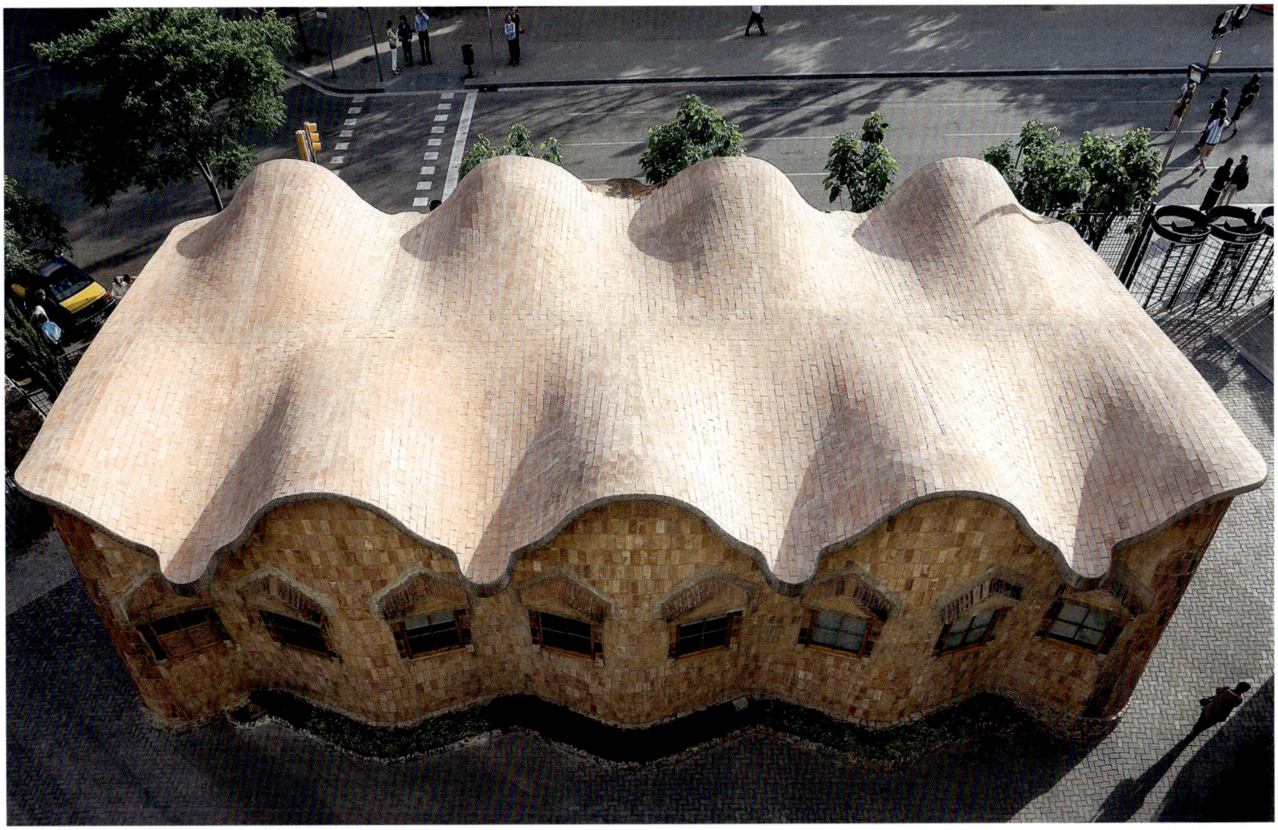

21

22

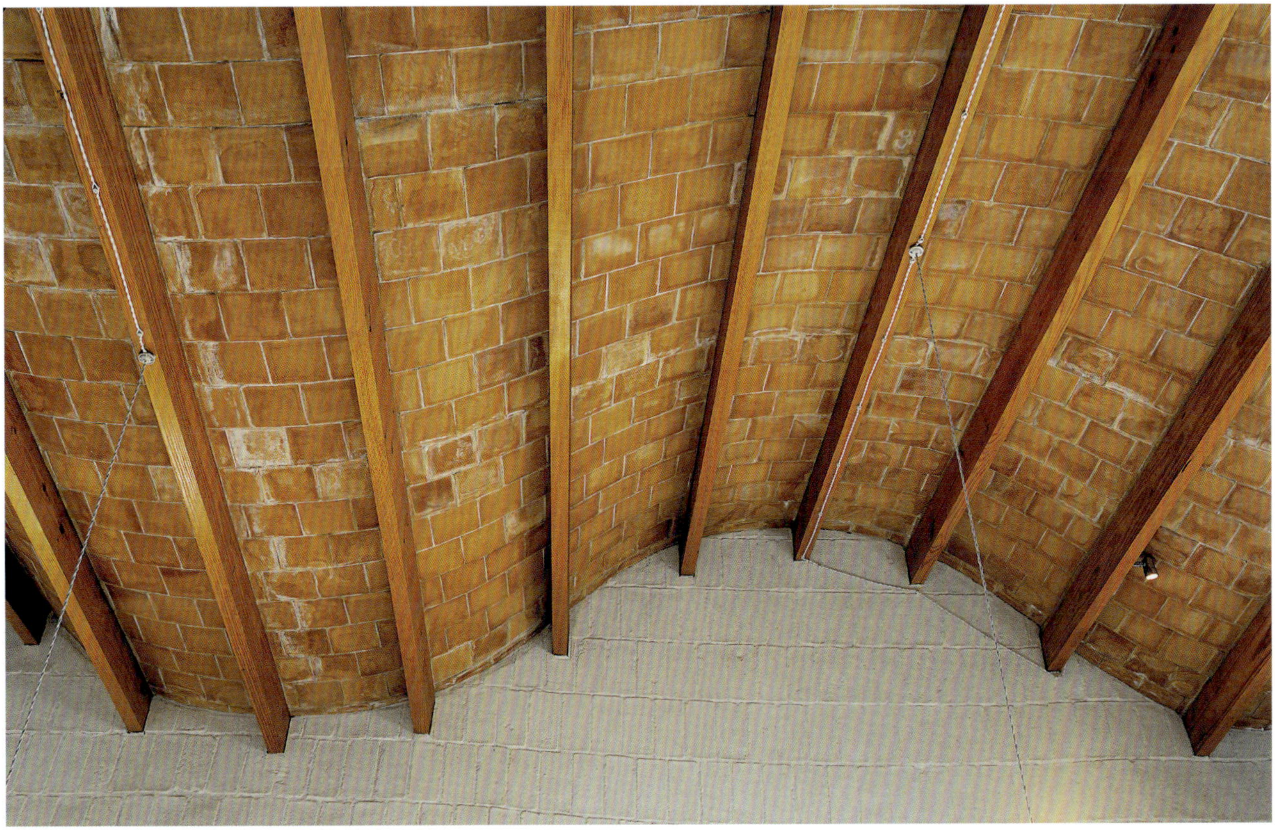

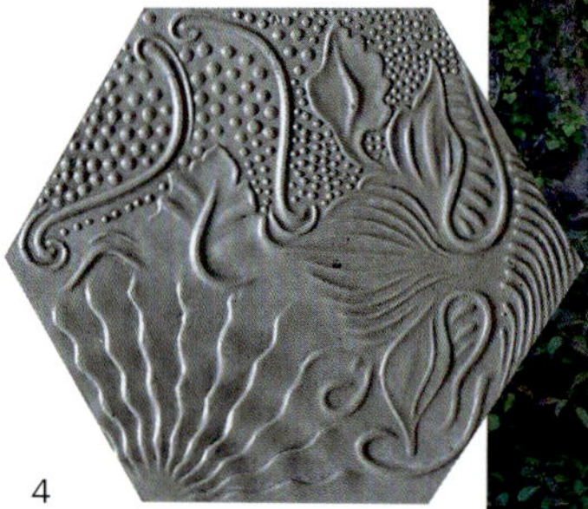

4

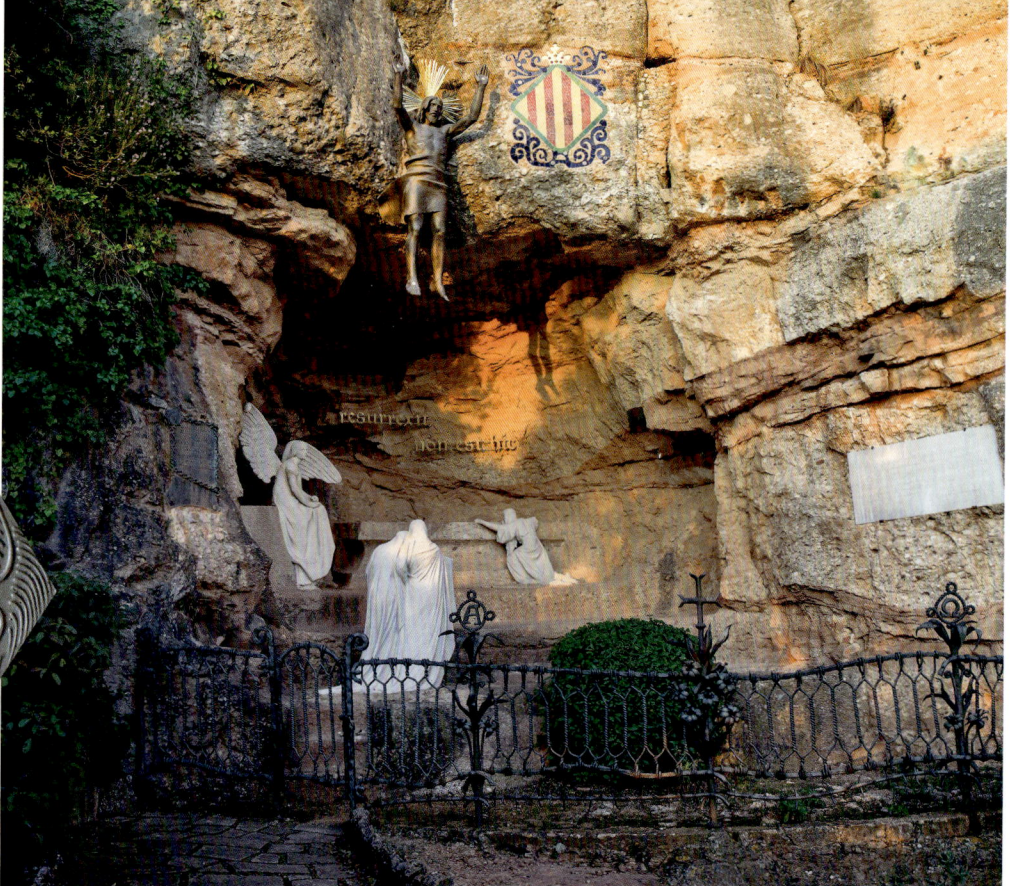

1

2

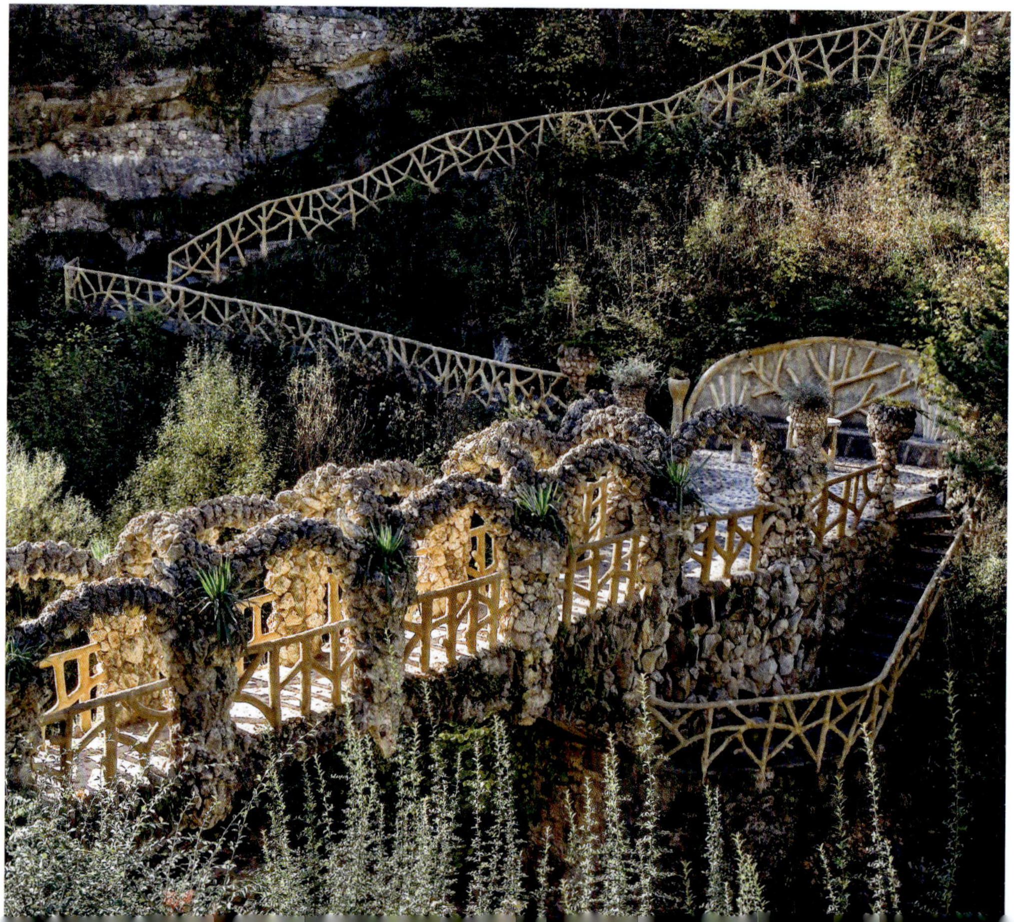

Otras obras

En 1902 Gaudí visitó la zona montañosa de La Pobla de Lillet (Berguedà). En este lugar agreste proyectó un jardín que cuenta con dos puentes de piedra sobre el Llobregat, diversas esculturas y glorietas. De aire decididamente romántico, fue realizado por operarios procedentes de las obras del Park Güell. No fue identificado como obra de Gaudí hasta 1973 y posteriormente ha sido replantado, restaurado y facilitado su acceso mediante el antiguo ferrocarril minero.

El canónigo de Vic, Jaume Collell Bancels propuso la construcción de las quince estaciones del Rosario de Montserrat a la largo del camino de la Santa Cueva, donde se halló la imagen de la Virgen. Distintas congregaciones piadosas y particulares financiaron la construcción de los monumentos correspondientes a los Misterios del Rosario. La «Lliga Espiritual de la Mare de Déu de Montserrat» encargó a Gaudí en 1903 el proyecto del Primer Misterio de Gloria, la Resurrección de Cristo, y para ello compuso una arquitectura sin otros elementos que una gruta excavada en la ladera del monte, donde se situó el sepulcro vacío de Cristo con las tres Marías, y en lo alto, la figura del resucitado, obra de bronce de Josep Llimona Bruguera.

Hermenegild Miralles Anglès fue editor, fabricante de losetas de «papier maché» y buen amigo de Gaudí al que encargó, en 1902, el muro de cierre y puerta de ingreso a su finca en la Carretera Particular Güell en Sarrià. Se trata de un muro de líneas y superficies curvas según el concepto gaudiniano de la arquitectura del planoide edificado con sillares de cantería rematados con superficies curvas revocadas y rejas de tela metálica. Cuenta con dos puertas, de carruajes y de peatones, con una marquesina protectora de perfiles metálicos y tejas de fibrocemento Rocalla semejantes a caparazones de tortugas. Encima hay una cruz metálica tridimensional.

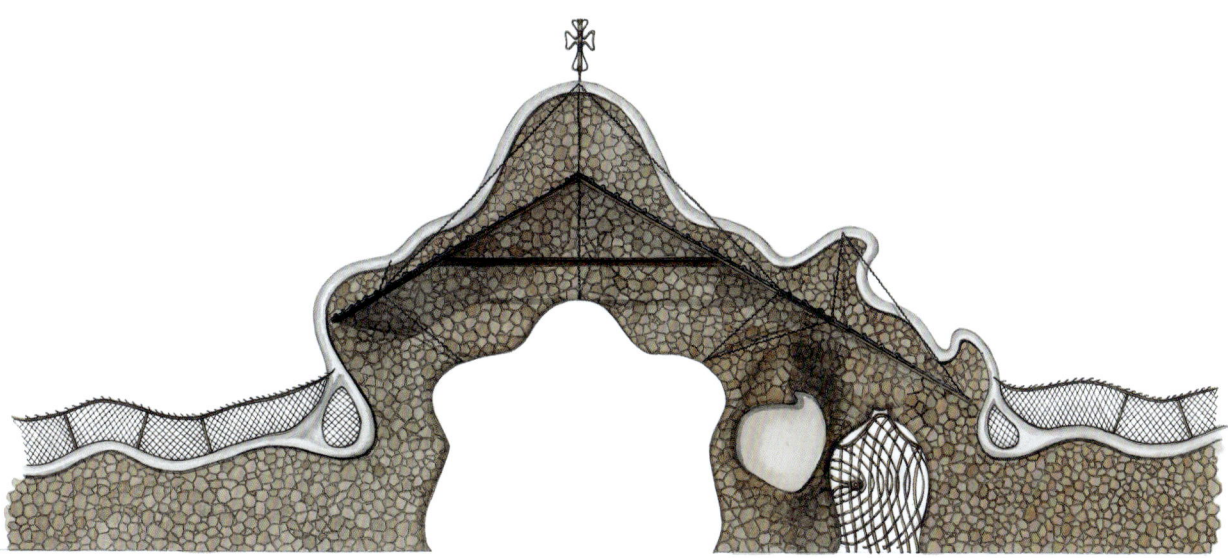

3

Manuel Girona, 55

122

Cronología

1852
Antoni Gaudí i Cornet nace en Reus.

1867
Concibe, con Eduard Toda y Josep Ribera, un plan de restauración para el monasterio de Poblet.

1869
Se traslada a Barcelona con su hermano Francesc.

1872
Ingresa en la Escuela superior de Arquitectura de Barcelona.

1876
Las muertes de su hermano Francesc y de su madre influyen profundamente en el ánimo del joven Gaudí, que busca refugio en sus estudios de arquitectura. De esa época se conservan proyectos como la puerta del cementerio o el embarcadero.

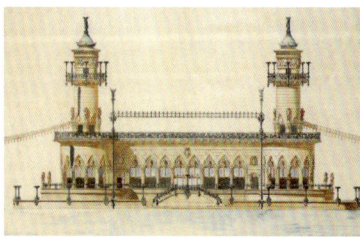

Para costearse los estudios, trabaja con los arquitectos F. de P. del Villar y E. Fontseré a quien ayudó en el parque de la Ciutadella donde Gaudí realizó, entre otras obras, los dos plafones naturalistas que hay en la entrada del Aquarium, situado detrás de la cascada monumental.

1877
Acaba el proyecto de final de carrera para un Paraninfo universitario.

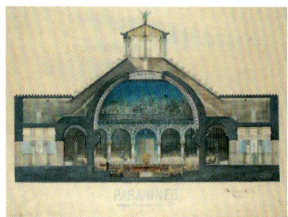

1878
Crea una vitrina para la guantería Comella, exhibida en la Exposición Universal de París.

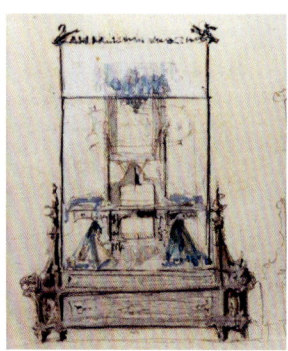

Culmina sus estudios en la Escuela de Arquitectura. El director, Elies Rogent, afirma: «No sé si hemos dado el título a un loco o a un genio».

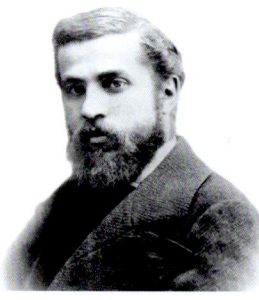

1879
Muere la hermana de Gaudí y éste se hace cargo de la tutela de su sobrina Rosa Egea. Decora la farmacia Gibert. Ingresa en la Asociación Catalanista de Excursiones científicas. Diseña el altar de la Capilla del colegio Jesús-María en Tarragona.

Diseña el quiosco Girossi y farolas para el Ayuntamiento de Barcelona. Tras ver la vitrina de Comella, Eusebi Güell se interesa por la obra de Gaudí y le encarga los muebles litúrgicos para la capilla de Antonio López en Comillas.

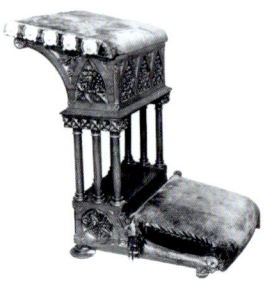

Realiza varios proyectos para la Sociedad Cooperativa Mataronense, de los que se conserva la acuarela que se mostró en la Exposición Universal de París.

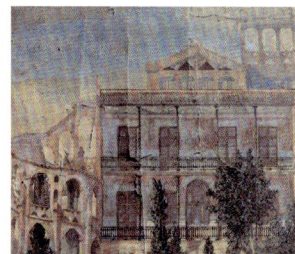

1881
Publica un artículo en la revista *La Renaixensa*. Construye un quiosco con motivo de la visita del rey Alfonso XII a Comillas.

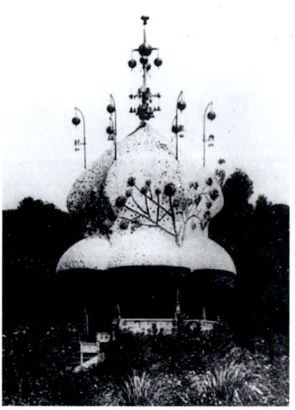

1882
Delinea el proyecto de Joan Martorell, que participó en un concurso para la fachada de la catedral de Barcelona y diseña un pabellón de caza para la propiedad de Eusebi Güell en Garraf. Ninguno de los dos se llevó a cabo.

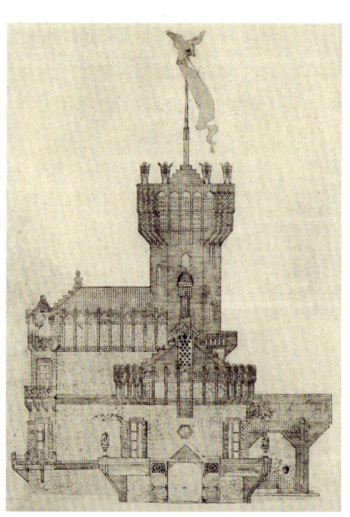

1883

Propuesto por
Joan Martorell, Gaudí
releva a F. del Villar al
frente de las obras de
la Sagrada Familia.

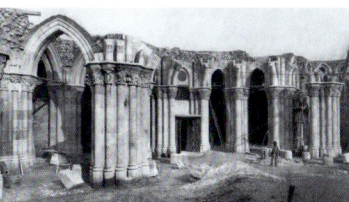

Empieza la Casa Vicens
y el Capricho de Comillas.
Contrata como ayudante
a un joven de 17 años,
Francesc Berenguer.

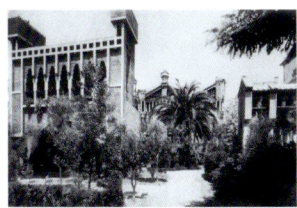

Por primera vez, utiliza
el arco catenárico en la
sala de blanqueo de la
Cooperativa Mataronense.

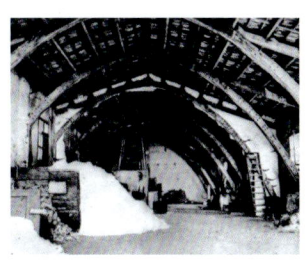

1884

Firma el primer
documento oficial como
arquitecto del templo de
la Sagrada Familia.
Empieza los pabellones de la
finca de Güell en Les Corts.

1885

Primer proyecto completo
para la Sagrada Familia.

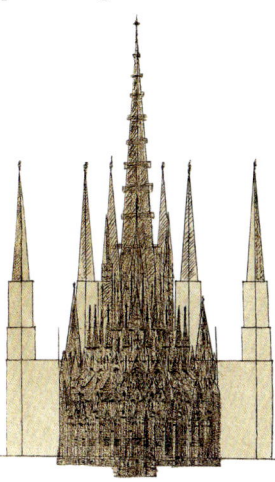

Diseña la Puerta del Dragón
de los Pabellones Güell.

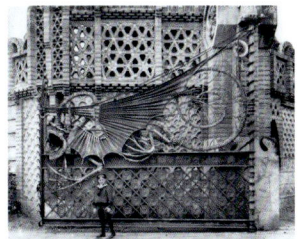

1886

Después de realizar
numerosas variantes del
diseño de la fachada del
Palacio Güell, Gaudí,
ayudado por Berenguer,
alcanza una solución que
presenta al Ayuntamiento
de Barcelona.

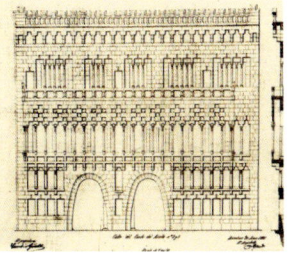

Empieza la construcción
del Palacio Güell.

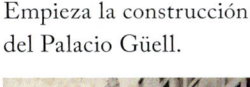

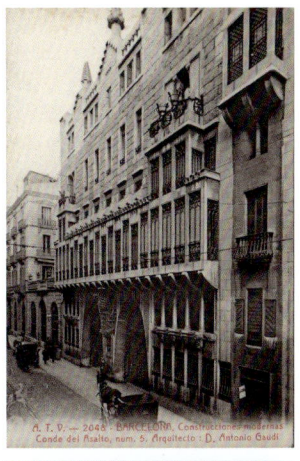

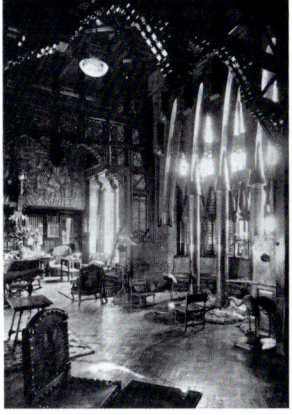

1887

Viaja con Domènech
i Montaner a Manises
(Valencia) para aprender
las técnicas tradicionales
de la cerámica vidriada.
Acaba los pabellones
de la Finca Güell.

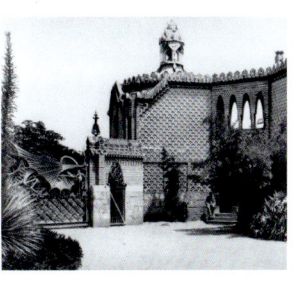

1888

Hace el pabellón para la
Compañía Transatlántica en
la Exposición Universal de
Barcelona.
Proyecta la decoración
–no realizada– del
Saló de Cent.
Finaliza la Casa Vicens
y Enric d'Ossó le encarga
las obras del Colegio
de las Teresianas.

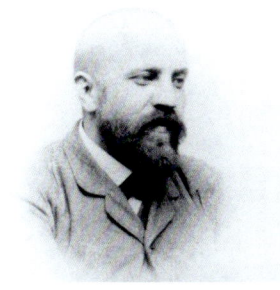

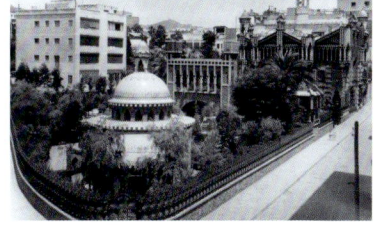

1890

Empiezan los viajes a León
y Astorga. Joan Baptista
Grau, el obispo de Astorga,
influye profundamente
en la visión religiosa de
Gaudí. Termina el Colegio
de las Teresianas.

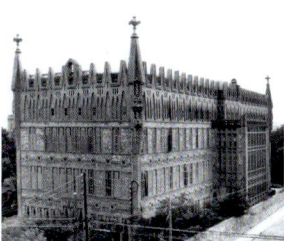

1891

Gaudí firma el proyecto para la Casa Botines de León.

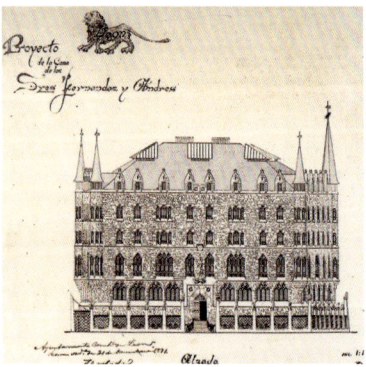

1892

Construye la Casa Botines en diez meses.

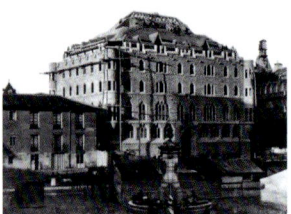

Empieza el proyecto para la fachada del Nacimiento. El ábside de la Sagrada Familia alcanza una altura de 20 metros.

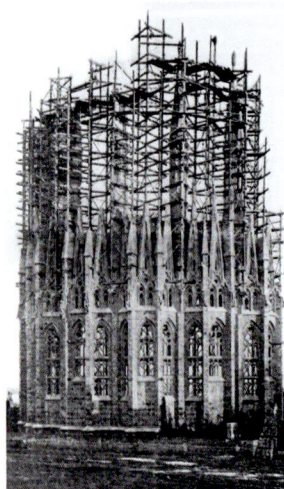

1893

Abandona las obras del Palacio Episcopal de Astorga sin finalizar las cubiertas.

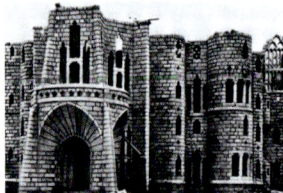

Realiza el proyecto para las Misiones Católicas Franciscanas de Tánger que, aunque no se ejecutó nunca, presenta similitudes con el templo de la Sagrada Familia.

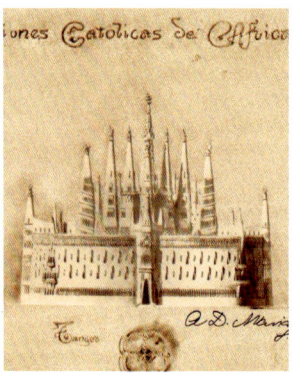

Acaba el ábside del Templo.

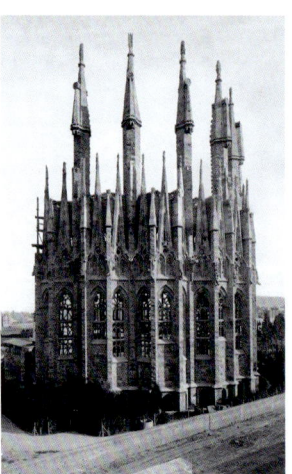

1894

Se cimenta la Fachada del Nacimiento y empieza su construcción.

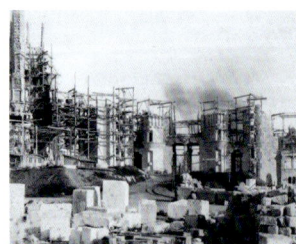

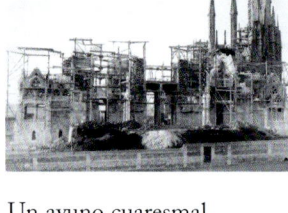

Un ayuno cuaresmal pone en peligro la vida del arquitecto. Torres i Bages le disuade para que abandone la penitencia.

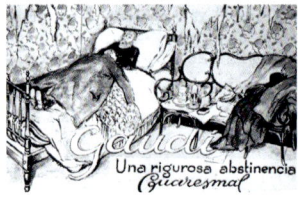

1895

Planifica las bodegas Güell de Garraf.

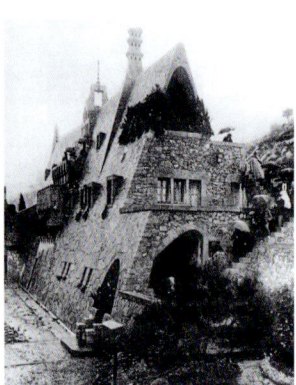

1898

Presenta el proyecto para la Casa Calvet.

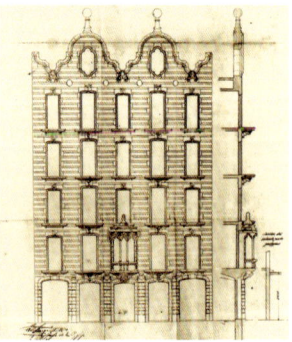

Empieza los estudios para la construcción de la cripta de la Colonia Güell y el desarrollo de la maqueta polifunicular.

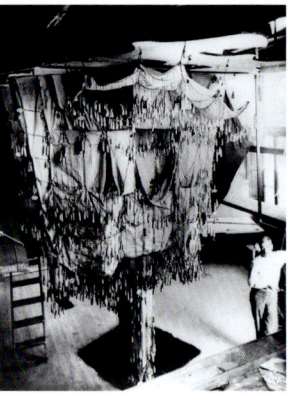

1899

Ingresa en dos instituciones catalanistas de ideología católica: el Cercle Artístic de Sant Lluc y la Lliga Espiritual de la Mare de Déu de Montserrat, que encarga a Gaudí la construcción del Primer Misterio de Gloria.

1900

Empieza la torre de Bellesguard y el Park Güell. Acaba la Casa Calvet, que recibe el premio del Ayuntamiento al mejor edificio de Barcelona.

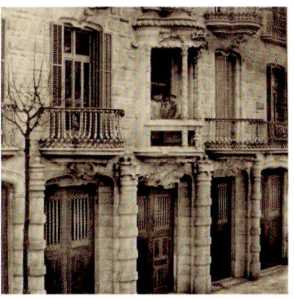

Se colocan algunas esculturas en la fachada del Nacimiento. Las limosnas para el templo escasean.

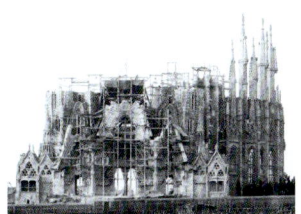

1902

Construye la puerta para la finca de Hermenegildo Miralles y participa en la decoración del cafe Torino (hoy desaparecido).

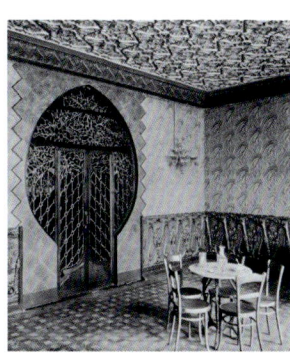

1904

Emprende la reforma de la catedral de Mallorca y de la Casa Batlló, para la que concibe un primer proyecto que difiere notablemente del resultado final.

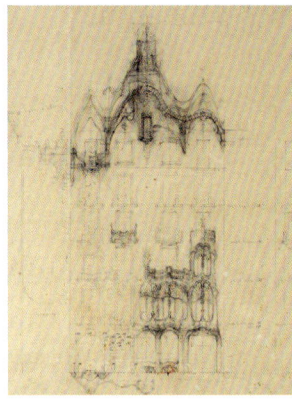

Decora por encargo de Lluís Graner la Sala Mercè, uno de los primeros cinematógrafos de Barcelona.

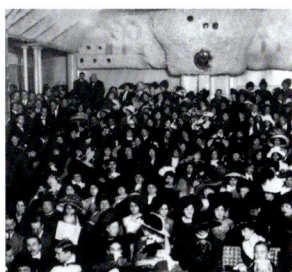

Proyecta, también para Lluís Graner, un chalet en la Bonanova que no llegó a construirse.

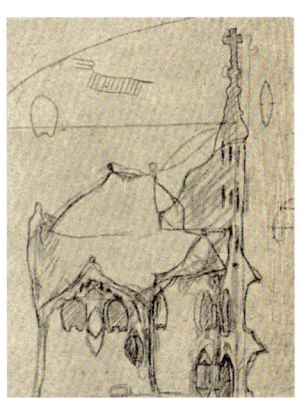

1905

Realiza el chalet Catllaràs y los jardines de Can Artigas en La Pobla de Lillet.

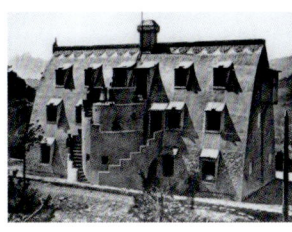

1906

Se publica un croquis original de Gaudí del Templo de la Sagrada Familia finalizado.

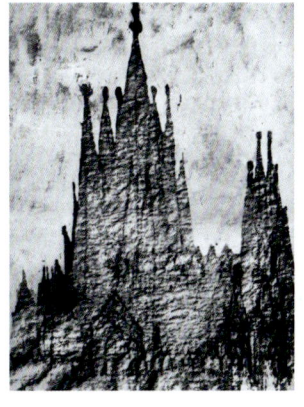

Se traslada, con su padre y su sobrina, a la casa del Park Güell construida por Berenguer. Su padre fallece el 29 de octubre.

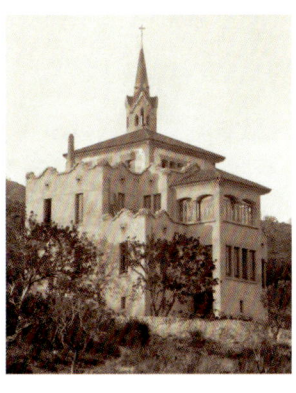

Comienza la construcción de la Casa Milà, «La Pedrera».

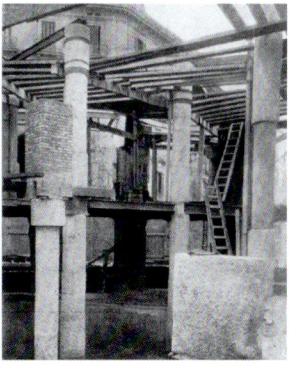

1907

Termina la Casa Batlló.

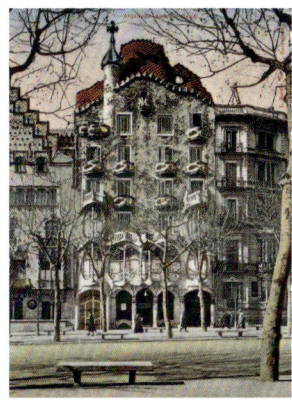

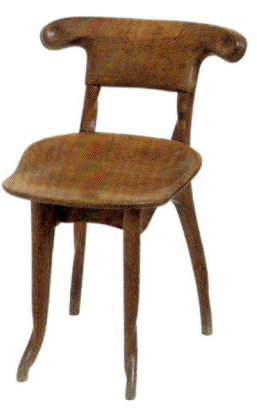

1908

Después de diez años de estudios, empiezan las obras de la cripta de la Colonia Güell.

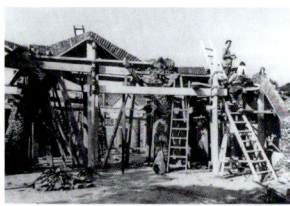

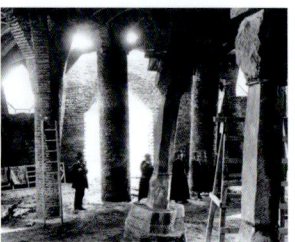

Según el testimonio de Joan Matamala, Gaudí recibió el encargo de dos norteamericanos para construir un hotel en Nueva York. Matamala recreó el proyecto en un dibujo.

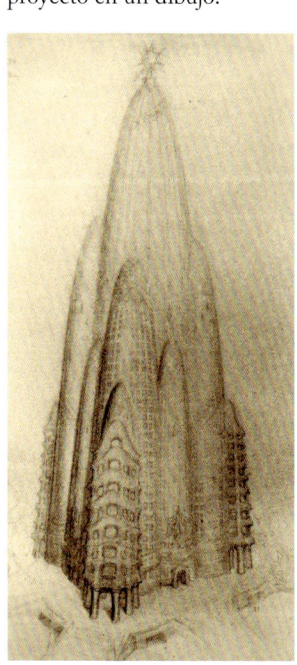

1909

Construye y financia con su dinero las escuelas para el Templo de la Sagrada Familia.

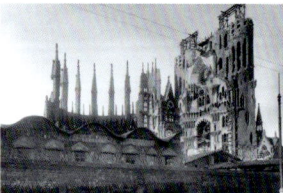

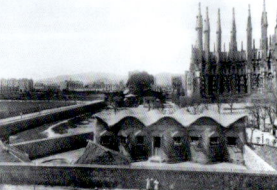

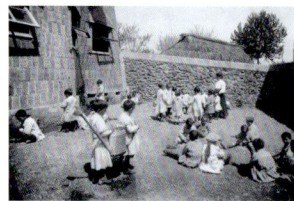

Acaba su intervención en la torre de Bellesguard y deja que su colaborador Sugrañes concluya algunos detalles.

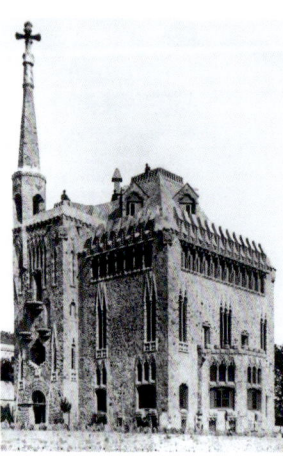

1910

Se expone en París una maqueta policromada de la fachada del Nacimiento.

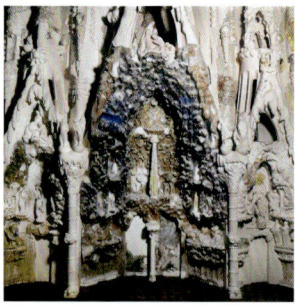

Gaudí descansa en Vic para recuperarse de una anemia y diseña, junto a Jujol y Canaleta, unas farolas para la plaza mayor de este pueblo que desaparecieron en 1924.

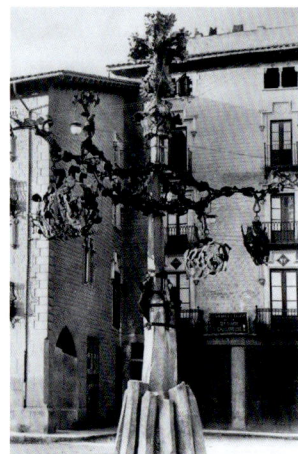

1911

Gaudí enferma de fiebres de Malta y se traslada a Puigcerdà para recuperarse. Allí proyecta la fachada de la Pasión.

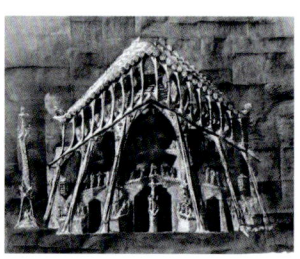

1912

Muere su sobrina, Rosa Egea. Acaba la Casa Milà.

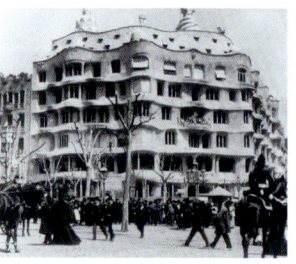

1913

Se acaba el banco ondulante del Park Güell en el que es evidente la colaboración de Jujol.

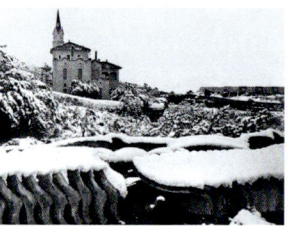

1914

Concluye las obras del Park Güell. Se paralizan las obras de la cripta de la Colonia Güell. Muere su amigo y colaborador Francesc Berenguer. Gaudí se dedica exclusivamente a la Sagrada Familia.

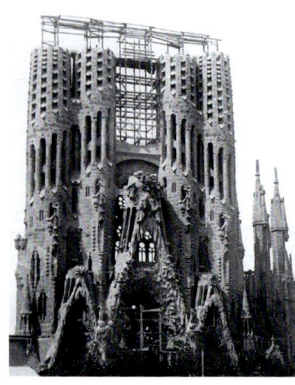

1915

Hace un ensayo con campanas tubulares en las torres de la Sagrada Familia.

1916

La escasez de donativos recibidos para construir la Sagrada Familia obliga a pedir limosnas por la calle. Esta circunstancia es satirizada y politizada por la prensa republicana de la época, que publica una viñeta en la que Güell encabeza una comitiva de prohombres que imploran la caridad con el templo al fondo.

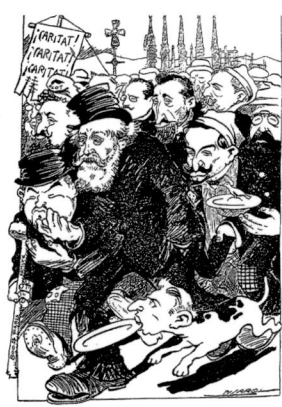

1918

Muere Eusebi Güell Bacigalupi.

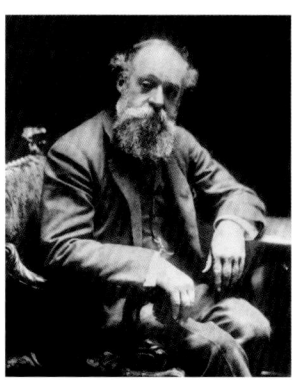

1923

Solución definitiva para las naves y las cubiertas en modelos de yeso a escala 1:10 y 1:25.

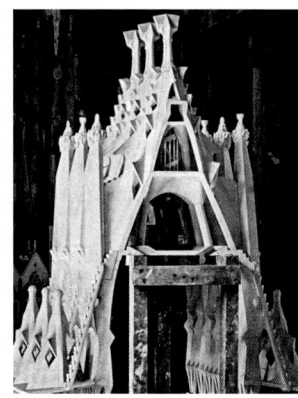

Los campanarios de la fachada del Nacimiento llegan a los ochenta metros.

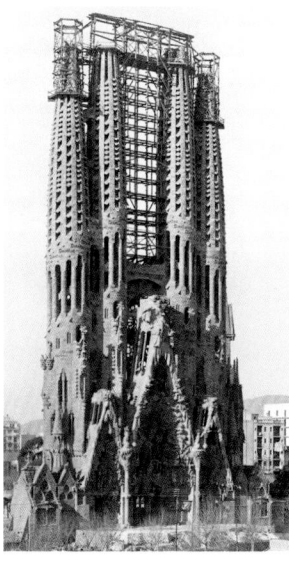

1924

El once de septiembre Gaudí es arrestado cuando acudía a una misa celebrada en honor de los catalanes caídos en la defensa de Barcelona de 1714.

1925

El 30 de noviembre se culmina la torre de San Bernabé con el pináculo. Gaudí exclama su alegría «al ver cómo aquella lanza unía el cielo con la tierra».

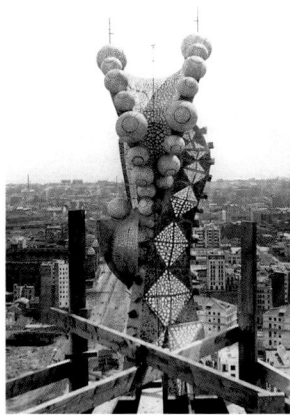

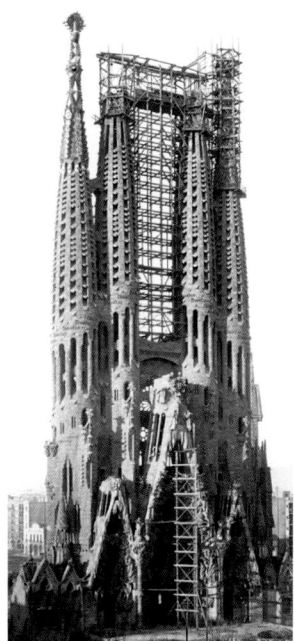

Gaudí se traslada al obrador de la Sagrada Familia.

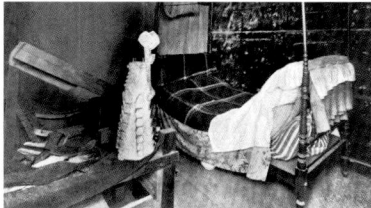

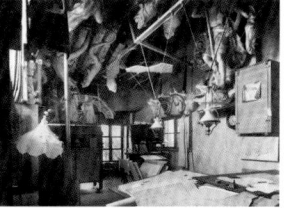

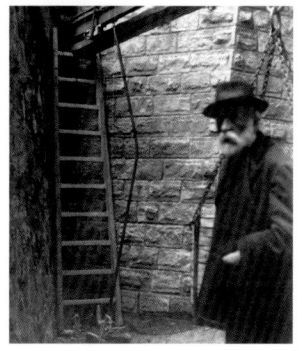

1926

Gaudí muere al ser atropellado por un tranvía. Las calles de Barcelona se llenan de gente que acompaña al cortejo fúnebre. El arquitecto fue enterrado en la cripta del Templo de la Sagrada Familia.

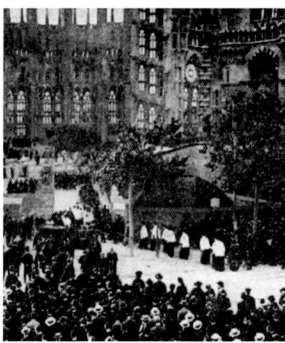

© **Triangle Postals**

© **Textos**
Joan Bassegoda i Nonell

© **Fotografías**
Pere Vivas
Ricard Pla
Hans Hansen (46, 48, 50b, 51b, 76, 79c)
Jordi Puig (12b, 120b)
Rafael Vargas (56, 58b)
Oleguer Farriol (23)
Jordi Puig, Pere Vivas (76, 78, 79abd)
Casa Batlló / Pere Vivas / Ricard Pla (80,
82, 84, 85, 86, 87, 88, 89)
Pere Vivas / Basílica de la Sagrada
Família (106, 108, 110, 111, 112, 113,
114, 116, 118, 119)

© **Dibujos**
Dissenys Papeti SL

© **Fotografías de archivo**
Arxiu de la Reial Càtedra Gaudí
Arxiu Històric de la Ciutat de Barcelona
Junta Constructora del Temple de
la Sagrada Família
Ricard Opisso, VEGAP, Barcelona 2007
Museu Comarcal Salvador Vilaseca. Reus

Diseño gráfico
Joan Colomer

Maquetación
Mercè Camerino, Aina Pla

Impresión
CeGe 4/2025
Impreso en Barcelona

Depósito legal
Me-33-2023

ISBN
978-84-8478-278-0

Agradecimientos:

Ajuntament de Mataró
Capítol de la Catedral de Mallorca
Casa Batlló
Casa-Museu Gaudí
Casa Vicens Gaudí
Càtedra Gaudí
Col·legi de les Teresianes
Consorci de la Colònia Güell
Departament d'Arquitectura de l'Ajuntament de Barcelona
El Capricho
Fundació Catalunya La Pedrera
Institut Municipal de Parcs i Jardins, Barcelona
Institut de Cultura. Barcelona
Junta Constructora del Temple Expiatori de la Sagrada Família
Museu Casa Botines Gaudí
Museu d'Història de Barcelona
Obispado de Astorga
Palau Güell
Restaurant Casa Calvet
Restaurant Gaudí Garraf
Torre Bellesguard
Carme Hosta
Anna Ribas

Triangle‣Books

TRIANGLE POSTALS, SL
Sant Lluís
Menorca
Tel. +34 971 15 04 51
www.triangle.cat